重商主義の経済学

重商主義の経済学

ラース・マグヌソン 著
玉 木 俊 明訳

知泉書館

著者紹介

アダム・スミスの時代から、重商主義はホットな議論を巻き起こすテーマであった。一八世紀末には経済思想と政治的実践の「誤った」システムだと非難されていたが、逆説的なことに、発展途上国の経済成長創出のような問題に対する最先端の思想として復活した。この概念は、近世ヨーロッパの経済思想、経済政策を説明するためにしばしば使われており、その意味と内容は、二世紀以上にわたり、激しい議論の対象となっている。

一九九四年に上梓された『重商主義——近世ヨーロッパと経済的言語の形成』に続いて、ラース・マグヌソンが上梓した新著では、重商主義を、理論的なシステムとしてだけではなく、経済学のシステムとしてより総合的に扱う。本書は、新資料に加え、一九九四年出版の旧著の資料を実例として組み入れ、章を新たな構成にすることで、重商主義に関する最新の議論を提供している。

一六——一八世紀の西欧と大陸ヨーロッパで特定の経済学《ポリティカル・エコノミー》が発展している様相を跡づけながら、本書は、国際競争の渦中において、貿易と市場に対して国力と影響力を獲得する手段として、外国貿易と工業化をヨーロッパの支配者がどのようにみなしていたのかということを記述する。重商主義が国力ないし富のシステムかどうかということに対する議論に戻るなら、マグヌソンは、現実にはその両方の面があり、当時の人びとは、ほぼ例外なく、どちらの目標も相互に関係していたと論じる。重商主義は、貿易戦争の時代のヨーロッパであまねくみられた論争であり、権力と評価を国際的に求めた闘争であったと主張する。本書は、これらの問題を論じながら、重商主義の思想と現実に関して、現在の観点から、これまでにない水準での統合体を提示するのである。

ラース・マグヌソンは、スウェーデン・ウプサラ大学の経済史講座の教授であり、社会科学部の学部長である。

日本語版への序文

こんにちなら、重商主義分析の偉大なパイオニアであるエリィ・F・ヘクシャーが八〇年以上前に書いたことを理解するのは容易である。すなわち、重商主義の中核には、ある種の経済問題、とりわけ低成長と高い失業率に対する「時代に限定されない反応」があった。現在、われわれが思い描くのは、自由貿易からの後退と、ほぼ六〇年前から続いているグローバルな貿易の障壁を除去することをもうやめてしまうということである。むしろ、現在生じているのは、一九三〇年代から経験したことがない規模と範囲の保護主義の復活である。ドナルド・トランプのリーダーシップのもと、新しい合衆国行政は、いまやＮＡＦＴＡを再考し、ＴＴＰがさらに発展することをさまたげ、ＴＴＩＰ協定交渉締結を宣言する方向に動きつつある。ＥＵでさえ、間違った発想かもしれない。現在、このようなことから何が生じるのかはわからないが、それに対してわれわれが関心をもつのは当然のことである。

ヘクシャーの主張のポイントは、保護主義の思想と実践は、ほぼ間違いなく、一般の人たちの支持をえられるということであった。経済が困難な状況に陥り、グローバルな競争の激化が生じたときに、とくにそうなった。この枠内で、現在の形態の保護主義――ヘクシャーの場合だと、一九三〇年代に発生したもの――と近世ヨーロッパの古い重商主義の間の類似点を見出すことは簡単である。どちらも、そのベースに、経済的ナショナリズム、そして国際貿易がゼロサムゲームだという信念が、少なくともある程度は存在していた。それゆえ、外国貿易は、経済的繁栄を達成し、それと同時に、国際的な力の競争の時代において、政治的・軍事的な意味で強国になるための手段であった。ある国が国際貿易の勝者になるなら、少なくともある程度は、別の国が敗れ去るのである。

ときおり、以下のように論じられる。重商主義の概念はあまり明確ではなく、現実には存在しない理論と政策のなかに一貫性を発見しようとしてきた。だから、唯一の「重商主義経済」という言い方はできない、と。あとでみるように、これがある程度真実なのは、本書では、互いに全く関係がないさまざまな国の事例を取り扱うからである。だが、著者の信念として、近世のヨーロッパにあまねくみられた一連の一般的理論、言説、理論を表すものとして、「重商主義」の概念を残しておく十分な理由がある。そのベースには、重商主義者は、国際的な経済競争の問題に対して、「ほとんどどの時代」にも通じる保護主義的解答を共有していたことがある。この事例に対して、重商主義者は、経済的ナショナリズムを国家理性の一面だと考えた。けれども、それと同時に、重商主義は、それ以上の意味をもった。それは、むろん現代と大きく異なるが、非常に似ているように思われることもある近世経済を理解するための議論、言説、そしてたぶん理論の誕生も示しているのである。

二〇一七年二月　ウプサラ

ラース・マグヌソン

はじめに

一九九四年に上梓された『重商主義――近世ヨーロッパと経済的言語の形成』の執筆理由として述べたことは、こんにちにおいてもそのまま当てはまる。第一に、重商主義という概念を全く使わないようにしようという試みが何度もなされたが、この言語は、近世ヨーロッパの知的・経済的・政治的環境を描出するために依然として用いられているのである。それゆえ、この言語の意味合いについて議論する必要性が、なお存在する。第二に、重商主義の概念は、いまだに誤って使用されている。現代の研究者が、アダム・スミスによる古典的な定義にもとづく旧来の解釈を何度も変えてみようとしたが、スミスの定義はあまりに強力である。そうなったのは、自由貿易を奉じるリベラルな経済学と、産業保護主義――反対者を特徴づけたように――とを全く異質なものだと印象づける、誤った重商主義理論にもとづいて、重商主義が一九世紀に非常に有効な概念になったからであろう。それゆえ、重商主義とは、一つの教義かつ理論となった。それは、富とは貨幣であり、したがって、経済政策の主要な目標は、貿易差額を黒字にすることだという思想に依拠していた。多くの研究者は、なおも、このあまりに単純な理論が存在したと信じている。

重商主義を一貫性のある教義と描出するのではなく、私はおおむね一六――一八世紀の近世に出現した一連の言説だと定義したい。この言説は、国家の力は、どのようにすれば経済的豊穣性によって獲得可能であったのかというばかりか、豊かさとは、どれほど国力に依存していたかということを論じていたのである。この基盤にもとづき、ヨーロッパの数か国で一連の論争が繰り広げられた。この論争は、外国貿易、貨幣、製造業、利子率などの経済的主題を扱っていた。それゆえ、重商主義とは、激しい商業的・国家的競争の時代における「好戦的な経済学《ポリティカル・エコノミー》」の一形態であった。だが重商主義とは、それだけにはとどまらない。多年の経済的議論により明察と概念が新たに生まれた。たとえば、外国貿易は単なるゼロサムゲームではなく、国富と経済競争力は、製造業と高付加価値の生産の導入によって達成されるということであり、さらに商業経済には独自の法則があり、需要と供給こそ、そのような経済の主要な調整メカニズムであったということである。

　本書のタイトルは、前著とは違っている。だが、二著の相違は、タイトルだけにとどまらない。前著で使われた資料の一部を使いながら――同時に、前著とは違う新しいものを多数付け加えた――、本書が書かれ、視野が広げられたのである。一九九四年上梓された本は、おおむね経済的言語の形成に焦点が当てられていた。その一方で、本書は、重商主義の経済学と、競争関係にある商業経済が混乱状態に陥ったために、どのようにして観念と言説が形成されたのかということに、ずっと大きな関心が払われている。といっても、私が認識論的転換をしたというわけではない。本書で私が示したいのは、言説を「現実の」出来事の反映にすぎないと貶める行為に対して、現在も批判的だということである。間違いなく言説と言語は、それぞれ別の領域で機能している。しかし、ここで私が主に関心を抱いているのは、言説と実践の相互関係である。

　本書は、前著に対してさまざまな意見を述べてくださった方々と、さらには多年にわたり、ヨーロッパ、アメリカ、そして日本のセミナー室と講義室で私とさまざまなテーマの議論をしてくださった方々の全てに捧げられる。

ウプサラ　二〇一四年一二月

ラース・マグヌソン

目　次

重商主義の経済学

序章

一九八〇年、イギリスの経済史家D・C・コールマンは、重商主義は「人を欺く言葉」であるばかりか、理論や実践、さらには政策のどれに関しても一貫性を欠く「実在しない観念的存在」だと論じた。それは、まぎれもなく、大きな嘆きであった。だが、彼とはむしろ逆に、重商主義には大きな一貫性があり、この概念を使うことは、なお有効だと論じる方が、説得的だと思われる。(1)しかも、重商主義は、少なくとも近世ヨーロッパ経済の機能に関していくつかの問題を提起できると主張することは、間違いではない。また、この時代の政治的現実、実体経済のいくつかの部分を描出するために、重商主義ないし「重商主義システム」という語を使うことには、十分な意味がある。あとでみるように、「重商主義」の著述家たちは、しばしばその思考において系統的ではなく、政策においては、重商主義を奉ずる政治家たちは必ずしも首尾一貫していたとはいえない。かといって、彼らは首尾一貫性なく思想と政策を作り上げた単なるプラグマティストではなかった。歴史を担うような人びとが、そのようなことをすることは現実にはほとんどない。彼らが野心的ではなかったり、自分たちの置かれた地位を考える能力がないということもほとんどない。彼らの政策は、混沌とした世界に対して完全に行き当たりばったりであることはなく、後先考えない反応を示すこともなかった。

ところで、重商主義の概念はいったいどの程度受容されていたのか。「重商主義とはいったい何か」——それは、あとでより詳細に論じる――という不活発になっていった議論のこれ以外の特徴として、重商主義を一つの理論ないし現実の政策および規制として取り扱ってきたことがある。これが、歴史的現実であることは確かだ。一九三〇年代初頭には、スウェーデンの経済史家エリィ・F・ヘクシャーが重商主義に関する二巻本の論考を出版した。ヘクシャーは、重商主義を実践（経済政策）と理論（貿易差額黒字など）ばかりか、世界観（世俗主義、物質主義）として論じた。[2] しかしそれ以来、多くの研究者は、ヘクシャーの野心的で統合化を目指した重商主義体系について懐疑的であった。だが、私の考えでは、重商主義を理論（あるいは、あとで論じるように、むしろ言語として）と実践の両面から理解する方が有益である。疑いなく、重商主義の実践的・理論的側面のあいだの関係もある。とはいえ、関係はむろん複雑である。理論が、そのまま実践の水準を反映しているとみなすことはできないし、政策がただちに理論を反映しているわけでもない。それゆえ、言語、政策、理論は、ある程度独立しているが、それと同時に、深く関連している。

以下、私は重商主義が、おおむね一六―一八世紀のヨーロッパの言語と理念、さらには政治的実践に関する一般化をするためにもっとも有効な概念かもしれないと論じる。第一に論じられるのは、ヨーロッパにおける一連の政策が、どのように発展したのかということである。一八世紀中頃に、デイヴィッド・ヒュームが「貿易の嫉妬」と名づけた事柄がある。それは、経済的手段とパワーポリティクスが深く絡んでいる貿易世界おいて、国家理性が経済手段をどのように用いたのかという問題である。そしてその問題を扱い、理解することが必要とされる。さらにこの時代は、近代国家が誕生した時代でもある。それはまた、グスタフ・シュモラーの『フリードリヒ大王時代の経済政策研究』（一八八四）[3] の序文において定式化され、現実に遂行された政策においても反映される。第二に、近代的市場経済に関する言語がおおむねこの時代にどのようにして発展し、新しい挑戦と可能性を理解させ、取り扱うことが可能になったのかということを議論する。この言語は、市場経済の機能と構造を映し出す。そのため、経済問題を取り扱ったさまざまな国籍の著述家は、価格システムがどのように機能するのか、あるいはどういった要因が利子率や貿易差額の上下を誘発するのかを理解しようとする一方で、市場経済に関する現在の理論の土台をも形成しつつあった。

重商主義

E・A・J・ジョンソンは、記念碑的作品である『アダム・スミスの前任者たち』で、「重商主義」とは「不幸な言葉」だというレッテルを貼った(4)。「重商主義」という用語は、混乱をもたらすさまざまな方法を用い、さらに多数の目的のために使われてきた。重商主義の解釈について一般的な同意に達することは困難なので、この現象を扱う議論はしばしば明確さを欠く。アダム・スミスや「重商主義システム」に対する一九世紀の経済学者――たとえば古典派経済学者のJ・R・マカロックやリチャード・ジョーンズ――にとって、貿易差額黒字を求める貿易差額主義にみられる富と貨幣の混同が、重商主義システムに一貫性をもたせたのである。そのうえ、この思想こそ、一九三〇年代にジェイコブ・ヴァイナーの研究でふたたび世に出たものであった(5)。それに対して、一九世紀後半、ヴィルヘルム・ロッシャーとグスタフ・シュモラーは、重商主義を、国家形成の教義へと変えた。国家形成の起源は、脆弱な国家を活気づけることを目的とした、近世のヨーロッパに求められた。それはこの時代に、「領域」国家から「国民」国家へと転換したからである(6)。ヘクシャーの研究にみられるように、重商主義の意味がはるかに広がったことは、すでに述べた。

より正確にいえば、スミス以降、重商主義がある程度一貫性をもつ「システム」へと構築されたのである。少しずつ、そして『国富論』におけるスミスの解釈にもとづき、重商主義は「スミス的」ないし「自由貿易の」システムとは正反対のものとして構築されていったのである。(7) 一八四〇年には、重商主義の最大の特徴をなす政策は、保護主義および経済の国家による管理だと叙述されるようになった。このような見方は、イギリスの穀物法と、それが最終的に一八四六年に消滅したことをめぐる議論によってはるかに強く主張されるようになった。(8) けれども、あとでふたたびこの問題に戻るとして、全ての重商主義者が現代的、あるいは一九世紀的な意味においてさえ、保護主義者であったとみなすのは確かに間違いである。さらにまた、スミスを教条的な自由貿易主義者だとするのも誤りである。一八四六年以降、リチャード・コブデンとマンチェスター学派に属する人びとは、その誤りを犯してきた。(9) スミスと重商主義者には確かに重要な点で違いがあったが、一九世紀のあいだに、それが強調されすぎたのである。

一般に知られているように、「重商主義システム」という用語は、一七六三年にミラボーの『農業哲学』で最初に印刷された。(10) それは、ミラボーが、国家は貨幣の輸入で利益が出るかもしれないという思想を公然と批判した一節で触れられていた。スミスは『農業哲学』を読んでいたらしいので、同書からこの用語を拝借したことがないとはいえまい。(11) だが実際には、ミラボーは、この用語を使用した最初の人物ではなかった。これより数年前に、〔マリ・ド・グルネー（一五六五―一六四五）を中心とした政治・経済的な会話をおこなう〕いわゆるグルネー・サークルが経済に関する議論をしていたときに使用されたのである。フランスでの議論においては、それは財務総監のコルベールと彼らの貿易と製造業の保護「システム」にまで遡る。(12) それはともかくとして、「重商主義システム」が世界的に有名になったのは、スミスのおかげであった。スミスは、有名な『国富論』の非常に長い一章で、この「システム」の特徴を叙述した[13]。スミスによれば、その要旨は、富を貨幣と混同した「一般の」間違いにあった。スミスはトマス・マンらの重商主義者がこの点で間違っていたと、直接非難したわけではなかった。それどころか、マンをイングランドにおける貨幣の輸出を禁止した旧来の中世の政策の反対者だと書いたことは確かなのである。むしろ、マンの主要な間違いは（スミスによれば）、もっとよく〔現実を〕知っていたはずなのに、このように流布した重金主義者としてのイメージを利用し続けたことにあった。このような誤りが、ご都合主義に由来する（すなわち、特定の利益を追求するために、公的利益を損なう）のかどうかということについて、われわれは決して知ることはないだろう。とはいえ、重要なのは、スミスを読んだことがある人間が、この間違いに気づくことはほとんどなかったということである。しかし少なくとも、ヨーゼフ・シュンペーターによれば、マンは、意図的に重金主義者のイメージを利用したのである。スミスは、遠回しにこの関係について述べた。スミスによれば、「マンの読者たちはこのような印象をもつほかなく、それが実際、非常に一般的になったのである[14]」。

そのため、スミスの読者は、大半が、保護主義とマンの教義のあいだに明確な一線を画そうという誘惑にかられたのである。当然のこととして、スミスは、規制と保護のシステムがもたらす破壊的な結果を強調した。このようなシステムは、間違っているばかりか自滅をもたらすと数度にわたり指摘した。このシステムは、貿易と製造業を拡大するのではなく、ほとんどの場合、反対の結果をもたらした。しかも、このシステムで利益をえたのは、一般の人びとではなく、資本を増大することができる独占的な商人と製造業者であった。実際、スミスは、「商業システム」全体の中核に、利己的に利益を追求している強力な利害集団による大きな陰謀があると暗示した。しかしながら、商人と製造業者に対するスミスの感情は、かなり混乱していた。彼らの活動は「無益だ」という重農主義者の批判に対して、スミスが熱心に弁護したこともよく知られていた。さらに、彼らの活動が増えていくことは、スミスが主張する経済の発展段階論の固有な部分を講成していた[15]。しかも、スミスは時折、航海法のように典型的な「重商主義」制度を擁護する傾向があり、一般的原理として、自由貿易は、自分の生存中はむろんのこと、たぶん未来永劫実行されることはないユートピアだと信じていた[16]。スミスが決定をくだすのが困難だったのは、章の最後の段落で、以下のように結論づけたことからも明らかである。

この重商主義システム全体を考案した人が誰であったのかを決めることは、あまり難しくはない。われわれが信じるのは、利益が全く無視されてきた消費者ではなく、大きく注目されていた生産者であったということであろう。生産者階級のなかでは、商人と製造業者が、圧倒的に重要な主導者であった[17]。

スミスのように「貨幣の愚行が強化した商業的な介入が凝集したもの」として重商主義システムをとらえる見方は、イギリスの古典派経済学によってさらに強化された[18]。ナッソウ・W・シニアとジョン・ステュアート・ミルのような経済学者が、保護主義は「重商主義理論の残骸であり」（ミル）、貨幣が富の唯一の形態だということを確認することは、当前のことになった[19]。とりわけ、フランスのルイ・オーギュスト・ブランキ、そしてイギリスのマカロックは、スミスが敷いた路線に沿って、「重商主義システム」の概念の強化を促進した[20]。スミスの最高傑作である『国富論』の一八二八年版の序文で、マカロックがとくに指摘したのは、このシステムが、以下のことを含意しているということであった。

諸個人と国家の富は、利用可能な生産物がたくさんあるということではなく、貴金属を購入できるほどの量と価値がある商品を所有することによって、そして、みずからが現実に所有する貴金属の量によって測定されるのであった。さらに、それが理由となって、金と銀の輸出を禁じ、その輸入を促進するという政策により、国富の総量を増大させることが必要になったということは、あまねく知られていることである。(21)

別の段落では、次のように述べる。

マン氏は、外国の商業事情のため、われわれが有益で望ましい全ての産品を無限といえるほどまで購入できるということを強調しない。それらの産品は、われわれには全く製造できないか、国内ではあまり安価には製造できないものであってもだ。このような富の増大は無価値であり、われわれの関心は、金銀の二〇万ポンドの差額を獲得することにもっぱら注ぎ込まれなければならない……。だが、外国との商業による利益を推計するというマン氏の規則は、長年にわたり、商人と現実的な政治家によって、不可謬だとみなされてきたのである。(22)

このように、すでにマカロックによって、完全な重商主義システムにまとわりついた伝統的な見解の全てがみてとれる。すなわち、重金主義者の誤りと保護主義である。スミスと同様、マカロックは、マンの『外国貿易によるイングランドの財宝』が、「より堅実な見解への大きな一歩であると」進んで認めた。(23) しかし、マンは、一般的な妄想の犠牲になるしかなかった。それは、マカロックが他の箇所で述べたように、「あまりに広く行き渡り……これほど悲劇的な結果に終わることは、少なかった」のである。[24]
「重商主義システム」に関する見解の確立に寄与した他の著述家のなかで、ひときわ目立つのは、リチャード・ジョーンズである。[25] 皮肉なことに、歴史学派経済学者として、彼は重商主義の定義を確立したが、のちに、歴史学派経済学者は、それを細かく分解しようとした。確かに、一八三三年にロンドン大学のキングズカレッジに奉職してからおこなった経済学に関する講義のなかで、彼は経済学に関してより科学的なアプローチを発展させようとしていた。[26] そして一八三三年のキングズカレッジでの教授就任講演で、「諸国民史の長く根深い一連の出来事」を跡づけた。この講演で、ジョーンズはまた、「祖先たちの誤りと逸脱」について話した。それが生じた理由は、地金は「現実にその名に値する唯一の正貨」だという信念にあった。それゆえ、

鉱山から金銀の生産することで利益が出ない国々は、外国との貿易でそれらを獲得するほかなかった。したがって、たえず金銀を循環させ、次いで流通速度を速くして、外国との貿易を継続することは、国民が豊かになる唯一の方法であった。[27]

しかし、ジョーンズが経済および経済思想の科学的名称である「システム」について話しはじめたのは、有名な論文「イングランドの最初期の経済学」を一八四七年に『エディンバラ・レビュー』に掲載したときのことであった。一七世紀になるまで、特定の重金主義者による〔輸出商品の代金の少なくとも一部を現金で持ち帰らせる〕「取引差額制度」balance of bargaining system が優勢であった。このシステムの目的は、金銀を国内に持ち込み、ふたたび外国に流出するのをふせぐことであった。この点においてもっとも効力があったのは、二つの有

名な法である「ステープル法と使用法」(statutes of staples and employment) であった。これらの法により、すでに中世後期から、イングランドでは、外国人商人が貨幣や地金を海外に運ぶことが禁止されていた。だが、貿易の増大と商人の社会的・政治的権力を増大させたことで重圧がかかり――ジョーンズがいったこととは異なり、「科学的意識」が増大したためではなかった――このシステムは一六世紀のあいだに徐々に変貌していった。そして、一七世紀になると、新しい「システム」が登場した。貿易差額がそれである。その目的は同じであった――貨幣の流出をふせぐ――が、新しい手段が発動された。ジョーンズによれば、この新システムの主要な推進者は、「著名なロンドン商人」であるマンであった。(28)

したがって、ジョーンズもまた、重商主義政策の背景にある駆動力として、富と貨幣の区別ができなかったのである。たとえば、ジョーンズは、次のように断言した。それは長期にわたり、重商主義の一般的な認識に影響をおよぼすことになった。

> アダム・スミスについて耳にしたことがある者なら、誰でも、われわれの祖先が貴金属の所有する際に感じるロマンティクとさえいえる価値観について聞いたことがある。だが、金の羊毛を国内に持ってこようとしている特異な過程や、この〔手に触れた全ての物体を金に変えるという〕ミダス王の愚行の真の性質にもとづき、同国人を最初に啓発するという栄誉に浴する初期の著述家の名前以上のことに知悉している者は、きわめて少ない。(29)

この物語のヒーローは、むろんスミスであった。スミスは、「ガリアーニ、フランソワ・ケネー、ジョセフ・

ハリス、デイヴィッド・ヒュームとともに、人びとからの崇拝を盲目的に長期間受けてきた愚行……の正体を暴くことができた」[30]。ジョーンズは、これまでの経済学者の大半は、ミダス王の愚行によって盲目にされてきたと述べた。チャールズ・ダヴナントでさえ、「地金だけが富を構成するという信念」の犠牲になったのである。だがそれに対しジョーンズが「驚くべきではない」とつけ加えたのは、確かに間違った表現であった[31]。

いうまでもなく、重商主義をこのように概念化したことに対しては、とくに二〇世紀に、激しい批判にさらされることになった。しかし、スミスのいう「商業システム」の思想が徐々に出現し、一九世紀には一つの教義と化した。この時代に発達した類《たぐい》の自由放任経済学にとっては、子供じみたミダス王の愚行に依拠して保護をするという考え方が、明らかに重商主義の目的遂行に役立つと考えられたのである。この教義が強固になった証拠は、たとえば、一八八八年にジョン・K・イングラムが繰り返して主張したことに求められる。イングラムは、重商主義者にかなり共感して、こう述べた。「重商主義の教義は、もっとも極端な形態においては、富と貨幣を同一視したのである」[32]。

言　語

ここ数十年間、経済学の歴史の叙述はずいぶんと変わってきた。著述家たちは、経済思想と経済分析から、経済的な言語ないし言説へと、焦点を移してきたのである。場合によっては、これは、現在もなお経済思想史の本流の多くを占める——という方が公平である——方法論への厳しい批判である[33]。このような伝統のなかで、著述家の大半——経済学者になるよう訓練を受けた——は、研究テーマを、「ヴィジョン」の歴史ではなく「分析」

の歴史――シュンペーターの有名な区分を用いるなら――として扱ってきた。[34] すなわち、彼らは、経済学の発展を、主として内生的なものだと強調してきたようなのである。言い換えるなら、知識が継続的に発展し、理論と分析のための道具が徐々に完成されたというのだ。故マーク・ブローグは、このようなアプローチを採用した代表的事例である。一九六八年に、彼はこう書いた。

強調しなければならないのは、経済思想史の研究の多くは理論的間違いと分析の欠陥に当てられてきたということである。同時代の出来事との関係は考慮されないまま、そしてまた……、私が書こうと思ってきた経済分析の歴史は、経済思想を、それまでの分析から発展してきたものとしてとらえている。この発展を促進したのは、洗練、改良、完成させたいという意志である。経済学者は、この意志を、他の全ての分野の科学者と共有している。[35]

このような「内生的」アプローチは、シュンペーターが名づけたように、[36]「ツールとしての知識」の形態からなる経済教義の歴史であり、むろん、いくつかの利点がある。経済学のテキストの歴史は、ある程度、新しい思想がどのように現れ、専門家間の議論が、どのようにして概念と分析道具を完成させるかということを取り扱わなければならないことは明らかである。しかしながら、このような方法論には、より大きな問題点がある。すなわち、思想と教義の歴史的な重要性を見逃し、時代背景を無視することが多い。より由々しき問題は、この方法論では、古い経済学が、現代の経済学の視点から取り扱われ、理解されるということである。ここからわかるように、教義の発展を構築することには、暗黙のうちにであれ、明確にであれ、現代の理論を擁護する役割がある。

歴史派経済学者のウィリアム・J・アシュレーが「全ての意見が正しい現代的理論ないし暗黒時代の驚くべき愚行の一例のどちらかであるとレッテル貼りをするガラクタを集めた博物館」として軽蔑して攻撃したのは、このような経済思想の歴史であった。(37) この種の方法論をとった結果として、同時代にはほとんど無名であり、陰に隠れていた経済学者が表面に現れた。思想は、現代の理論化の観点から解釈されるので、この方法論を用いるなら、理論は、当初の意図とは全く異なる意味をもつようになる。特定の思想や教義の歴史的重要性に興味を抱いたなら、それらは適切な歴史的文脈においてはじめて理解できることは確かである。現在の時点から遡求して作品を読むことは、歴史的特性を失わせてしまうことになってしまう。

ところが経済学の教義に関する文献においては、こういう非歴史的手順こそが常套手段である。それが奇妙なことではないらしく、思想史を遡及して読むことで、著名な代表的人物を代表例として利用し、偉大な過去を語ることになる。初期の事例として、デイヴィッド・リカード、ミル、マカロックが自分たちのつくった「古典派経済学」にとって都合のいいようにスミスを利用したとき、スミスの手法と方法論が、じつは彼らのものとはかなり違っているということには言及しなかった。(38) 彼ら以外にも明らかに、時代性を無視した著述家がいた。ケインズ卿は、『雇用・利子および貨幣の一般理論』(一九三六)の第二三章で、一七世紀の重商主義を、みずからのアプローチに当てはまるように再解釈した。カール・マルクスも、この系譜に属する。マルクスは、ウィリアム・ペティ、スミス、リカードと自分を結びつけて、知的発展の系譜を構築した。その目的は、労働価値説の革命的な衝撃を指摘することにあった。(39)

このような立場から、経済学の言説へと〔焦点を〕移すことは、経済学のテキストをより歴史的に読むという根本的変化を含意することになる。知的認識の一般史において、このような転換は、いわゆる思想史のケンブリッジ学派によって、とりわけ強調された。そのため、クェンティン・スキナー、ジェイムズ・タリー、ジョン・ポーコックが、テキストを歴史的に読むという行為への関心が増大するよう大きな刺激を与えた。その思想は、テキストが書かれた歴史的文脈に注意を払うということである。それよりはるかに適切なこととして、この学派に属する人びとは、実際に達成された水準を、より詳細に考察すべきであると提起した。このような思想に刺激を与えたのは、ジョン・L・オースティンのような言語学者、さらに最終的には、ルートヴィヒ・ウィトゲンシュタインらの哲学者であった。彼らは、著者の意図や社会的環境を全面的に強調することはなかった[40]。スキナーの考えでは、「われわれは、行為者がいわれたことを実際に〔そのまま〕いっているときにおこなっていることを再現する手段を発見するであろう。それゆえ意味と指示内容にだけ注意することで、行為者が発話をしたときに、何がいいたいのかを理解する」必要がある[41]。同様に、ポーコックは、著者が「何を目的にしている」のかを理解したければ、われわれは著者がおこなっていることを認識するだけではなく、著者が関係している言説の特定の伝統を認識するようにしなければならないことを強調した。言い換えれば、特定の言語を復活させ、著者を「現実に使用される言語であるパロールと、それに意味を付与するラングの世界に身を置く者だとみなすのである[42]」。したがって、ポーコックによれば、「著者が研究している文化と時代に利用可能であるのだから」、言説（この場合、経済学の）として用いられる多様な用語を読んで認識することが、歴史家の仕事なのである。どのような言説ないし言語も、特定の政治的・社会的・歴史的文脈が存在することを暗示する。そこでは、言説や言語自体が一つの言語として位置するので、言説や言語はまた、「それらが認識される文脈を選択し、描出される」。言語は内省的であり、範疇、文法、枠組みを提供する。それらを通じて、経験したことが明確になる[43]。

かといって、高い存在論的な地位が、「言語」に与えられるとはかぎらない。著者を、「みずから使用した言語の単なる代弁者」に貶める必要はない[44]。むしろ、言語と経験の関係は一歩一歩積み重ねられていくのであり、相互関係がある。しかも、外部からの圧力を受け、言語は変化する。言語がコミュニケーションのために使われているとき、パロールは必然的に言語自体の修正と変化を余儀なくさせる[45]。このように言語と実践の間に横たわる相互関係と過程の関係も、現代の社会科学者（たとえば、アンソニー・ギデンズの「構造化理論」とマーシャル・サーリンズ）が提起した、近世にヨーロッパが「他地域の人びとに」遭遇したことをめぐる議論で強調された[46]。

重商主義を一つの言語・言説の実践として論じることには、いくつかの重要な意味がある。第一に、あとでみるように、そのために、重商主義は決して「生きた教義」でも「一貫した原理の集合体」でもなかったというこれまでの発言を疑問視する。確かに、このような「教義」が共通の方法論——理論的・方法論的ツールの入れ物——にもとづく一連の原理と回答であるなら、重商主義者は、決してこのような教義を共有しなかったということは、たぶん正しい。しかし、少なくとも、一七世紀初頭からの膨大な経済学の文献に関する直接的知識がいくらかでもある者なら、彼らのあいだに共通の立場があったことは否定できない。結局、マン、エドワード・ミッセルデン、ジョサイア・チャイルド、ニコラス・バーボン、ダドリー・ノース、ダヴナントは、全員、国家がどのようにすれば豊かになるのかとか、国家の財産を構成するのは何かとか、貨幣の重要性とは、などの問題と必死で取り組んだのだ。さらに、見解が一致しているとはかぎらないが、彼らは概念を表すために共通の表現形式《ヴォキャブラリー》を利用し、特定の問題を論じた。それゆえ、（あとでみるように、A・J・ジャッジズ、コールマンなどのように）重商主義学派には、「学派を擁護できる神官はいない」と論じたのは、明らかに間違いである。「学派」をかなり限定した意味で用いてはじめて、それは真実になる。それに対し、重商主義を言語と言説であるとするなら、われわれは間違いなく、ある一連の問題を論じる共通の言語と、それに対する回答の痕跡を確認することができる。

次章でより徹底的に論じるように、重商主義とその解釈に関する論争は、重商主義のテキストと経済的「現実」をどのようにして関連させるかという問題を、かなり浸透させた。それゆえ、ヘクシャーは、重商主義者思想――と政策――は、経済的現実性に裏打ちされた「本当に」実証できる経験に依存しているわけでは決してないという極端な立場をとった。(47) それに対する反発として、あとでみるように、多数の経済史家は、近世ヨーロッパで優勢であった一定の状況を説明することで、むしろ重商主義者の特異性を説明しようとした。しかしながら、「重商主義」のテキストが、単に経済的現実しか反映しないと理解するなら、間違いなく、還元主義者の罠に陥ってしまう。この観点をとると明らかに理解が難しいのは、同じような思想が、かなり異なる経済的・政治的・社会的状況から発生してきたように思われる理由である。(48)「重商主義」思想は、異なった社会的・政治的状況下の枠組みにおける多数かつ多様な現実的問題に適用されてきたことに疑いの余地はない。したがって、たとえばシュンペーターのように、(49) 重商主義者の文献は、何よりも現実問題に対する常識的な対応だとみなすべきだということを強調した仮説を支持することにはあまり意味はない。要するに、「常識的」な対応とは、ゲームにおける漠然とした規則を意味し、著者であれば誰であれ、正しい理解を求めるには、その規則を守らなければならないということである。こんにちであれば「経済」ないし「市場」システムが一般的な意味で（われわれが文字通りの意味でそれを「システム」として認識するということではない）どのように機能しているのかということをめぐる簡略化されたモデルないしヴィジョンをマンのような著述家が提唱したことがわからないなら、彼らがいったことは、結局のところ理解できまい。確かに、彼らは機械的に経済的現実を「叙述した」だけではなかった。それと同時に、彼らはまた、複雑な現実を理解可能にする範疇そのものを発明し、さらに構築したのである。

さらに、一七世紀には、文化史家であるピーター・バークが「現実的思考 literal mindedness」と呼んだ状況が出現したことは明らかである(50)。それは、文字通りの意味と象徴的な意味のあいだの相違がますます意識されるようになってきたばかりか、より具体的意味からより抽象的な意味へという転換があったということでもある。したがって、逆説的なことだが、一七世紀に経験主義が出現し、それと同時に、抽象的・一般的な範疇の言語がより多く導入されるようになった。確かに、この時代の経済学の文献は、より複雑な範疇に属し、そして、誰でも知っているような事実にもとづき、基本的な議論がなされる傾向が強まったことに留意していた。とりわけ、型どおりの事実と抽象的な範疇を使用することが、この状態で目立った。そのために、この文脈で「常識」について話すことは、この時代に生じていた文化・言説の変化の重要な歴史的過程を隠蔽してしまうことになる。

結局、経済のテキストと当時の経済的「現実」の関係をときほぐすことは、あまりに困難である。ある特定の言説の一部として、経済のテキストには独自の領域があり、一連の規則を決めている。それらの言説のパロールは、特定のラングによって発せられた。ラングは、重要性と意味を付与した。「経済」は知的な構築物にすぎず、「現実」のなかに見出されることはありえないが、経済にはまた、独自の特権的領域がある。かといって、すでに論じたように、重商主義者の言語は、外部世界の緊張関係と発展によって影響されなかったということは意味しない。むしろ、われわれはここで、言語とそのような「現実」の相互関係をふたたび強調する。だが、これが意味するのは、「重商主義者」のヴィジョンと思想は、「現実」の投影による代弁者にすぎないと貶めることはできないということであるのは、ほぼ確実である。この関係を追うことは、はるかに複雑である。

間違いなく、言語とは、受け継がれた概念、単語、知的道具、人工物を合成したものである。言語には、それと同程度に、言語自身の規則性がある。だが、同時に、言語はコミュニケーションを目的として使用される。つまり、直面する「現実」の範囲に対応し、そのため言語自体も変化するということである。だが、それにはしばらく時間がかかるであろう。したがって、概念の旧来の解釈は、不協和音があまりに激しくなるまで、新しい解釈と並存した。

この短い序章で言及すべき最後の点は、スミス以来の重商主義に関する論争は、この語を経済政策におけるかなり特別な断片として定義づけようとしたために、大きな災厄が降りかかったということである。そのため、スミスは、「重商主義」の著述家を、保護主義、独占装置、腐敗した経済政策をおこなっているとして非難した。シュモラーの言葉を借りれば、このように「厳格で乱暴ともいえる利己的な国民主義的政策」は、全て同じ起源に立ち戻ることができる。(51)その理由は、貨幣は富と同じものだという一般に流布したミダス王の愚行であり、マンとその支持者はそれを看過できなかったということにある。ヘクシャーは「商品の恐怖」〔輸出不振で国内在庫がだぶつくこと〕にもとづく偏見を非難した。だが、基本的には、ヘクシャーもまた、重商主義を政策のシステムだと定義づけたのである。換言すれば、非常に一般的な意味での、保護主義としたのだ。ヘクシャーにとって、重商主義とは、どの時代にも現れる、経済的ナショナリズムと保護政策を強調する一連の経済問題に対する常識的な回答であった。これこそ、重商主義は現実の経済と何の関係もないという見解を、ヘクシャーが強く主張した主要な理由であった。

けれども、経済思想は、具体的な政策形成の背後にある多数の要因の一つにすぎない。政策に対して、教義や思想が完全に優勢であるということは、全く誤りである。とりわけ、最近のイギリス経済史に関する議論は、この種の誤解を一掃するのに大きく役立った。だからこそ、重商主義を単なる経済政策だとみなすのは間違っているということが、強調されてきたのである。このような文献のほとんどは、君主や支配者が一七世紀から一八世紀初頭にかけて遂行した保護主義や伝統的な規制政策を擁護したものにすぎないとみなされるべきではない。それとは正反対に、重商主義の著述家の多くは、この種の政策にかなり批判的であった。われわれは、この点で重要な人びととして、バーボン、チャイルド、ダヴナンド、あるいはウィリアム・ペティトをあげることができる。ペティトは『疲弊するブリテン』*Britannia Languens* の著者だと推測されている。このテキストは、マカロックによって、「自由貿易」の傾向があるものとして、高く評価されている。[52] 忘れてならないのは、マンの目的の一つが、金銀の輸出に対する旧来の政策を攻撃することにあったということである。これは、イギリス東インド会社にとって、重大な攻撃であった。一方、政府の政策に対するこのように批判的な態度を、同社の利害をめぐる党派的関係だけが原因だとすることも間違っている。[53] このような批判的態度は、特定の利害集団による党派的利害とは無関係に、多くの人びとが共有したものでもあった。

本書の内容

本書の目的は二つある。第一に、一連の経済的議論に関する歴史的文脈を提示することである。この議論は、すでに一六世紀にはじまっており、国家の富はどのようにして獲得するのが最良なのか、そして、この目標はとくに国際貿易とどのように関係しているのかということを扱っていた。あとでみるように、この種の論争は、イングランドのみならず、ヨーロッパの他の多くの地域でもおこなわれていた。第二に、それと同時に、一連の概念と分析道具がどのようにして発展したのかということを示したい。それらは、国際貿易における競争の世界を扱い、市場がどのようにして機能するのかという問題を理解しようとした。経済思想の歴史において、この過程は、一般に、重商主義思想の出現とみなされる。だが、そればかりではなく、われわれがこんにち、経済学として知っている分野の多くは、これらの論争の結果として生まれた。

次章では、一世紀間以上にわたって激しく闘われた、重商主義の概念をめぐる論争を取り扱う。第三章では、とくに一七―一八世紀のヨーロッパにおける国際貿易に関する論争がどのような文脈でなされたのかを述べる。続いて第四章では、貿易差額説の教義の解釈、さらには重商主義者による富の概念化の解釈に焦点が当てられる。第五章と第六章では、一六二〇年代の経済の転換に続く世紀のイングランドの論争をもっぱら取り扱う。この章で、われわれは新しい「経済学的な」言語の発展を跡づける。こういった発展は、このような近世の広がりのなかで、経済と市場がどのように機能したのかという論争の結果として、多少とも予期しない影響をおよぼした。最後の第七章では、主要な論争の大きな意味に関する議論がもたらしたいくつかの結論を提示する。

第一章　重商主義をめぐる論争

経済学者、経済史家、経済思想史家が重商主義というトピックに絶えず関心を向けてきたのは、いくぶん不可解なことである。つまり、重商主義の解釈をめぐる活発な論争が一世紀以上前にはじまり、それ以来続いているのである。一八世紀の重農主義者が発明した用語を使って、論争に参加した人びとは、重商主義の思想とそれがもたらした出来事、すなわち中核となる学問的思想と経済政策に焦点を当ててきた。この論争は、なお関心の的である。あとでみるように、近世全般にわたる富と国力の関連を理解するために、こんにち、この概念の使用をめぐる議論がなされている。明らかに、重商主義をどのように解釈するのか、あるいは貿易差額のような概念をどう理解するのかは、専門家の議論の関心になりうるし、学界内部でも重要な課題だという認識を喚起してきた。

とはいえ、重商主義に関する関心がずっと続いている理由の理解は、結局のところ、さほど難しくないかもしれない。きわめて確実なこととして、重商主義の著述家や政治家が現実に何をいったのかということに関連する「純粋に」歴史的な問題に論争の焦点が主として当られてきたとすれば、単に昔を研究するのが好きな少数の集団の関心しか引きつけてこなかったであろう。しかしながら、現実がそれとは違っているのは確かである。むしろ、「重商主義」というトピックは、方法論的、理論的、そして実際に、政治的問題にかかわる大きな議論のために適切に利用できる用語として使われてきた。この点において、経済学者も歴史家も、都合の良い意見を述べるためにいいかげんに用いてきた。この種の議論においては、政治的な学派とさまざまな理論的学派の闘士たちが、方法論と理論的枠組みの一般的問題をめぐり、ときには大変激しく衝突してきた。

第一に、一九世紀の経済学の方法論争によって、一七世紀から一八世紀初頭にかけての経済思想を理解するための試みがなされた。経済思想の内容でこの論争がなかった場合と比較すると、かなりわかりやすくなった。むろん、この議論は、多くの点で政治的に誇張された。リストのようなドイツの保護主義者、さらにはロッシャーやシュモラーのようなドイツの歴史学派経済学者にとって、一七世紀の経済学を、単なる歴史好きな人にしか関心をもたれない科学以前のくだらないものだとして取り扱わないことが重要であった。むしろ、彼らにとっては、アダム・スミスの重商主義システムの間違いや分析面での誤りではなく、歴史的な合理性を強調することが肝要であった。このような結果に対し、彼らは古典的な歴史学派経済学者の議論を利用した。重商主義は、その後に達成された経済学の成果からではなく、同時代の観点から研究されるべきであるといったのである。重商主義者の思想は、当時としては合理的だったと強硬に主張した。彼らのアプローチは、間違いなく、古典派経済学者たち、とりわけリカードとミルに対する一般的に批判的な態度に適合した。さらにまた知られていることとして、彼らは、経済学者が発見でき、経済世界に簡単に当てはまる一般的な法則などないと主張した。いや、むしろ、経済的行動の合理性は、制度的に、時間、場所、さらに国籍と結びついていた。それゆえ、彼らが発するメッセージは明確であった。レッセフェールは、経済的常識を表す普遍的な言葉ではなかったというわけだ。重商主義者の思想は、一七―一八世紀の状況では、合理的反応だったのである。それと同じことが、近代の産業社会に適合的なドイツ特有の道をたどった保護主義経済学にもいえたのである。

これが、おおむね、一九世紀後半に出現した重商主義をめぐる論争の知的・政治的環境であった。ここから、歴史学派経済学者であるロッシャー、シュモラー、ヴェルナール・ゾンバルト、ウィリアム・カニンガム、アシュレーなどが登場し、重商主義を、保護と経済ナショナリズムによって経済成長と近代化を成し遂げることを目的の一つとした、幅広い思想と経済政策の学派だとみなそうとした。彼らの定義は、一八九四年に上梓されたパルグレーヴの経済学辞典に入れられた。この本は、それから多年にわたりスタンダードとなった。そこには、「重商主義システムとは、中世の産業・商業組織の崩壊からレッセフェールが支配的になるまでの経済政策を意味する」と書かれていた。(1)

それゆえ、重商主義がどういうものであり、どういうものになるべきかという問題は、レッセフェールと古典派経済学に対する論争の的になった。しかも、これはおそらく、この問題がスミスのいう新しい「システム」と「重商主義」の相違を強調することが重要だという主要な理由になった。二〇世紀に至るまで、このように大きな相違が、ヘクシャーとケインズによって唱えられ、拡大された。むろん、二人のいいたいことは違っていた。さらに、ヴァイナーたちは、彼らのイデオロギーのために、一七—一八世紀を利用する可能性があった。だが、このような手順がもたらした代償は大きかった。「システム」を二つのグループに分類することで、相違は大きくなり、その反面、類似点は大部分が無視された。

第二に、重商主義をめぐる議論が長引き、それはレッセフェールないし古典派経済学に対する賛否をめぐる一般的問題になってしまったばかりか、すでに述べたように、一般的な方法論的かつ理論的問題を起こした理由にまでなった。たとえば、経済思想と政策は、大きな論争の対象となったトピックである。あとでみるように、これは、とくにヘクシャーの作品の余波のなかで出された論争を挑発した。ヘクシャーの研究は、とりわけ、この論争を強調した。さらに、ヘクシャーのあとに出現した議論者の大半は、この重商主義時代に遂行された経済政策が経済思想とかなり一致していたことに対して、非常に懐疑的な立場をとるように転換する傾向があった。

このような背景に対して、注目すべき逆説は、なかでも経済史家が、思想と出来事の相互関係を問題にすることにあまり関心をもってこなかったことである。バリー・サプル、チャールズ・ウィルソン、ジョイス・オルダム・アプルビーなどが、重商主義思想は、政治組織と経済の内部で現実に発生したことを「本当に」反映しているということを進んで認めようとしたようである。たとえば、貿易差額説という教義は、一七世紀の国際貿易と為替はあまり発展していなかったので、貿易差額黒字への関心が現実に重要な問題になったという事実によって説明できた。(2) いや、ジェラルド・マリーンズ、マン、ミッセルデンの議論は、「現実に」一六二〇年代初頭の貿易不況を反映していると主張することができた。コールマンが経済史、さらにはヘクシャーと歴史学派経済学者からの挑戦に関して次のようにコメントしたのは、実際に典型的な出来事だったのである。「最近の研究は、実際、マンの貿易差額の教義は、一六二二―二三年の不況への探究から直接えられたものだということを示している」(3)。だが、われわれはむしろ、観察者は、重要な歴史的事件を解釈と概念化との過程を通じることでしか把握できないと認めてはならないのだろうか。それに関連する問題は、思想を単に出来事の反映だとみなす認識論は、現代の基準からすれば適切とはいえないだけではなく、それをベースにするなら、貿易差額説のような概念は、非常に多くの枠組みのなかで、しかも長期間にわたり用いられている理由を理解することは不可能だということになる。貿易と産業の一般的条件は、間違いなく、一六二〇年代以降の一世紀間のイギリスで劇的に変化した。だが、なお当時の概念や「理論」が使われていた。このパラドクスについては、あとで論じたい。ここでは、異なる認識論の視点が、この論争でみられるということを指摘するだけで十分である。間違いなく、そのために議論はより白熱し、そうではない場合よりも、議論は長く記憶されることになったのである。

重商主義の問題はまた、思想、政策、さらに特定の利益のあいだの一般的関係について議論をする機会を提供した。そしてまた知られていることに、すでにスミスは、異なる利益集団と重商主義のあいだに明確な関連があると主張した。このような思想は、たとえばのちにヴァイナーによって受け継がれた。より最近になって言及したのは、ロバート・E・エケルンドとロバート・トリソンであった（以下をみよ）。だがシュンペーターは、この議論は、少なくともある種の信頼性を、「重商主義に賛成する」立場の歴史学派経済学者に与えるために使った。重商主義者の教義は、おおむね、商業の利害集団の利益のために発展してきた党派的立場だとみなされるべきだということが受け入れられたとすれば、このような解釈は有効であると、シュンペーターは信じていた。

重商主義時代の多くの政策は、現実には、確実に確認できる集団の利益ないしその集団が行使した圧力、そして重商主義がなければ獲得できなかった合理的な観点が起源となっている(4)。

この問題についてはまた、少しあとでたち戻ることにしよう。

最後に、経済学の歴史をどのように書くかという方法論的な問題は、重商主義をめぐる議論でも強調される。それゆえ、ロバート・シェーファーが発明したフレーズを使うなら、重商主義の「精神」は、観点次第で変化するのは、ほぼ確実である(5)。前章において、われわれは現代的な観点から遡及して、経済学の歴史を書く方法について議論した。このような場合、経済思想史の精神史における役割は、個々の「単位観念」unit idea〔訳注—思想史 history of ideas においてまとまりをもつ一つの単位〕（アーサー・ラヴジョイの表現）の起源を跡づけるようになった(6)。このような企てがもたらす問題は、少なくともシュンペーターが認めていた。だから、シュンペーターはこう指摘したのだ。「われわれがいいたいことが無批判に古いテキストのなかにあるものとして読むことは、定式化におけるあらゆる誤りを強調しすぎるのと同様、歴史家の義務を果たさなかったことになる」(7)。しかしながら、他の人びとは、シュンペーターほどには慎重ではなかった。そのため、たとえばヴァイナーは、全く違った見解に偏執的なまでに固執した。ヴァイナーは、みずからの方法論について、以下のように定式化した。

経済史家とドイツの歴史学派経済学者たちは、ほとんど唯一、重商主義を研究してきた人たちである。彼らは、一般に、重商主義時代の理念よりも事実に興味をもち、少人数の重商主義者にみられた重商主義の教義の性格をもとにしばしば広範囲な一般化をし、貨幣と貿易の過程に対する現代の経済学の理論家に興味や知識がなく、さらにほぼ例外なく、明らかに重商主義的な意味合いについて推論することで、重商主義の教義を擁護する傾向を示した……。したがって、私は、良きにつけ悪しきにつけ、スミス以前に流布していた貿易を、イングランドの観念を用いて研究し、現代的な貨幣・貿易理論に照らして分類し、調査するのである(8)。

この方法論には支持者がいた。たとえば、ロバート・イーグレイ(9)、ブラーグ、ウィリアム・レトウィンがそれにあたる。とくにレトウィンに対しては、レトウィン教授が重商主義的傾向のある学生を、ポール・サミュエルソンの本を隅から隅までは読んでいないという理由で冷たくあしらっていると感じざるをえなかった(10)。しかし、彼らのような方法論は、主として歴史家からの挑戦を受けた。

以下、われわれは重商主義の論点と関係するこれらの議論のいくつかを扱う。まず、この長い議論で提示された主要な議論を要約する。重商主義とは何だったのかという問題はどの程度意味があるのかということが議論の対象になる。読者に対するシュンペーターの一般的な助言——重商主義者については忘れて新しく出発しよう——は、結局、あまり悪い助言ではなかったのかもしれない！

歴史的反応

前章では、重商主義概——むしろ、「重商主義システム」——の概念を、一七六〇年代に重農主義者が発明したことを強調した。また、重商主義が、スミスの手によってはるかにシステムらしくなった様子をみた。スミスは、商業、富の定義と創造などの論点と対比させるために、重商主義を扱いやすい議論の対象として利用した。さらに、われわれは、重商主義の定義を、一九世紀初頭にマカロックやジョーンズらの古典派経済学者が徹頭徹尾擁護したことを示唆した。

だが、ドイツでもイギリスでも、スミスに由来するこのようなオーソドックスな重商主義解釈に関して、数十年後に反動が出てきた。基本的に、修正主義者は、ミダス王の愚行を問題にし、非常に批判されている貿易差額説に合理的根拠があるかもしれないと論じた。このような「修正主義者」がいったように、もし重商主義が、より現実的に、広い意味で国家形成の過程だとみなされたなら、これはとくに当てはまる。しかも、彼らの解釈によれば、重商主義は近世におけるある種の政策形成の形態と経済運営に焦点を当てた幅広い概念となるばかりか、特定の利益を獲得するために遂行された教義とみなすべきだというスミスの主張がはなはだ疑問であるということになった。だからこそ、修正主義者は、重商主義の根幹には、国民国家の利益があると述べたのである。

重商主義が国家形成の過程だとするこのように新しく、そして広範囲におよぶ定義を完全に説明した一二本の長い論文が『立法・行政・国民経済年報』に出されたのは、一八八四年から一八八七年にかけてのことであった。その著者は、ドイツの歴史学派経済学者であるシュモラーであった。シュモラーは、プロイセンの選帝侯と国王――とりわけフリードリヒ大王――が、一六八〇年から一七八六年にかけ、のちのドイツ統一のための基礎を築いた方法を扱った。重商主義とは、シュモラーがこの時代のプロイセン行政府が遂行した統一・中央集権化政策を示すために使った用語である。「一七―一八世紀の国内史は全て……、国家の経済政策は、都市・地域・いくつかの所領の経済政策に反対だという要約がなされる」[11]。歴史学派経済学者の方法論に忠実であったシュモラーは、強力な領域国家の誕生が、歴史的発展の大きな連鎖の一部であるとみなした。そのため、彼はこう信じたのだ。歴史的発展の全ての局面で、「人種や国民の生活」にとって不可欠な「社会的・政治的生命を管理する器官」が発展させられた、と。それゆえシュモラーは、村落、町、領土、最後には国民国家を、切れ目なくつながる局面ないし団体だとみなした[12]。

重商主義の概念は、このように、シュモラーとアダム・スミスでは全く異なる。何よりも、シュモラーの説は、「全ての諸邦の経済的利益……それには、いくつかの一般的に受けいれられた前提条件がある」ことを表明した[13]。〔重商主義は〕「国家政策」とみなされたので、重商主義の思想家と著述家の特定の見解は、ほんの僅かしか興味をもたれなかった。たとえば、「貿易差額という考え方の全てと教義」は……、それらをまとめる経済過程という点では、国家にとって二義的な重要性しかなかった[14]。したがって、シュモラーは、重商主義を以下のように定義づけたのである。

問題となっているのは、統一された真の政治経済学の創造であった。その中心に位置するのは、あらゆる方向に延びている国家政策だけではなく、統一された感情の鼓動であったはずだ。このように重商主義を把握する者だけが、重商主義を理解する。そのもっとも中核の箇所にあるのが、国家形成にほかならない。狭い意味での国家形成だけではなく、国家形成と国民経済の形成が同時に進んだことが重要なのである。近代的な国家形成によって、政治的共同体から経済的共同体が創出され、それに大きな意味が付与される。重商主義システムのエッセンスは、貨幣に対する教義や貿易差額のようなものではなく、さらにまた、関税障壁や保護関税、航海法ではない。むしろ、より大きなもの、すなわち、社会と社会組織全体、さらに国家と国家制度の転換、そして地方と領域的な経済政策が、国民国家の経済政策に置き換えられるということにある。(15)

ほぼ確かなこととして、シュモラーのおおまかな定義は、重商主義をむしろ特定の時代の「時代精神」のように扱っており、その起源は〔通説よりも〕古かったのである。『ドイツの国民経済の歴史』（一八七四）、さらにはエドムンド・フォン・ハイキングの重商主義を扱った『貿易差額理論の歴史』（一八八〇）という記念碑的な二作品は、シュモラーにインスピレーションを吹き込んだ。(16)そのため、ロッシャーの主張、すなわち、一八世紀プロイセンの「重商主義」政策の理論的根拠は、この時代のドイツ諸邦に特有の状況に求められるべきだということに、シュモラーは同意したのである。より特定するなら、とりわけ大選帝侯が遂行した意識的政策の帰結だったというのだ。シュモラーは、フォン・ハイキングを読み、みずからの解釈に対して強い支持者がいるとわかったはずである。フォン・ハイキングは貿易差額説を、近世においてヨーロッパ諸国家が激しい権力闘争をしていることを多少なりとも正確に示していると書いたからである。したがってフォン・ハイキングは、その論考で、公然と、国家権力を獲得する経済学のシステムとして、重商主義を定義したのである。(17)しかしながら、彼は、カール・ビュッヒャーやブルーノ・ヒルデブラントのような旧来の歴史学派経済学者に依拠した。最終的には、もっともすぐれた「国民経済学者」フリードリヒ・リストこそ、近代化と国力のための国民経済プログラムとして重商主義を扱った最初の人物であった。そのために、「重商主義国家という思想」が、ドイツ歴史学派の経済学にしっかりと埋め込まれたのである。

ドイツ語を話す国々においては、若い世代の歴史学派経済学者と新古典派のメンガーのあいだで、一八八〇年代にいわゆる方法論争が炸裂した。しかし、イギリスにおいてもまた、このような議論が生じた。ジェラルド・M・コートが述べたように、この争いは、単にドイツの論争のコピーだとみなされるべきではない[18]。第一に、むしろこの時代のイギリスに特有な議論、イギリスのいわゆる新重商主義の興隆と関係していたに違いない。一八八〇年代から、高関税、社会改革、「建設的な」社会帝国主義を選択する「新重商主義者」が現れ、彼らのロビー活動の努力が生んだもっとも目覚ましい成果は、一九〇三年のチェンバレンの関税改革であった。キャンペーンにおいて、彼らは主として、歴史学派経済学者から支持を受けた。そのなかでもっとも重要な人物は、カニンガム、アシュレー、W・A・S・ヒュインズであった[19]。

第二に、イギリスにおける方法論争の起源は、たとえばカニンガムとアルフレッド・マーシャルのあいだで一八九〇年代に白熱した、イギリスの歴史学派経済学による特別な形態の論争に求められるはずである[20]。ジョーンズは、イギリスにおけるこのような歴史学派経済学の「学派」の先駆者とみなされることが多い。確かにそれは真実だろうが、ジョーンズ自身は、スミスの学徒だと考えていたことを想起するのが重要である。ジョーンズは、みずからをスミスの戦友であり、演繹的で非歴史的なリカード学派の経済学と戦っていると思っていた。しかし、歴史的なアプローチは、リカード学派への批判的な態度も示していたが、ソロールド・ロジャーズ、アーノルド・トインビー、トマス・E・C・レズリーらの経済学者を結合したものであった。とくにレズリーは、一八七〇年代を通して、演繹的な方法と、自由貿易の幻想を主張して、正統的な経済学を攻撃した。ドイツ人の論調の真似をしたことは間違いなく、正統的な心情に含まれる享楽主義への反対運動をした。人は、利己的に富を求めるばかりか、宗教感情、家族の義務なども追求しなければならないと、レズリーは論じた。そしてレッセフェールではなく、政府の規制、保護、安定した国内市場が必要だと主張した。(21)

しかしながら、カニンガム、アシュレー、ヒュインズの三人組を待ち受けていたのは、一八八〇年代に本格的になったイギリス版の歴史学派経済学であった。歴史学派経済学と、当時出現しつつあった新古典派の学派とのあいだのもっとも劇的な衝突は、カニンガムとマーシャルのあいだの激しい対立であった。この対立は、ますます激しさを増し、カニンガムはとうとうケンブリッジ大学の講師をやめることになった。一方、マーシャルは、イギリス経済学界でほぼ支配的な地位に就くことができた。(22)

カニンガム、アシュレー、ヒュインズは、三人全員が、新古典派の野心を表した演繹的方法論に対して非常に懐疑的であり、人間は、快楽主義者により動機を与えられた「経済人」ではなく、進化する制度と社会条件が形成する歴史的な被造物だと考えた。彼らはレッセフェールに強く反対し、新重商主義政策を擁護した。政治的態度としては、それぞれが大きく違っていたことは当然である。カニンガムは、宗教的に保守的であり、生き方と性格はかなり反動的であった。アシュレーは一種の社会民主主義者であり、労働組合と社会帝国主義の熱心な支持者であった。最後に、ヒュインズは、学問的助言者としてチェンバレンとともに働いた社会自由主義者であった。(23)ジャッジズによれば、ヒュインズは、カニンガムが公然と規制政策と重商主義政策のほぼ全てを称揚したことにかなりショックを受けた。(24)しかしながら、正統的な経済学を好まず、経済学に対する歴史的プログラムを確立するために、ヒュインズはカニンガムとアシュレーに進んで協力したのである。

そのために、カニンガムは、その著書『イングランドの工業と商業の成長』（一八八二）で、テューダーの君主が遂行した国家的な規制政策を擁護したのだ。一般的には、テューダー朝が果たした歴史的役割は、中世の排他主義から離脱し、その後の国家権力と栄光ある植民地システムへの基盤を提供したことにあると、カニンガムは論じた。さらに、一七世紀の規制体制の崩壊が利益をもたらしたと考えた。だが、それと同時に、行きすぎたレッセフェールと企業の自由には警鐘を鳴らした。おおむね、彼は、トインビーと同じ悲観的な見解をもっていた。すなわち、一九世紀の何ものにもさまたげられない産業の自由が、より貧困な階級の生活水準を低下させたと考えたのである。[25] イングランドの経済と社会が、有機的なゲマインシャフトからゲゼルシャフトに基盤をおいた産業秩序へと転換し、そのために疎外が増大し、国民精神が失われた。したがって、カニンガムの一般的態度は明確であり、シュモラーの立場に似ていた。

国家とは、結局、国民精神を具現したものであり、国民の実際の意識や思想の一般的傾向を反映する……。国家は国民のなかのさまざまな人びとに共通するものを具体化したものであり、各々の人が共有する精神を表す。[26]

『イングランドの工業と商業の成長』で、カニンガムは、重商主義を豊かさではなく、国力を追求したシステムとして描出した。国家権力は、代々の君主と政治家の規制政策の究極的な目的であった。カニンガムが「重商主義システム」だと定義づけたのは、このような国家権力のシステムであった。[27] これはむろん、スミスが一世紀前に考えていたこととは大きく違っていた。ドイツの学術誌である『雑誌』に寄稿した論文の中で、シュモラーは、明らかにスミスの解釈に取り組んでいた。彼はスミスの意見のなかで、重商主義を主に特定の集団の利害を代表しているととらえていることに対して、とりわけ批判的であった。シュモラーの主張では、むしろ、重商主義政策とは、個別主義に反対して国家の利益と国民の統一を目指すことを明らかにしたものである。

シュモラーと同様、カニンガムは、重商主義の著述家が支持した特定の思想にとくに興味を示したわけではない。カニンガムにとって、それはせいぜい第二義的な興味しかなかった。実際カニンガムは、重商主義は貧弱な理論だというスミスの意見に同意する傾向があった。だが、それは大した問題ではなかった。より高い観点からみるなら、重商主義の著述家は歴史的に正当な扱いを受けるべきだと、カニンガムは論じた。長い目でみると、重商主義者が遂行した目的は、歴史的に正しかったからである。彼らがとった手段のほとんどについても、同じことがいえる。このような手段と目的があったために、強力な国民国家が形成されたのである。[28]

ヘクシャー

ヘクシャーが書いた膨大な重商主義の解釈の書である『重商主義』のスウェーデン語の初版が現れたのは、一九三一年のことであった。[29]翌年、ドイツ語版の翻訳が出版され、*Mercantilism* のタイトルで最初の英語版が出たのは、一九三五年であった。本書の出版後、たちまちのうちにこのリベラルなスウェーデンの経済学者かつ経済史家は、国際的に有名になった。しかしながら、彼の作品は、経済学者によっても歴史家によっても、おおむね批判的に受け入れられた。書評者は、本書に捧げられた信じられないほどの労苦と、ヘクシャーの学識および技能を認めてはいたが，以下のような短所を強調した。

ヘクシャーが経済思想と実践から切り離して、重商主義政策を扱う傾向があるという事実（トマス・H・マーシャル）[30]。

ヘクシャーは、重商主義の状況、思想、行動を統合することができなかった（ハーバート・ヒートン）[31]。

ヘクシャーがいう「重商主義システム」は、どこか歴史的ではない（マルク・ブロック）[32]。

中世からの全ての規制的な国家政策が、共通の系統的な意図と目的によって大きく影響されたかどうかは大変疑わしい（ブロック、ヒートン）[33]。

ヘクシャーが、国力それ自体を重商主義の主要な目的だと解釈していた事実（ヴァイナー）[34]。

ヘクシャーの「商品の恐怖」という概念と、それは中世以降の西欧で貨幣経済への移行があったというために生じた説明は、あまりに一般的かつ非現実的である（ヒートン）[35]。

だが、これらの批判のいくつかは、ヘクシャーの耳には奇妙に響いたはずである。とりわけ、ヘクシャーが国力それ自体を重商主義の主要な目的だと解釈していたというヴァイナーの主張により、カニンガムのような経済学者とヘクシャー自身が同じ路線を歩んでいるように思われたことである。これが、一つの衝撃であったことは確かである。しかし、逆説的ながら、現実にヴァイナーは、カニンガムの主要な反対者として登場した。それは、ヘクシャーが、自身の研究のなかでヴァイナーの論に賛意を示して、「重商主義というテーマを研究するときに、われわれの見解に多くの一致点があることを知るのは幸せなことである」と書いたためだけではない[36]。たぶん、それよりも奇妙なのは、ヘクシャーはみずからを歴史学派の断固たる反対者だとみなしていたことである[37]。理論的・方法論的な問題を扱った論文で、彼は常に歴史学派経済学を厳しく批判した。しかも、ヘクシャーは、『重商主義』の第一章で、重商主義の「経済面」は、保護主義と貨幣システムという形態をとっていたが、シュモラーとカニンガムによって無視されたと批判した。むしろ彼は、スミスの立場に賛意を示した[38]。確かに、ヘクシャーは、ウプサラの胡散臭い教授であるハラルド・ハルネの指導下に、保守的な歴史家としてキャリアをはじめた。だが、ヘクシャーはのちにストックホルム経済大学院の教授として、レッセフェールと国際的な自由貿易システムを弁護した（ヘクシャーはヘクシャー－オリーン定理として知られる国際貿易の理論に対する彼の貢献もみよ[39]）。しかも、一九二〇年代から、ヘクシャーは政治的に、よりリベラルになった。

さらにまた、ヘクシャーは、第二の点でヴァイナーと意見が一致した。アメリカの経済学者であるヴァイナーと同様、ヘクシャーは、現実の経済世界で生じたことに対して、重商主義が実際には合理的な態度をとったという歴史派経済学者の立場にかなり批判的であった。すでにみたように、ヘクシャーは、重商主義の経済学の思想は、経済の現実と関係があったということさえ否定したのである。そして、全体として、ヘクシャーは、一九三〇年にヴァイナーが実行したみずから「経済史家」（主としてドイツ歴史学派）と呼んだものへの猛攻撃――それは、ヴァイナーが実行したことであった――を仕掛けることに賛意を示したはずである[40]。

しかし、ヘクシャーの最高傑作は、歴史学派の擁護をしたものだと読まれたかもしれない。それは、ヘクシャー自身の失敗であった。したがって、シュモラーと全く同様に、重商主義をかなり幅広い観点からみた。しかし現実には、ヘクシャーは、重商主義をシュモラーとカニンガムよりもはるかに拡大解釈した。それゆえヘクシャーは、その著書において、重商主義を、経済的・規制的・行政的思想であり、そのルーツは中世の都市政策にまで遡ると考えた。重商主義とは、ある特定の時代にかぎられたものではないと主張したのである。重商主義とは、そのベースにおいて、「経済政策の歴史の一局面」であったが[41]、それと同時に、経済的教義のシステム、すなわち、「保護と貨幣のシステム」であった。ヘクシャーによって、重商主義の経済面は、シュモラーよりはるかに一貫した性格を帯びるようになり、歴史を通じて現れる常識的・一般的な経済的思考であり、特定の時代にかぎられるものではないと主張した。それればかりではない。ヘクシャーは、第三に、重商主義を、特定の概念を意味するものとして扱った。人間のエゴイズムと物質主義、すなわち、世界観とほぼ同一のことを意味するようになったのである。

したがって、重商主義についてのヘクシャーはこれ以上のことを意味したが、シュモラーの定義と密接に関係していたように思われる。しかも、歴史学派が促進した歴史の発展段階論のようなものにうまく適合していたようである。ただし彼らのアプローチについては、ヘクシャーは現実的な批判をしていたように思われる[42]。ヘクシャーは、歴史学派経済学者としてみなされたかもしれない。そのような見方を強めたのは、マルクス主義者やヘーゲル主義者に近い「商品の恐怖」の挑発的ともいえる概念化であった。「貨幣へのフェティシズム」の一形態として、貨幣の不足と「商品の恐怖」は、バーター経済から貨幣経済への移行を反映していた。

確かに、ヘクシャーの書物は厳しい批判にさらされ、さらにまた一部誤解を受けた。その主要な理由は、『重商主義』の構造が複雑だったからである。たとえば、ある箇所が他の箇所とどう関係しているのか、簡単にはわからないことが多かった。そうなった理由は、おおむね、自分の対象が実際にはどういうものなのかを確定できなかったからである。また、明らかに、それが、ヘクシャーの定義が大づかみになり、きわめて曖昧になった理由である。しかも、それが、現実には真の統合がどういうものになるのかわからずじまいになったにもかかわらず、ヘクシャーが折衷的方法で重商主義を取り扱うことができた主要な理由の背景にあると、アルフレッド・マーシャルは批判した。それゆえ、ヘクシャーは、規制主義的な政策、経済的教義、社会についての概念に関するシステムのような特徴を扱ったけれども、これらの存在のあいだの関係を明確にすることはできなかった。

しかしながら、ヘクシャーの一般的議論は、次のように再構築されるかもしれない。彼は、特定の経済政策として認識されている重商主義がもつシステム的な性格を強調することで、議論をはじめた。ヘクシャーは、「重商主義が、理論的なシステムを構築したかどうかということを議論してきたが、この問題は不適切に表現されて」いる。ヘクシャーは続ける。

というのは、誰もが、行動のもとになるものとして、自分にはある種の思想があるかどうかを意識する。そして、重商主義者には、経済システムが創造され、そのため、望ましい影響を受けるのはどういうことなのかということに関する経済理論がふんだんに与えられてきた。(43)

しかも、重商主義を理解するために、われわれは目的と手段を峻別しなければならないと、ヘクシャーは説明した。重商主義政策の究極の目的は、国家の対外的な力を強化することにあった。(44) これは、明らかにスミスと、さらに国民国家よりも個人の富の増大を選好していた自由主義経済学とは矛盾することであった。だが、それでもなお、これは重商主義の最大の特徴をもっとも適切に表してはいなかった。重商主義システムにさらに付け加わった特徴は、この一般的目的に加えられた手段だと、ヘクシャーは強調した。国家の政治力を強化するために必要とされたこのような経済手段は、保護主義者と貨幣システムとして、重商主義の一部をなした。この「システム」が経済政策ないし経済思想、あるいはその両方だとみなされるかどうかということは、不明瞭である。それは、当初は明らかにされなかったし、〔その印象は〕二巻全体を通じて読者につきまとうのである。政策であれ教義であれ、ヘクシャーは重商主義を、経済システムが近世にどのように機能したのかを合理的に反映しているものとは思われないということをやっきになって指摘しようとした。ヘクシャーは序章では、そのあとのテキストよりも慎重であった。彼は以下のように指摘する。「特定の時代に遂行された経済政策の記述は、当時の経済状況を十分に説明していると受け取られるべきではない」、と。[45] だが、その後、彼はもっと断定的になる。「けれども、経済の現実が時折わかるようになっても、経済政策の一般的傾向が変わることはなかった」のである。[46]

第二版で追加された章では、彼の主張ははるかに鮮明になった。しかし、今や彼は議論を変え、当時の経済思想に言及した。「重商主義の著述家は、彼らの主張を――頻繁に顕著な理論的態度を示して――、どこからえられたものであれ、現実の知識から構築したと考える理由は全くない」[47]、と。

間違いなく誇張された立場ではあるが、それを土台として、ヘクシャーは、重商主義の五つの面を扱っていると述べた。第一面は、むろんシュモラーがいったように、統合のシステムである。第二面として、ヘクシャーは重商主義を、たとえばカニンガムが詳しく説明したように、国力のシステムとして扱った。第三面と第四面としては、スミスを出発点として、保護主義と貨幣システムとしての重商主義を論じている。第五面として、そして最後に、重商主義を社会に関する概念とみなすべきだと強調した。これは、しばしば忘れられた面であると、ヘクシャーは指摘する。ヘクシャーの主目的は、これらの面の全てを統合し、彼の扱っている現象の一般的解釈を、系統的に打ち立てることであった。

そのため、『重商主義』のはじめの部分で、ヘクシャーは重商主義を統合のシステムとして扱った。これは、四〇〇頁以上にわたる経済と立法史の野心的で素晴らしい一節であるが、大体において、シュモラーの説を超えてはいない。「国力のシステムとしての重商主義」は、彼の作品の第二部で手短に扱われているにすぎない（四〇頁）。ここで、ヘクシャーは、主としてカニンガムの思想を繰り返し述べている。すなわち、重商主義政策の目的は、国家自体の力を強化するという立場である。続いて、第三部は、保護のシステムとしての重商主義への議論に捧げられた。第三部で、ヘクシャーは、［食料の備蓄を重視する］「備蓄政策」――中世都市の経済行政に非常に特徴的――と、重商主義時代の「保護システム」にある有名な区分を提示した。保護システムは、おおむね、心理学的な傾向と態度によって説明された。それが、「商品の恐怖」であった。ヘクシャーの考えでは、このように重商主義に特別なメンタリティを特徴づけたのは、「売ることとそれ自体が目的である」という事実であった(48)。彼がいうには、その目的は、どんな手段を使っても、商品を処分することであった。それが、この時代に非常に普及した貿易差額説の教義の論拠になった、しかも、商品の恐怖に対するこのような心理的態度の歴史的起源は、中世の専制政治状態にあったと、ヘクシャーは示唆した。しかし、他の要因のほうがはるかに重要であった。全体として、「貨幣産出高は、経済活動の唯一の目的にみえる」ということを推進したのは、貨幣経済の拡大であった(49)。

ヘクシャーがミダス王の愚行の話題をふたたび取り上げたのは、次節で、貨幣システムとして重商主義を論じたときのことであった。保護システムとして重商主義を扱うという立場からして、重商主義の著述家たちが貨幣と富を混同したというスミスの学説にヘクシャーが同意することを期待するのは、当然のことであったろう。だが、この点で、ヘクシャーには、このような重金主義者の態度は、初期の重商主義者に共通していたかもしれないが、一六世紀のあいだにそうではなくなっていったという事実に注目するだけの慎重さがあった。実際、彼は次のように書いた。

したがって、貨幣システムとしての重商主義は、貨幣を意識的に偶像化したものだと説明することはできない。合理的な立場からみて重要な点は、社会における貨幣と貴金属の機能と、経済生活の発展に対する概念化であった。(50)

この節で、ヘクシャーは、重商主義思想が、貨幣の役割に対する意見がどのようにして盛んになったのかということに取り憑かれていたことを示そうとした。そして、重商主義者は、経済発展とは貨幣の流通速度に依存していると考えるようになった。貨幣が富を創出する能力があるというある種の神秘的な信仰のためではなく、このような議論があったために、重商主義者が貨幣を高く評価する傾向があったのだと、ヘクシャーは論じたのである。

最後の節で、ヘクシャーは、重商主義を社会に対する概念化だと論じた。最初、彼は「自由主義」と「重商主義」の類似性を強調した。つまり、どちらのシステムも、人間は自然権という当時隆盛した教義によって刺激を受けた社会的動物だという概念に基盤があったというのである。だが、彼はこう問う。同種の社会哲学が、レッセフェールや重商主義のように異なる経済システムを一体どうやって創出しえたのか、と。彼が提示した一つの答えは、重商主義者が信じる自然哲学に、非道徳的な意味合いがあると指摘したことだった。だからこそ、重商主義者とは、「人びとに対する無関心が広まった」ものだと認識された。(51)高利などを禁じる法律を通じて貧民を保護するというそれ以前の倫理は、物質主義と世俗的イメージによって置き換えられていた。しかも、一般的な原理として、個々人の福祉は、常に国家の力のために犠牲にされた。そのため近世には、「純粋なマキャヴェリズム」が台頭したのである。典型的なのは、貧民に対する態度であった。貧しい階級は、大体において、「自由財」であり、資産家階級の言いなりになるとみなされていると、ヘクシャーは信じた。

しかし、話はこれだけでは終わらない。重商主義とレッセフェールのもっとも重要な分岐点は、レッセフェールの教義がもつ確実により人道的な態度にあった。一方、強欲な重商主義者の視点の特異性は、主として国家の力を制御できるという信念にあった。レッセフェールの主張者は、しばしば、重商主義者と同じように非倫理的で無慈悲だということがありえたものの、彼らは、以前に確立されていた調和を信じていた。だが、重商主義者はそうではなかった。ヘクシャーは、批判への返答として、こう書いた。「重商主義者の眼には、望ましい結果は、有能な政治家を適切に管理することでもたらすことができたそれは、自由な経済生活の諸力がもたらすことはできないものであった[52]」。それゆえ、ヘクシャーによれば、見えざる手が存在することへの疑念が、現実にスミスとマンの世界の主要な分岐点であった。全体として、ヘクシャーのいう重商主義は、大きな広がりをもつ世界観へと変わった。

豊かさか国力か

シュモラーと歴史学派と同様、ヘクシャーは、重商主義という用語を拡大解釈し、経済思想のシステムと社会概念、さらには中世にまで遡る起源を有する経済政策のシステムであるとした。ヘクシャーは、国家を、〔経済政策の〕主要な担い手かつ駆動装置とした。書評者たちに対し、国力と豊かさは重商主義の目標だと認めたが、ヒートンによる自信に満ちた断言には、いくらかの真実があった。すなわち、ヒートンによれば、ヘクシャーは、「重商主義は豊かさよりも国力を追求し、それはレッセフェールとは対照的であった。レッセフェールとは、富の創造こそ指導原理であり、それが国家の国力に影響するかどうかについては、あまり関心が払われなかったと主張した」のだ。(53)

一九三〇年に二部に分かれて出版された長い論文で、ヴァイナーは、歴史学派の立場に挑戦することで、スミスに敬意を払った。すでに述べたように、ヴァイナーは歴史学派経済学とその経済史を批判したことが、かなり明瞭に読み取れる。歴史学派は、「貨幣と貿易の過程に対する近代経済学の理論化に関心もなければ知りもしないという態度を示した」だけではなかった。歴史学派の合理性についての議論を紹介することで、歴史学派は、「ほぼ例外なく、自分たちが重商主義的な要素を帯びていると論証して、重商主義者の教養を擁護する傾向を示した」のである。(54)ヴァイナーは、重商主義者を、歴史学派の観点から理解しようとはしなかった。彼が提示した手法とは、「近代的な貨幣・貿易理論から出発し、さらにこのベースにもとづき、アダム・スミス以前に広く流布していた貿易に関するイングランド人の思想の一覧の、近代的な……理論に照らした分類と調査」を提供したというものである。(55)ヴァイナーの考えでは、このような批判的な調査をする方が、この種の思想は、近世の経済世界の現実を反映すると議論する歴史学派よりも、ある意味で、教養の進化の歴史の理解につながるのである。

ヴァイナーによれば、重商主義者は、スミスの発言どおり、真の富と貨幣を同一視した点で間違いを犯した。ヴァイナーは、もしそれが認められないなら、貿易差額説と、外国貿易だけが国家が富を獲得する方法だという見解を理解することはできないことを強調した。だからこそ、重商主義者は、「貨幣以外の全ての富には価値がないと、少なくとも少しのあいだは信じた」のである。(56)そのためにヴァイナーは、スミスよりもずっと強硬に、次の点を主張しさえしたのだ、重商主義者は──彼らの主張を適切な文脈で引用文を拾い上げることで──、重金主義者そのものであると強調した、と。しかもヴァイナーは、一六二〇年代の貿易差額をめぐる議論からは、何も新しいものが出てこないと考えたのだ。しばしばなされる、個別的貿易差額から全般的貿易差額に至る段階の相違を、ヴァイナーは否定した。これまでに論じたように、この違いはスミスの『国富論』ですでに暗黙のうちに示されており、一八二〇年代にはジョーンズによって、正統的な観点になった。けれども、ヴァイナーの言によれば、これは完全に想像力の産物なのである。[57] むしろ、本当の分岐点は、一七世紀後半、雇用の議論がなされたときに出現した。その議論とは、労働の貿易差額（さらに、第4章をみよ）であった。これが相次いで、古い教義の貿易差額説を根絶やしにしたのだ。

とはいえ、ヴァイナーは、貨幣と富を同一視した極端なまでの重商主義者は、さほど多くはなかったと進んで認めた。より穏当な意見の持ち主たちがいるのだから、金銀を富として強調したことには、別の観点から理解されるべきである。一六──一七世紀に貨幣が非常に重要なものだとされた理由を、ヴァイナーは説明した。その議論で、この愚行の「物質的な」ベースを強調した説明になってしまったことは、皮肉なことであった。この文脈において、彼はこう強調した。

> 金銀と富を完全に同一視しない優秀な重商主義者の著述ではるかに重要なのは、これほど重要な貴金属の機能が国家の福祉のために役立つと考え、貴金属に他の商品以上の価値をおいたことである。[58]

しかしながら、このようにいったために、ヴァイナーはむしろ一連の新しい歴史解釈への道を開拓することになった。その解釈は、あとでみるように、第二次世界大戦後に出現した。だから、ヴァイナーによる歴史学派の方法論への批判は、現実には、より適切で意味深い歴史的説明を要求することへと変わっていったのである。

ヴァイナーはまた、歴史学派経済学者によるこれとは別の前提への挑戦を試みた。この前提を形成したもっとも重要な人物は、むろんシュモラーであった。シュモラーと異なり、さらにスミスと同様に、ヴァイナーは、重商主義の著述家は、国家主義を賛美していたのではなかったことを強調した。彼の考えでは、重商主義者は、一般財に敬意を払うことはほとんどなかったし、国家の規制や政策を擁護することもなかったことが、それを実証する。むしろ、彼らのほとんどは、当時の政策に批判的であり、このような状況において、改革者となった。だが、ヴァイナーが主張したように、彼らは、ある特定の意味で、改革者であった。それゆえ、古い構造を変革しようという努力において、彼らは「特別な利益」をもたらすもっとも重要な人びとであった（彼らは、現代の表現形式《ヴォキャブラリー》を用いるなら、レントシーカーであった）。それぞれの集団が、彼らの経済的利害に適合した立法上の改革を目指したロビー活動を絶えずおこなった。明らかに、スミスのレトリックのスタイルに影響を受け、ヴァイナーはこう書いた。

重商主義の賛美者がおそらくわれわれに信じさせようとするように、法と布告は、強力で名誉ある国家を目指す大きな熱意の結果であり、利益を追求する商人の利己的な行動に反対するよう方向づけたが、それは社会的地位の多様性がもたらす利害対立の産物であった。(59)

ヴァイナーの二本の論文は、ヘクシャーの作品が出版され、翻訳される前に出されていた。しかし、ヘクシャーの作品を読んだあとで、ヴァイナーは歴史派経済学者への批判を強めた。それは、ヘクシャーの本の書評と一〇年後に出版された論文で出され、重商主義者にとって国力は目的そのものであったという考えを厳しく批判した。[60] すでにみたように、ヘクシャーは、この文脈において、カニンガムの立場に近かったと論じることは十分に可能である。だが、もっと寛容な心でヘクシャーを読めば、国力を求める闘争が、重商主義政策の目的の一つにすぎなかったと考えていたことが示唆される。要するに、彼が抱いた野望とは、明らかに全体の統合をすることであり、国力をめぐる闘争は、いくつかの側面の一つにすぎなかった。しかも、ヘクシャーは、原則的には、一つの説明ですませようとしないように絶えず注意していた。すでにみたように、ヴァイナーらへの返答において、ヘクシャーは、国力と豊かさの両方が、最盛期の重商主義経済政策の中心となる目的であったということが妥当だと進んで認めた。ここで、彼はまた、この二つの目的の背後に、非常に特別な社会哲学である重商主義の世界観が隠されていたと示唆したようである。

だが、ヴァイナーは、きっぱりと決心した。ヴァイナーによれば、ヘクシャーは、「重商主義は、国力は豊かさよりも重要だというテーゼを支持」したのだ。[61] 一九四八年の論文で、ヴァイナーはヘクシャーがそれに不承不承同意したことに気づいていたが、それを主として戦術的な後退だとみなしたようである。ヴァイナーの主張によれば、ヘクシャーは、「重商主義の著述家が、国力を国家政策の唯一の目的だとみなしたか、富が重要なのは、国力に奉仕するからにすぎない」ということを立証できなかった。[62] むしろ、「正確な」解釈として、ヴァイナーは（非常にというわけではないが）謙虚に、ヘクシャーがおそらく同意しないことを提案した。

> 現実的に、あらゆる重商主義者は……次の提案の全てに同意したかもしれない。（1）富は、安全のためで

あれ攻撃のためであれ、間違いなく国力への不可欠な手段であった。（2）国力は、富の獲得や保持のための手段として不可欠ないし価値がある。（3）富と国力は、それぞれ、国家政策に適切な究極の目的である。（4）いくつかの目的は、長期的には調和している。[63]

重商主義の経済史

ヘクシャーの『重商主義』の二巻本の上梓により、間違いなく議論が再活性化した。一九三〇年代初頭にこの作品が最初に現れたとき、重商主義は、当然、論争をもたらす政治的問題であった。ヨーロッパにおいて、保護主義と経済的ナショナリズムがふたたび大きな規模で出現していたからである。当時の全体主義の声は、古い重商主義の経済統制政策のトーンのように独特の音をたてて響いた。[64] また、あとでみるように、ケインズは、『一般理論』において重商主義に賛成した。それは、ヘクシャーのような「オールド」リベラリストに、嫌悪感を抱かせた。[65]

しかし、戦後になると、非常に異なる政治的土壌において、重商主義をめぐる論争は続いた。だが、論争は下火になったものの、政治家と経済学者の関心を引いた。そして、重商主義のテーマを業績目録に加えたのは、やがて経済史家になった。とくに一九五〇年代から六〇年代は、とりわけアングロサクソンの世界で、経済史が学問的分野として急速に台頭したことで特徴づけられた。[66] 少なくともイギリスにおいては、その成功は、重商主義に関する論争によるところが少なくなかった。イギリスでは、論争はとりわけ二つの問題に焦点を当てるようになった。第一に、ヘクシャーの幅広く何とでもとれる重商主義の定義の価値が問題視され、批判された。第二に、国際貿易関係に対する新しい歴史研究は、重商主義という現象を理解し解釈する新方法を示唆するように思えた。そのために、重商主義思想の上部構造に対して、確固とした経済史的なベースを構築しようとする活発な議論が出現した。

第一の側面に対して、A・W・ジャッジズは、すでに一九三九年に、「重商主義国家」という概念を激しく拒絶した。ジャッジズは、ロンドン大学のキングズカレッジのフェローであり、とりわけエリザベス時代のイギリス文学で著名な学者であった。彼の攻撃は、表向きは「ドイツの学問」の歴史主義に向けられていたが、カニンガムやアシュレーのような人たちも含まれていた。ヘクシャーにはほんの少ししか言及していないが、ジャッジズの批判の多くは、彼に対しても向けられていたかもしれない。ジャッジズは、重商主義を「一貫したシステム」とみなすことが適切かどうかを疑問視した。彼自身は、回答に自信があった。重商主義には、「信条はなく、その奉仕に身を捧げる聖職者もいなかった」と、ジャッジズは書いた。しかも、彼の主張では一貫した教義はなく、「少なくとも僅かな原理さえ決まっていなかった」のである。それゆえ、「重商主義は、一八世紀に自然法のシステムが確実に存在すると信じた人びとが構築した実態のない議論であった」[67]。

それから約二〇年後、このような立場は、コールマンという主導的な経済史家によってさらに発展させられた。コールマンは、公然とヘクシャーと彼の重商主義に対する「ジンテーゼを出すことを目的とした扱い」を批判した。まるでヘーゲルの仕業であるかのように、重商主義は一つの実体となり、それは数世紀にわたり、さまざまな外観をまとって現れてきたのである[68]。コールマンの結論は、しばしば引用される。

重商主義とは何か。本当に存在したのか。経済思想の傾向の記述としては、この用語は役に立つかもしれないが……。経済政策のラベルとしては、ミスリーディングであるばかりか、歴史研究に対する積極的な混乱とさえいえよう。共通点のない出来事を統合し、特定の時代と環境のあいだに生じる空間があることを隠蔽する。さらに、思想と偏見、利害と影響、政治と経済、そして、人びとのパーソナリティがきわめて多様であるにもかかわらず、それらをみえなくしてしまう。しかし本来、それらを検証するのが歴史家の仕事なのだ。[69]

すでに述べたように、これよりあとの論文で、コールマンはこの議論を、経済思想の傾向として認識される重商主義に対してもさらに拡大した。一九八〇年に、彼は、重商主義はある種の発見的な価値があるかもしれないと、譲歩するようになった。このように、「歴史研究が単なる歴史好きのママゴトにまで落ちぶれることをふせぐために、存在しないはずの実体が発明されなければならなかった」現実の事例であった。[70] しかし、現実に特定の思想ないし経済政策の流れを描写するものとしては、この用語は適切ではなく間違っていると、コールマンは主張した。

ジャッジズとコールマンは一九五〇年代の論争に大きくそして明確な影響を与えたけれども、それ以降に論争に参加したほとんどの歴史家は、この問題に関して、彼らのかなり極端な見解に同意することにはためらいを感じた。だが、重商主義が一つのシステムだという見解に対する疑念は広まっていった。すでに述べたように、ジョンソンは、一九三七年に上梓された『イギリスのアダム・スミスの先任者たち』という影響力のある書物において、重商主義とは「不幸な用語だ」と信じていた。さらに、シュンペーターは、『経済分析の歴史』において、重商主義者たち——彼がいう「行政顧問官」——は、その地位に非常に適した理論を構築できなかった実践家だと断言した。(71) この路線に沿って、テレンス・W・ハッチンソンは、定義の範囲があまりに広く、一般的という理由で、重商主義という用語は、できるだけ使わずにおくべきだと論じた。彼の考えでは、このような大づかみな概念を使って、数十年におよぶ、多様な社会経済的状況にあった経済思想を表現すべきではなかったのである。(72)

　ところが、ヘクシャーが重商主義について考えていた「奇妙なまでに非現実的で」多様な実体を表す態度に共感することが多かったので、多くの人びとは、重商主義という用語を使い、実際にそれを維持しようとしたのだ。(73) 確かに、ある種の先駆的な思想が、一七世紀初頭からスミスの時代までの経済文献に見出される。これらの思想と定式化を示すために、「重商主義」という用語を使うのだろうか。そして、もしこの用語に発見的な価値があり、ヴェーバー的な意味で理念型として用いられるとすれば、ある程度は現実を表しているのではないか。行政顧問官が全く理論化をしていないというシュンペーターの見解に与することはきわめて難しい。むろん、重商主義者が、二〇世紀の経済学で発明した方法論を用いたわけではないが、ある点で、われわれは、重商主義者は理論化するのが下手だったというシュンペーターの意見に同意することさえできよう。だが、それで全てのかたがつくのだろうか。シュンペーターが、重商主義者たちは――たとえそれが間違っていたとしても――、系統だった思想をしなかったと信じていたとは、あまり考えられない。

　とはいえ、ボブ・コーツがかつて言及したように、経済政策について一般化することは原理的には不適切ではない。だから、明らかに、「経済政策」――国家ないし他の性質をもつ共同社会の法的または行政的な機関によるさまざまな水準の無数の決定――は、少なくとも、「経済」がどのように動き、さらに法制度ないし法的行動の両方についていくつかのヴィジョンと見解によって示されるべきである。そして、「経済学説史家が認識しているのは、『目的』と『手段』の関係についての何らかの概念がなくては、そもそも一貫した政策などありえないということだ」と、コーツは書く。[74] 一八世紀と一九世紀初頭の統治構造では、このような一貫した政策形成はなかったと論じることは、むろん原理的には可能である。だが、こういう見方は現実的だろうか。確かに、この時代においても、行政官と政治家は、その内容や健全性はおくとしても、彼らが提唱した一連の目的を達成するための手段をみつけようとしていたと論じることが、もっとも有効である。ジャッジズとコールマンが口火を切ったこの議論全体に関して、おそらく多数の人びとは、リチャード・C・ワイルズが過度な一般化に対し警鐘を鳴らしたときに表したかなり厳格な態度に同意するであろう。

これは、重商主義者がとくに秩序だっていないとか、自分たちが書いてきた経済的な文書の内容を単に抗弁し、主権を強化するために危険な方法によって国家政策を遂行するよう急いで示唆した人びとだとする、〔重商主義に〕批判的な文献で述べられた論調に、必ずしも賛意を示すものだとはいえない。というのは、重商主義の文献には、このような見解から想像される以上の連続性と一体性があったからである……。重商主義思想は、経済思想のほとんどの時代と学派のように、実際に変化し発展してきたものであった。だが、連続性はあったのだ。[75]

一九五〇年代以降の重商主義に関する第二の重要なテーマ——それはまた、経済史家の独壇場であった——は、重商主義時代における経済思想、出来事、政策の関係を考察することであった。すでにみたように、ヘクシャーは、思想と政策のあいだに明確な関係を構築しようとしていたが、思想と出来事のあいだに積極的な関係があるという考えには全く否定的であった。それは、たとえば、コールマンによって、強い言葉で批判されることになった。コールマンは、重商主義者の経済思想のベースを強調した。

ヘクシャーが熱心に強調した思想の連続性とパラレルになっていたのは、彼が無視した基本的条件の連続性であった。人びとが有する経済生活に関する一般的概念は、これらの経済生活の基層の上に築かれたのである。(76)

そのため、一九五〇年代から、コールマンの経済史の同僚たちが、重商主義の著述家たちがもとにしていた細かな現実を発見しはじめたのである。たとえば、ウィルソンは、一連の論文で、ジョージ・N・クラークが以前から賛意を示していた事柄を証明するようになった。すなわち、「重商主義者の態度を説明する鍵は、当時の商業状況、なかでも確実で計量可能な形態の資本を商人が必要としていたという点にあるように思われる」のである。(77) ウィルソンの言によれば、スミス以来、重商主義の解釈には共通の間違いがあった。それは、「貴金属獲得への強迫観念には合理的な歴史的ルーツがあるという可能性が、ほとんど調べられてこなかったということである」。(78) それゆえ、ウィルソンの考えによれば、イギリスの初期の重商主義者（マン、ミッセルデンら）の中心となるテーマは、いくつかの地域の貿易差額に関する懸念であった。なかでも、バルト海地方との貿易が最大の関心事であった。穀物、木材、鉄、銅をバルト海地方から輸入することは、イギリスにとって決定的に重要であった。この時代の多くの貿易は、双務貿易の形態をとったと、ウィルソンは論じる。だが残された問題とは、この貿易だけが、イギリスからの貨幣の輸出を実行できたということであった。この背後にある重要な理由とは、オランダ人がバルト海地方への輸出商人として圧倒的優位を占めていたことにあった[79]。したがって、正貨の流出は、他の国々や地域との貿易の「黒字 Overplus」によって相殺されなければならなかった。ウィルソンの考えでは、貿易黒字に重商主義者たちが関心を抱いたのは、このような特有な現象のためであった。一七世紀のあいだに、貿易がより多角化すると、この学説は時代遅れになり、最終的には捨て去られた[80]。ヘクシャーは、ウィルソンに対する返答として、一七世紀に双務貿易が主流だったということを否定した。とりわけ、為替手形が存在していたこと自体が、ウィルソンの重金主義思想の反証になるという[81]。それに対し、ウィルソンは、「国際貿易の多数の部門で、貴金属が得意な役割を演じ、重商主義思想に合理的な要素を付与した」という見解をふたたび述べたのである[82]。しかも、「貨幣」に関する見解は、「個々の商人が事業の遂行に必要なものについての見解にルーツがあった」。したがって、彼がいうには、「貨幣という形態での貿易資本は、商品の交換に不可欠であるとみなされていた」のである[83]。

一九五〇年代初頭はまた、これとは別の研究の潮流があった。それは重商主義論争の背後にある歴史的合理性を明確に説明し、激しい議論を引き起こすことになった。一九五四年と五五年に出された二本の論文で、ジョン・D・グールドは、一六二〇年代初頭のイギリスで大きな商工業不況が発生したことが、重商主義の教義が形成される要因になったと主張した。グールドによれば、この時代に観察をした人びとの大半は、危機は、主として「貨幣システムと外国為替機構のある種の不具合」のために引き起こされたという見解を共有していた[84]。ここから、以下の結論が出された。

一六二〇年代の貿易不況を詳細に研究した人にとっては……、マンのもっとも有名な著書である『外国貿易

によるイングランドの財宝』が、単にこの時代の出来事と論争の反映の結果にすぎないということは明らかである。(85)

貨幣の状況に言及する際、グールドは、明らかにレイモンド・ド・ローファーによるトマス・グレシャムの一六世紀の国際為替に関する先駆的研究に依拠していた。ド・ローファーは、その研究で、一六世紀から一六二〇年代の危機に至る為替と貨幣の問題をめぐる論争が、特定の一連の状況によってどのようにして形成され、さらにその状況が原因となって、イギリスとイギリス商人に対して、アントウェルペンの為替のディーラーに中心的な地位が付与されたことを示した。邪悪な外国為替商人の力が破壊されたに違いないというグレシャムと、そしてまたたぶんマリーンズも共有していた見解には、ほぼ間違いなくこのようなバックグラウンドがあった。(86)

これらの問題に対してグールドがとった立場をさらに進ませたのが、サプルの『イングランド商業の危機と変化　一六〇〇―四二年』(一九五九)であった。この重要な研究で、サプルはとりわけ一六二〇年代にイングランドから現実に「銀の流出」があったとされたことを強調した。それは、基本的にイギリスでは銀貨が過大評価されていたからである。その主要な原因となったのは、貨幣の混乱状態と三十年戦争に続くヨーロッパ大陸の悪鋳であった。そのため「イングランドのポンドの価値が高くなりすぎ」、イギリスの毛織物の需要が極端に低下した。サプルが強調したのは、これが、現実に「貨幣不足をめぐる不平不満の声がこの当時多数聞かれた」背景として横たわっていたということである。(87) マン、ミッセルデン、マリーンズのあいだで繰り広げられた激しい論争は、このようなデフレーションの進行過程と貨幣不足はどのようにして説明すべきか、ということをめぐるものであった。グールドもサプルも、問題の根源にあったのは、国際的な通貨操作があったというマリーンズの結論を重視する傾向にあった。通貨問題は中軸となる問題だったので、マリーンズの立場は、マンやミッセルデンの立場よりも間違いなく現実的であった。マンとミッセルデンは、むしろ、イギリスの鋳貨の評価価値が高いということは、貿易差額の赤字がもたらした第二義的な現象だととらえたのである。だが、サプルの主張によれば、問題の根幹は、「イングランドの貿易差額が赤字であることが不快な事実だというこの時期に繰り返された主張」にあった。ここから彼がただちに引き出した結論は、「歴史家が重商主義の『典型』として解釈してきた経済的な文献の多くは、実際には、〔この時代の〕特殊な状況と短期的な危機の産物であった」というものである。(88)

このようなバックグラウンドに照らし、さらにジャッジズ、コールマン、シュンペーターの路線に沿って、サプルは、重商主義が秩序だった性格をもつという思想には反対の態度を示した。「これらの著述家を重商主義者と呼ぶときに、暗黙のうちに、一連の理論的な原理と想定したものをベースとして、一つの教義があったことにしてしまう危険性がある。重商主義者は、そんなことは考えてもいなかったのだ」と、サプルは警鐘を鳴らす。(89)事実、彼らの著述を「基本的な要素がなかなか変化しない経済環境において生じる絶え間ない変動に対し、首尾一貫して現実的な対応をしているとしても、完全に発達したシステムととらえるような価値はない」のである。(90)

間違いなく、経済史研究の登場は、重商主義の教義の理解に大きく貢献してきた。第一に、経済史家は、重商主義の文献が当時の経済的問題や論争とどのように関係しているのかを示してきた。第二に、彼らは重商主義時代の経済思想、政治、利害集団のあいだに複雑な相互関係があることを説得力のある方法で示してきた。たとえば、イギリス史家であるR・W・K・ヒントンは、政府の政策は、とりわけ一六世紀のあいだにはかなりの自律性があり、「重商主義思想」の単純な帰結とみなすことはほとんど不可能だということを証明した。(91)一八世紀に至るまで、国内の生産を促進する政策という意味での保護主義は、イギリス政府の一貫した規則として確立されるようになった(92)。

しかしながら、それと同時に、経済史家による主張の多くは、程度はそれぞれ異なるとはいえ、テキストを経済的、政治的、社会的環境の直接的結果だとして「説明する」という演繹的な傾向があった。たが、これまで論じてきたように、われわれがここで扱っているような複雑な「環境」は、決して直接には観察されていないのである。そのような環境は、常にある種の言語を背景として解釈される。その言語とは、歴史的に継承され、関係者に理解可能な概念と言葉である。マンとマリーンズは、現実的な問題にかかわる論争に巻き込まれていたと論じるだけでは十分ではない。むしろ、彼らが貿易差額に対する金融投機の影響などの「現実的な」経済問題を論じていたとき、経済がどのように機能しており、そして理解されるべきかという、それ以前からの概念と見解に深く根ざした概念的枠組みを用いて論じたことは全く明らかである。彼らが論争をしたときに意味をもった概念は、「余剰」、「不足」、「為替」などである。たとえばコーツが強調したように、これは実証的な問題であるし、認識論的な問題でもある。

たとえば、どのような出来事が、特定の思想や一連の態度を決めるのかということを論証するために何の努力もなされなかったとしよう。その場合、相反する意見が「出来事」そのものの説明として並存するということをどうすれば説明できるのだろうか。出来事に反応する人びとのなかには、変わり者、奇行癖の持ち主、既得権益をもつ党派のプロモーター、公職を求める人びと、政治家、さらに、主として公平無私に「真実」を追求する稀な人びとがいる(93)。

ケインズと重商主義

スミスの『国富論』を除けば、もっともよく知られている経済学のテキストは、おそらく一九三六年に上梓されたケインズの『雇用・利子および貨幣の一般理論』であろう。その第二三章は、ケインズの眼には「古典派」のメンバーとして誤った取扱いを受けていた古い経済学者に関する議論に捧げられている。重商主義者は、単なる変わり者ではなく、彼らの思想も、知的混乱にもとづく夢想として見過ごすことはできないと、ケインズは論じた(94)。彼は、重商主義の教義の「科学的な真実」のもっとも重要な要素とみなすものについて、こういったのである。

国家が富においてある程度急速に成長しているとき、このような幸せな状況でさらに進歩することをさまたげられがちであるのは、レッセフェールの条件下で新しい投資への誘因が不足するからである(95)。

さらに、「国内への投資機会は、長期的には国内の利子率によって支配されるだろう。一方、外国への投資額は、必然的に貿易差額の黒字額が決定する(96)」。しかも、利子率を決定するのは、「貴金属の量」である。ここから、重商主義者が貿易差額黒字から獲得される利益に執着する理由が明らかになる。したがって、

貿易差額黒字を増加させる方策は、外国への投資を意のままに増加させる唯一の直接的手段である。同時に、

貴金属の流入に対する貿易差額黒字の影響は、国内の利子率を引き下げ、そうすることで国内への投資の誘因を増加させる唯一の間接的手段になるということであった。(97)

ケインズによれば、これは、原則として、重商主義思想の中心となる議論である。このアプローチを選択することで――いうまでもなく、ケインズ自身の理論的な志向にうまく適合していた――、重商主義思想と政策の一般的目的は、完全雇用にあると仮定しなければならなかった。ケインズは、現実には、このような目的が重商主義者の文献群にみられるかどうかを調べなかった。そんなことは当然だと考えていたからだ。たが、このような仮定には、より広範な調査が必要であったことはほぼ確実である。ヴァイナーが指摘し、ウィルソンがのちに書いたように、「重商主義者の作品を再読するなら、雇用が地金の供給を増加させる方法だと考えられ、その逆ではないという不安な気持ちをもたざるをえない」(98)。ケインズは、この点をさらに精巧なものにすることをせず、特定の重商主義者の観点が意味をもち、古典的なレッセフェールの見解よりもすぐれているとみなされるべきだという議論を続けた。

第一に、ケインズが重商主義者を賞賛したのは、彼らは、利子率が「適切な水準」に調整される傾向はないと考えたからである。それどころか、ケインズはこう論じる。彼らは、高い利子率が経済成長への主要な障壁であり、「利子率は流動性選好と貨幣量によって決定されるということにまで気づいていた」、と(99)。

第二に、競争が過度になれば、貿易条件がある国にとって悪化する危険性に重商主義者が気づいていたことを指摘した。第三に、「古典派経済学者が二世紀後に馬鹿げたことだと批判することになった観点」、すなわち、貨幣不足が失業の原因になりえるという観点があったために、重商主義者を賞賛した。第四に、そして最後に、

「重商主義者は、みずからの政策の国家主義的な性格と戦争を促進する傾向があることに何の幻想も抱いていなかった」。重商主義者が目的としていたのは、間違いなく、「国家の優越と国力の相対的な強さであった」[100]。

ケインズによる重商主義者思想の解釈は、自分自身の説に都合が良い事例をでっち上げただけだと非難することはたやすいことであろう。だからこそ、ウィルソンによると、経済思想について書く経済学者に典型的である時代の特徴を無視する罠に、ケインズは落ちたのである[101]。つまり、ケインズは、重商主義者が最終的に達成しようとしていたのは完全雇用であり、その一方で彼らは、国家の成長、国力、近代化という広範なプログラムを推し進めようとしていたことを、当然の前提として考えていた。重商主義の文献に対するケインズの見識は広範ではなく、あまり深くもない。したがって、われわれはまた、彼がテキストの読み間違いをしていると予想できるし、実際、確実にそうだったのだ[102]。

予想されるように、ヘクシャーはケインズによる解釈に対しかなり否定的な態度をとった。したがってヘクシャーは、重商主義者が経済的な事実を観察して意見を主張したということには「何の根拠もない」と、躍起になって指摘したくなったのである[103]。確かに、合理的・歴史的観点から重商主義の見方を説明しようとしても、それは当然ヘクシャーからの反論を受けることになる。だが、重商主義時代の失業は不十分な投資のためだったかもしれなというケインズの見解に対して、ヘクシャーはとりわけ批判的であった。ヘクシャーの考えによれば、失業は不作と戦争のためであり、「近代的な」景気循環とは全くといっていいほど関係がなかった[104]。だが、このような立場は、一六二〇年代イングランドの大きな貿易危機の理由だと知られているものとは、相容れないようである。この危機は、明らかに近代的なものだと思われるからだ。しかも、あとでみるように、重商主義者のなかには、別の用語を使っていたとはいえ、失業を投資額の低さと低成長に関連づけている者もいた。

結局、ケインズの重商主義解釈を捨て去ることは容易ではない[105]。第一に、資源の完全な利用は、重商主義の著述家が提唱した重要な政策であったことは、明らかなのである。しかし、その目的は、国家の権力と繁栄を強調したより広い構想の一部として認識されるべきである。第二に、ケインズは、時代錯誤がもたらす誤謬について、十分に気づいていた。彼は実際、重商主義の著述家の口のなかに自分自身の用語を絶対に押し込むべきではないと注意していた。しかも彼は、この当時広まっていた特別な制度条件と、それが自分の時代のものとどの程度違っているのかということに気づくように配慮していた[106]。そのうえ、彼の歴史的理解は、ときに指摘されるほどには浅いものではなかった。例をあげよう。そもそもケインズは、スペイン経済史について知悉していた。第二に、重商主義者が直面していた特定の制度的枠組みに関して彼が述べたことは、歴史的見地からみても、不当とは思われないのである。

しかしながら、それと同時に、ケインズの解釈には見過ごすことができないいくつかの問題点があった。そのなかには、われわれにも馴染みがあるものもある。第一に、ケインズは過度な単純化を好んで用いたのは明らかである。何の臆面もなく直感に頼り、過度の一般化を好んだ。第二に、ケインズは、思想、出来事、政策のあいだの関係をあまりに単純化してとらえるという点で、多くの人びととの共通点があった。ケインズの場合、これらの全てが、首尾一貫してはいるが曖昧な「システム」の一部となった。第三に、「完全雇用」が重商主義の思想と政策を形成する唯一の目的であったかどうか、かなり疑わしい。確かに、あとでみるように、働いている人びとが多数いることが、重商主義思想の土台であったが、「完全雇用」がこの当時意味したことを正確に推し測ることは容易ではない。第四に、重商主義思想に内在する理論を発見しようとしたケインズの試みは、無謀のそしりを免れまい。多くの研究者が指摘したように、一七世紀の著述家の多くは、価格、貨幣、利子率などがどのように関係しているのかを議論するにあたり、非論理的なこともあった。この種の欠点と理論的間違いがある程度存在することを認めざるをえないことは、全く明らかである。さもなければ、貨幣が流入すれば利子率が低くなる一方で、低価格が政策の主要な目的の一つだと彼らが信じていたことに、どうやって気づくのだろか。利子率は、価格水準、低価格、さらに需要や雇用とどういう点で相互関係にあるのだろうか。重商主義の著述家が、これらの事柄にいつも明確な態度を示したと信じるのは間違いである。とくにこのようなバックグラウンドに照らすなら、ケインズが重商主義の思想は首尾一貫していたと主張したことは、本当に大きな的外れだったのである。

しかしながら、ケインズ主義の全盛期には、重商主義は、完全雇用を追求した点でケインズの先駆けとなったという見解は、ごく当前のこととして受け入れられていた。それゆえ、アメリカの経済学者ダグラス・ヴィッカーズは、一八世紀の貨幣理論を扱った研究で、ウィリアム・ポターのような重商主義者が、乗数効果を発見したと考えたにとどまらず、[107]一般的に、「古典派以前の文献の重要な性格は、雇用、資産、経済発展の説明をする貨幣理論を構築したことにある」という結論を導き出したのである。しかも、

流通する貨幣の供給量の大小や、雇用と有効性のある貿易水準のあいだに関係があると気づかれている事例があっただけではなく、生存の糧が与えられている従属者の性質も調べられた。[108]

これは、どういうことなのだろうか。同様の思想は、A・K・センの「後期重商主義者ジェームズ・ステュアート」の研究にも一般的にみられた。センは、ステュアートに対して、率直にこう述べる。

ケインズの分析の光に照らされてはじめて、ステュアートが本当に分類していたものが何かということが明らかになる。ステュアートは現金の性質と重要性について分析した。そのため導き出されたのは、貨幣量は、人びとの生活様式と習慣的な支出などに依存するという結論であった。そして、貨幣量が増大すれば、流通を促進するだけではなく、利子率を低下させることで、貿易と産業に影響を与える傾向があるということであった。それは、われわれが近年大変よく馴染んでいる思想であるが、最終的には、一九世紀の祖先と同様、われわれにとっても、あまり不合理とはいえないように思えるのだ。(109)

これらの問題について、あとでたち戻ることにしよう。ここでは、重商主義のケインジアンの解釈は、一九五〇年代から六〇年代にかけ、大きく広まったということに注意するだけで十分である。たとえば、一九五二年にウイリアム・D・グランプが出した影響力のある論文で、一般的になった。グランプは、この論文で、「重商主義政策における完全雇用の重要性」をとくに強調した。彼の仮定によれば、完全雇用は、現実に、重商主義政策と思想の主要な目標であった。(110) われわれが述べたように、この時代錯誤の論拠の中核は、ケインズから借りたのである。

私の意見では、重商主義者たちに貿易差額黒字を維持しようという気待ちが強いのは、イングランドは、輸入よりも輸出によって雇用が増大できるという前提があったからだ。それは、短期的には、説得力のある前提である。(111)

最終的に、すでに述べたように、ケインズは、外国の投資と地金の流入こそ国内の利子率を低下させ、そのために雇用を増大させると強調したのである。グランプは、彼が書いた論文のなかで、このような状況では、外国からの投資の役割が大きいことを強く指摘した。だが、グランプは明らかにケインズのマクロ経済学の影響を受けていたけれども、彼の議論は、重商主義の著述家自身が実際に書いたものにもとづいていた。しかも、重商主義者のテキストに言及することにより、ある面で、ケインジアンの話を変更することができた。

レントシーキング社会としての重商主義

スミスは、他の誰にもまして、「一般の人びととは決して同じではない利益を求める人びと」から生まれる利己的な利益を、「重商主義システム」の背景にある推進力として強調した。これまでみてきたように、このような思想は、長年にわたり支持されてきた。数十年前、それは公共選択に刺激を受けた新たな理論として登場した。すなわち、重商主義を、〈独占による利潤を追求する〉レントシーキングだとみなしたのである。そして、二人のアメリカ人経済学者エケルンドとトリソンは、その研究で、「国家装置を通した供給と需要が、重商主義の本質」だという解釈を提示した。(112) 二人には、高い地点を目指す野望があった。彼らのモデルは、「重商主義的な経済を説明する」だけではなく、「イングランドとフランスの重商主義社会秩序の出現と衰退を合理化」しようとしていた。実際、彼らの研究は、目的の全てに明確な回答を同時に提示したのであり、彼らは、みずからのモデルを、これまでよりも「確固としたものだ」と述べている。さらに、彼らの目的は、個々人の行動という観点から、すなわち、非合理的な間違いという観点ではなく、多様な制度的制約に直面した「重商主義秩序」を説明しようとするものである。そうすることで、彼らは、「重商主義の著述家の愚かさ」を主に論じていた「旧来のパラダイム」を回避しようとしていた[113]。

むしろ、彼らが提示した公共選択は、シカゴから発生した実証経済学である。したがって、われわれは合理的な利潤追求、方法論的個人主義、発展する制度的制約が重要な変数だと知らされている。だが、それと同時に、レントシーキングは、利潤追求よりも特異なものだとみなされている。レントシーキングとは、「純移転を獲得するための稀少な資源の」支出のことである。だからこそ、重商主義の台頭は、同時に、以下のような行為者の台頭を含意する。

特定の財やサービスを生産するために独占権を確保することから発生する潜在的利益に気づいている人びと。このような個々人は、市場の力を覆し、国家の命令で、生産を自分たちだけに制限することで、財の生産の独占権を獲得する[114]。

エケルンドとトリソンは、イングランドとフランスを彼らのテーゼを証明する事例として用いた。イングランドに対しては、その仕事は、規制が徐々に緩和され、「重商主義の社会秩序」が少しずつ崩壊した理由を説明することであった。一方、規制の保持は、フランスにおける主要な特徴である。旧来の絶対主義の最盛期には、独占を追求するためのコストがイギリスでは比較的低かったと、彼らは示唆した。しかし、「不確実性」と「私的収益が増加」したため、議会運営のコストが増え、古い規制システムの崩壊につながった。「国家という保護装置を通した独占を追求することは、このような状況においては、利益率の低下につながることは確実である」と、彼らは述べる[115]。フランスにおいては、古い重商主義と君主の専制政治の力が続いた。したがってこの国では、独占的地位を追求することが、個々人の最優先事項となった。

だが、エケルンドとトリソンのように、研究者は、循環論法に近い議論により、重商主義を個々人が独占的地位を求めるシステムとして定義している。要するに、単なるトートロジーである。にもかかわらず、これらはこう結論づけたのである。「われわれの理論は……、イングランドにおいては重商主義が衰退し、それと同時代のフランスでは強化された理由を説明する」[116]。しかし、この基盤にもとづくとすれば、すでにある批判者が述べたように、「そもそもどんな根拠があれば、彼らの理論が間違いと証明できるのか。あるいは、反する事例があれば、彼らは自説を捨てるのか」といぶかしく思わざるをえない[117]。

しかも、エケルンドとトリソンの解釈では、思想、出来事、政策間の移転メカニズムを発見することは困難である。彼らは、明らかに、それは何の問題もなく発見できると思っていた。「われわれが重商主義をレントシーキングな社会と解釈したからといって、知的発展が公共政策に大きな影響をおよぼすということを示唆しているわけではない」と、彼らは告白する[118]。彼らの宇宙では、重要なのは、自己中心的な商人、君主、一般の人びとだけである。彼らの物語が扱うのは、重商主義のレントシーキングの過程に参加している行為者に生じる費用と利益である。

エケルンドとトリソンのアプローチの特徴は、重商主義の著述家が現実に書いたことに対して全く関心をもっていないということである。さらに、このような関心の欠如は、すでに述べた書物の一六年後に上梓されたより長大な著作の『政治化された経済』にもみられる。これまでにみたように、数名の経済思想史家から批判を受けているが、彼らはいまだに自分たちが「断固とした新古典派」であると宣言しているのである[119]。だが、彼らはそれだけではなく、あちこちで、重商主義者のテキストを歴史的に読むことを拒否している。出発点が間違っているし、人を欺くものだというのが、その理由である。それに対して、彼らは妥協の余地なく、こういう。重商主義者に何が起ころうと、彼らは、意識的にであれ無意識にであれ、自己中心的な私益をまったく合理化したのだ、と。自分たちの「真の」利益に関して無意識な代理人に対するマルクスの意見にも似て、エケルンドとトリソンは、その書物のなかで、イングランド、フランス、スペインで、彼らがレントシーキングの結果だとみなす国家がどのようにして発生したのかを、論証し続けようとした。それと同様、（とりわけイギリスにおける）一八世紀の制度変化は、「節約をする活動」の結果にすぎなかった。[120] そのために、公共政策の理論から出発して、彼らは一六―一七世紀のヨーロッパ史へと遡及して、彼らが最初に発見したかったものをみつけたのである。

開発と低開発

過激な経済学の主要な創始者であるカール・マルクスは、全体として、重商主義者について特段独創的なことはいわなかったように思われる。スミスと同様、重商主義者を主として間違っており、分析以前の段階にある者たちとして扱った。むろん、マルクスはペティに敬意を払った。だが、それはペティが重商主義者であったからではなく、（もちろん原初的な）労働価値説の経済学者とみなすことができたからである。[121]

しかし、「本源的蓄積」に対する有名な議論がある『資本論』の第一巻の第八節で、実際には二つの解釈が引き出される。経済思想と政策形成は、マルクスによって「疎外にもとづく利潤」からえられる錯覚、あるいは「本源的蓄積」の時代に実行されなければならなかった必要手段の合理化であるとみなされた（また、上述のエケルンドとトリソンの議論をみよ)[122]。この選択肢のうち、最初のものを好んで、マルクスは、「疎外にもとづく利潤」を、重商主義思想の核心だとした。このような点で、マルクスの思想はヘクシャーの「商品の恐怖」に近かった。商品は、国際的な交換で、現実価格より高く売ることができるという錯覚は、多くの議論を巻き起こした。しかし、その主要な原因は、民間経済と国民経済を混同したことにある。それゆえ、マルクスが論じたのは、この愚行の背景にある主要な動力源は、安く買って高く売るという商業資本主義の慣行にあるということであった。あとで論じるように、この解釈にかなりの疑問の余地が残るのは、ほとんどの重商主義者は、民間経済と国民経済を完全に区別できたからである。しかも、重商主義者の大半は、外国貿易だけではなく、生産もまた、富の源泉だという点で意見が一致していた。にもかかわらず、この理論を支持したマルクス主義経済学者もいた[123]。

だが、マルクスが提示した別のアプローチは、これとは違う方向に指針がある。農業を基盤とする「封建的経済」から「産業資本主義」への移行を完成させるために、農民が不自由なプロレタリアートにならなければならなかったばかりか、資本もまた、国際的な搾取——主として貿易——によって創出されなければならず、その資本は、今度は工業生産に投資することができた。この見解では、「重商主義システム」は、もはや単なる錯覚ではない。それどころか、このような搾取的な「本源的蓄積」の時代の歴史的現実に適合できたのである。

さらに、この理論には、マルキストの研究者のなかにも支持者がいた[124]。けれども、厳格なマルクス主義の外衣を脱ぐと、このアプローチはまた、発展段階説、たとえば、過激な「低開発の開発」テーゼの正確性を示すために用いられたのである。それどころか、このような搾取的な「本源的蓄積」の時代の歴史的現実に適合させられるのである。ここで中心となるテーマは、重商主義政策が貿易を通じて搾取を容易にしたということである。この文脈でとりわけ強調されるべきは、重商主義と圧制的な植民地システム、ヨーロッパ体制の貿易黒字、不等価交換、攻撃的な貿易政策と明確な政策のあいだの関係と、ある程度の量の原材料しか輸入せず、自国ないし外国の原材料で製造された工業製品を輸出するということである。

多くの研究では、単に暗示されていただけであったが、この解釈は、イタリアの研究者コジモ・ペロッタの研究で完成された[125]。彼の主張によれば、貿易差額説は、「本当に」、ジョンソンが「労働の貿易差額説」として概念化したものである。重商主義の主要な概念は、産業の発展にあった。その中核は、国際貿易という手段によって、国民の産業を発展させることであった。ジョンソンらにとって、この労働差額説は、一六六〇年以降に出現したものにすぎなかった。しかし、ペロッタによれば、ずっと昔からある思想であった。とりわけ、「贅沢品を輸入し、製造品〔を輸出し〕と輸入原材料と交換することをしばしば要求する」ことを一般的に非難するという形態をとっていた。この思想は、中世にまで遡るものであり[126]、ペロッタは、その教義を以下のように定義づける。

国家は、輸入財の額が輸出財の額よりも大きいときに、取引で利益を獲得する。一方、輸入財に注ぎ込まれた労働が輸出財のそれよりも多いときに損失を被る[127]。

このように記述されるので、重商主義とは、ある程度は輸入代替を意味する用語であった。このような近代理論によれば、産業の確立は価値を生み出し、生産と雇用を増やした。したがって、ペロッタによれば、重商主義者は、すでに一七世紀において、ある重要な過程を書いていた。それは、自由貿易を批判する開発経済学者も同意したと推測される、ラウル・プレビシュとグンナー・ミュルダールが、三百年後に強調した過程であった。

国際貿易においては、交換される商品の価値、より正確にいえば、使用される商品価値のさまざまな潜在的生産力に依存した関係者には、不平性という利点がある。(128)

さらに、ペロッタによれば、重商主義者は、「近代」産業の形態をとったより高い生産の潜在力は、より発展した国に技術の独占を供与し、それが、搾取ないし貿易条件の改善のために使われた。ペロッタとわれわれは、もとの状態に戻ったようだ。だからこそ、彼の解釈は、歴史学派とヘクシャーの結論の両方にうまく適合する。さらに、ペロッタの考えでは、重商主義は、経済的手段によって国家を形成するようになる。要するに、国際的な競争環境において、経済の成長と近代化を促進したのである。また、ある程度まで、重商主義は、保護主義と同義語になった。さらに、輸入代替を実行するために、国内生産を増加させる政策として、重商主義の起源は中世にまで遡り、それ以来散発的に現れていたのである。重商主義をこのように、時代に関係ない政治的形態として解釈することは、ヘクシャーが忌み嫌う（政治的理由で）ことであると同時に、彼を歓喜させるものであった（理論的理由で）。

シュモラーへの回帰か

根本的問題から注意をそらし、一貫した重商主義の理論的システムの歴史的説明を拒否したにもかかわらず、重商主義という用語は、歴史家によって使われ続けた。より正確にいえば、多くの人びとはこの用語を可能なかぎり使うまいとしたが、現実には、なお使用していたのだった。そのため、開発経済学者のエリック・レイナートは、影響力のあるその著書『豊かな国がどうやって豊かになり、……貧しい国はなぜ貧しいままか』で、「……富と貧困のメカニズムは、数百年にわたり、こんにちと同じように理解されてきた」といったとき、彼はどういうことについて言及していたのか、われわれは容易に理解できる。彼はとくにアントニオ・セッラの『鉱山のない国々に金銀を豊富ならしめる諸原因に関する短論』（一六一三）に言及した。本論は、ペロッタがいったように、「低開発」と「開発」に関する明確な分析を提示する初期の重商主義のテキストだと、初期に翻訳した人びとは分類した。だが、ペロッタとは違い、セッラは大きなインスピレーション与えられる人だと、シュモラーは堂々と述べた。一六―一七世紀の経済学に関するセッラの分析は、他のどの書物よりも、レイナートに導きの手となった。[129]だが、レイナートは、重商主義という語は、一度も使わなかった。

重商主義の概念の使用を避け、その一方で、なお暗黙のうちにそれについて言及することは、ここ数十年間の歴史家が採用してきた一般的な戦略であった。[130]たとえば、イシュトファン・ホントは、その傑作『貿易の嫉妬――歴史的観点からみた国際競争と国民国家』（二〇〇五）において、重商主義という用語をごくまれに使っているだけである。しかし、ホントが国家の権力を大きく増加させようとして、外国の航海を「国家の情勢」と同一視したとき、彼の立場はシュモラーにかなり近かった。重商主義を、一七―一八世紀の「好戦的」な経済情勢と同一視することを強調したのも、ソフス・レイナートらであった。[131]ホントもS・レイナートも、重商主義とは一貫性がある経済理論だとは信じていなかったが、この用語を使い続けた。たとえば、S・レイナートは、重商主義者が、貨幣だけが富だと想像した金信奉者 Chryshedonist だという見解に反対している。フォントもレイナートも、シュモラーに近い解釈を拠りどころとするのは、国力と富を求めて激しい国際競争がおこなわれている状況で、重商主義とは基本的に、国民国家に有利な経済政策のシステムだと認識しているからであった。

予想されるように、シュモラーへの回帰は、全ての人が高く評価したわけではない。したがって、最近この論争に寄稿したスティーヴン・ピンクスは、ここに述べた目的を達成するための富と国家の役割、さらに「国力と豊かさ」の関係をめぐるさまざまな議論について、トーリーとホイッグの立場には、相容れない見解があることを強調した。[132]第一に、強力なイングランド（のちにはイギリス）国家が遂行した一貫した重商主義政策の土台を弱めるテーゼは、ロバート・ブレナーらが実行した商業と帝国に関するそれ以前の研究に起源がある。ブレナーは、共和国時代のサミュエル・ハートリブのような過激な人びとと「帝国の過激な政策」、さらに「商業政策に対する攻撃的なアプローチ」のあいだに密接な関係があったことを指摘する。[133]間違いなく、のちにトーリーとホイッグに至ったこの分裂は根深く、一八世紀後半までのイギリスの商業政策を理解するためには、非常に重要なことであった。さらに第二に、シュモラーへの批判は、しばしば明確に主張される次のような見解をよりどころとしていた。すなわち、一八世紀末以前の国家、とくにイギリスは、一貫した独自の経済政策を実行するためには、あまりに弱体であったということである。したがって、マイケル・J・ブラディク、ポール・スターンらは、この時代にそもそも国家がちゃんと機能していたのか、さらには「絶対主義国家」と呼べるようなものではなかったのではないかという議論をしてきた。[134]これほど強い国力をもつためのツールが身近になかったばかりか、多種多様な共同体や団体を含む国家のさまざまな機関が、ときには自分たちの利害とは相反する政策を実行したのである。このように工業化以前の「抜け穴の多い」脆弱で権威の少ない国家という概念は、それ以外の多くの文脈でも使われてきたのである。[135]

重商主義再考――その方向づけ

最近上梓された重商主義に関する編著で、編者のスターンとカール・ヴェンナーリントは「重商主義再考」を提起したが、必ずしもこの概念を葬り去るという意図はなかった。これらが回帰した見解は――それ自体は健全であった――、重商主義とは、一貫した「理論」ではなく、いわんや政策ではなかったということであったようだ。だが、だとしたら、重商主義とはいったい何なのか。編者たちは、われわれはこの概念を拡大し、もっとも広い意味で重商主義について考え直すべきだと示唆したのである。重商主義者たちは、こんにちの意味での経済学者ではなかったと、彼らはいう。彼らは必ずしも現代の意味での「経済学」や、いわんや「経済政策」について話していたわけではなかった。したがって、こんにちのわれわれが「経済問題」として考えているものに対する彼らのアプローチは、「一七―一八世紀ヨーロッパのイデオロギーの状況と宇宙、自然界、国家についての思想と切り離せるものではなかった」[136]。そのなかには近代的なものがあったが、アリストテレスにまで遡るものもあったようである。重商主義の土台は、改良のプロジェクトと、広い意味でのベーコン主義の改革者から派生した「近代化」であった。改革者には、「博物学者、植民地の役人、合本会社の役員、政治家、説教師、さらには海賊までもが含まれていた」[137]が、一七世紀中葉のいわゆるハートリブ・サークル〔訳注―サミュエル・ハートリブとジョン・デューリーを中心に、西欧と中欧に設立された知的なネットワーク〕に群がった人たちが多数を占めた。

たとえどれほど共鳴していたとしても、このようなリベラルな定義にも問題があったようだ。すでにみたように、ヘクシャーもまた、重商主義を、「社会概念」だと考えようとしていたが、すぐにそれはあきらめた（この問題について言及するなら、彼の『重商主義』の第五部は、確かに未完成である）。彼は、このような定義は大雑把すぎ、ほとんど何でもいえてしまうと考えたのかもしれない。われわれがこれと同じ意味で重商主義を「再考する」とすれば、結局のところ、まったく使用価値がない地点にまで内容を薄めてしまうことは確かである。

本書では、このような意見に対し、前章で述べたように、重商主義の根底にあるのは、商業世界の急速な発展と、それが近世ヨーロッパの政治形態と共同体に与えた影響を理解しようとした一連の議論であったと主張したい。それは、諸帝国内部の闘争の世界と、古くからの政治的形成、そして、帝国と外部世界からの承認を獲得し、国民国家となることを目指して闘争していた諸国間からなる世界である。このような定義をしたところで、必ずしも、国家に首尾一貫した力が付与されていたということにはならない。むしろ、このような強力な団体の形成は、ほとんどどこでも、（商人、政治家、計画立案者によって）提起された概念と政策がもたらした重要な目的であった。シュモラーは、重商主義を、初期的な国民国家を形成する「プログラム」の一部だと述べた。私の定義で排除されていない可能性とは、商業、国民の富、国力と豊かさとの関係をめぐる思想が、こんにちであれば、おそらく「経済的」と定義しないような言説によって影響されたということである。たとえば、本書のもっとあとの箇所でみるように、自然界と商業に関する言説のあいだに、明確な境界線を引くことは不可能であった。だがそれは、一六世紀に出現した商業に関する特定の論争と、商業という手段を用いて国力と富を獲得する方法がどのようなものであるのかということが見極められないという意味ではない。

第二章　豊かさと国力

シュンペーターは、その著書『経済分析の歴史』において、「重商主義者」ではなく「行政顧問官」という用語を用いて、一六―一八世紀に貿易、商業、貨幣、金融、さらに「経済的」手段によって政治権力の増大を獲得する方法に関する小冊子、パンフレット、論考を出版した著述家のことを表したのである。だが、顧問官と官僚以外にも、この集団に加えられる人たちがいた。商人、金融業者、企画立案者、ときには、学問世界出身のアカデミックな人びとがそれにあたる。地位が高い人もいれば、低い身分の人たちもいた。そして、この時代のヨーロッパの大半で見出すことができた(1)。

シュンペーターが、このような用語法を選択した理由については、簡単に同意することができる。彼の考えでは、行政顧問官は、現実的な経済理論家とは全く違う人びとであった。むしろ、彼らは主として実務家であり、国家ないし特定の利害集団に奉仕することが求められていた。彼らは発明された「理論」の枠組みのなかで、せいぜいのところ学習過程の結果として事業をおこなうという形態をとったにすぎない。彼らの目的は、問題解決と、問題に対する最良の解決法を発見することであった。それに対して雇用者が賃金を支払ったのである。さらに、このような雇用者が、近代的な意味での国家の代表であることは、すでに論じた通りである。彼らはまた、近世において容認され、権力をもち、豊かさを求めて闘争していた私的な利害集団、自治体などの代表でもありえた。

しかし、われわれは、行政顧問官の全てがおかれていた歴史的文脈に関して、より明確化するべきであろう。初期的国家が形成される世界であり――シュモラーが定式化したように、領域国家からの国民国家への転換[2]――、君主と国王、そして議会と諸集団が優位に立とうと尽力していた。だが、ヨーロッパ内部と海外で、商業と貿易での利益を獲得しようとして、国際的な競争が深まった時代でもあった。この権力闘争において、政府と私的な同業組合のあいだに多くの利害関係があった。したがって、私的な利益は、簡単には解きほぐせない複雑なあり方を示し、公的な努力と混合していた。

ところが、中世後期になると、一国（ないし君主）に経済力があれば、高い政治的・軍事的地位が獲得できることが、十分に理解されていた。税収を獲得するために領土への統制力を有することがきわめて重要なことは、君主も他の支配者も早くから学習していた。しかもそれは、ルネサンス期イタリアの共和主義学派の思想の重要な要素であった。よく知られているように、ニコロ・マキャヴェリの愛国主義的言説は、十分に統治された有徳の国家の基盤として共和主義の価値だけではなく、徴集兵の助けによって領土を管理する能力を扱っていた[3]。マキャヴェリと一六世紀後半のジョヴァンニ・ボッテーロのあいだのどこかで、「良き政府」には、特定の種類の経済政策も含まれるという共通の理解が浮上した。そのため、有徳の政府は、もはや富と豊かさの単なる前提条件ではなく、むしろ、その逆であり、良き政府には経済の繁栄が欠かせなかった[4]。

しかしながら、（私的、法人の、君主の）政治権力は、一六世紀から、大体において、商業と貿易ルートをめぐる国際的な競争に基盤をおいていると解釈された。それはまた、大切な貿易ルートを確保することができた君主が、軍事紛争と政治権力の闘争の時代に優勢になったことを含意する。しかも、ますます強くなっていった新しい見解は、原材料を外国に送るのではなく、それを使用するための産業を確立することが、国家の利益だということであった。このようなことを通じて、さらに多くの人びとが雇用され、勤勉な製造業者と賢明な商人が巨額の利益を獲得した。そのうえ、多種多様な税額が増加することで、さらに巨額の国家財源が提供された。そのために、たくさんの製造所がある国は、海事力と軍事力を提供することができた。

一七世紀から一八世紀初頭にかけてのイングランドでは、商業と製造業が、君主の権力の手段であるという洞察が――エケルンドとトリソンが論じたようなレントシーカーが保護した利害集団とともに――、たとえばヒュームの「貿易の嫉妬」という言葉で表された。(5) しかもこの洞察は、模倣に焦点を当てた。一七世紀においては、なかでもオランダ共和国がその対象となった。(6) ヨーロッパの全てが、この小さな共和国が、ハプスブルク家に対して自由を求めた血みどろの戦いのあとでまだ回復したとはいえないのに、一七世紀に繁栄し強国となったことを、恐れを抱きながら見守っていた。当時の観察者によれば、もっとも興味深いのは、間違いなく、この小さな地域に、これほど豊かな人びとが居住できたことであった。しかしながら、人口の多さこそ政治力と軍事力の基礎だということがわかっていたので、オランダ共和国は尊敬されていただけではなく、いくつかの国が学習し模倣する事例となった。

では、このような繁栄をどうやって達成したのだろうか。トマス・マンは、『外国貿易によるイングランドの財宝』で、この当時にすでに出現していた表現形式《ヴォキャブラリー》を用いて賞賛したのである。

というのは、世界の驚きであるように思われるのは、われわれの州《シャイア》の最大のものほどには大きくないこのような小さな国が、戦時であれ平時であれ、〔国内には〕富、糧食、木材、他に必要な弾薬のようなものはほとんどないにもかかわらず、〔現実に〕大量にそれらを有しているので、自国の必要物（それだけでも非常に多い）に加えて、彼らが勤勉に貿易に従事することで世界中から入手している船、砲こう、兵器、穀類、弾薬、砲弾などを他の君主に売りつけることができるし、実際、そうしていることである。(7)

それゆえ、この国が、豊かさと必要物において非常に成長したのは、明らかに例外的に生産性の高い農業のためではなかった。経済学者であり政治算術家でもあったペティによれば、

これらの地域に最初に植物が植えられたとき、フランスにおける一エーカーの生産性が、ホラントやゼーラントよりも高かったかどうかをいうことは難しい。だが、土地の量に応じて、たくさんのプランターが最初に農場をつくったということを推測する理由もない。(8)

ほぼ同じことを、商人であり著述家でもあったヘンリ・ロビンソンが一六四九年に主張した。

すなわち、われわれの隣国であるホラントとゼーラントの人びとは、航海と富を増加させたが、彼らの領土は低く不毛なために、二〇分の一の人びとに食料も労働も提供できない。だからこそ、彼らは勤勉にならざるをえず、他国の人びとから調達するほかなかったのである。(9)

むしろ、一般に認められているのは、オランダ共和国に人口と国力をもたらしたのは、貿易と工業であった

ということである。一七四四年に、マシュー・デッカーが出した推計によれば、「オランダにおける貿易は、農業よりも七倍の人口を養うことができた」[10]。それより約六〇年以前のチャイルドにとって、オランダの成功の鍵は明らかなように思われた。「オランダの国内外の貿易、海運業が栄んになることで富が大きく増加したことは、現在の人びとには羨望の的であり、将来の世代の全てにとって、驚きの対象になるかもしれない」[11]。しかも、バーボンによれば、「ネーデルラント連邦共和国とヴェネツィア国家の偉大さと財産は、領土の小ささを考慮に入れれば、貿易が国民にもたらす大きな利点と利益を十分に示している」[12]。

ウィリアム・テンプルがよく知られる『ネーデルラント連邦共和国の観察』（一六七三）を出版したとき、オランダ人とイングランド人は、ここ一〇年間で三度目の戦争状態に突入していた。彼は、母国の敵に関して、以下のように述べた。

多くの書物を読み、果てしなく遠い地域にまで旅行した人びとにとって、この時代、いや、記録が残っているどの時代においても、この共和国の四つの海洋州の小さな地域ほど、広大な範囲で貿易を維持しているところはないことは、明らかであろう。それどころか、ヨーロッパの他地域に対しても、それは一般に当てはまると考えられる……。オランダは、国内で生産した商品ではなく、勤勉さや外国が成長させたもの全てを改善し、製造することによって、そして、ヨーロッパ全体の倉庫、あらゆる地域に、市場が欲するものを供給することで、豊かになったのである[13]。

一六六八―七二年と、さらに一六七四―七九年にオランダ共和国へのイングランドの大使として奉職したテンプルによれば、オランダ人は、自由な「国制と秩序」をもち、健全な政治制度があるために成功した商人として登場したのである。

貿易は、私人間での相互信頼なしには成立できない。そのため、貿易の成長ないし繁栄には、程度の大小はともかく、公的・私的な信頼関係、最終的には、英知、正義に関する意見に由来する政府への信頼が不可欠なのである。(14)

さらに、リベラルなオランダの国制は、非協調主義者の非国教徒の移民を受け入れ、奨励した。その結果、多くの有能な商人と高い技術をもった製造業者が、オランダの土地に根づくことができた。それはさらに、開かれて競争的な商業の雰囲気のための重要な前提条件を提供した。それと同様に、作者不明『疲弊するブリテン』（ほぼ間違いなくロンドンの法律家ウィリアム・ペティト〔の著作〕）は、一六八〇年にこう述べた。「この点において、オランダ人はわれわれよりもはるかに多くの利点がある。彼らは、自由港、自由貿易、国民がもつその他の全ての自由を外国人に許している。そうすることで、あらゆる階層の国民、彼らの貿易、貿易のストックが絶えず増加してきている」(15)。

しかしながら。テンブルはさらに、オランダの奇跡の背景にある第二の理由について言及した。人口が多かったのである。テンプルはいう。

私が考えるに、オランダの貿易の真の起源と理由は、多数の人びとが小さな土地に詰め込まれたことにある。

それによって、生活に必要な全てのモノが高価になり、そして財産を所有している全ての人びとは、倹約をするようにさせられる。だが、財産をもたない人びとは勤勉に働かなければならない(16)。

したがって、テンプルによれば、居住する多くの人びとは、貿易と産業の興隆のために必要な条件として、労働をしなければならなかった。人びとはより勤勉かつより節約的になった。次のステップは、当然、より多くの産業と貿易によって、さらに人口を増大することを可能にすることであった。オランダにとって人口と経済成長のあいだにあるこのようなスパイラルの過程は、「世界中の他のどの国においても、これほど多数の人びとが経済成長にかかわってはいない(17)」。一六二〇年代に、マンはほとんど同じような賞賛をした。

豊かさと国力は、国民を不道徳かつ浪費家にし、貧困と欲求は、国民を賢明かつ勤勉にする。最後の点について考えるなら、私はキリスト教世界の種々の共同社会《コモンウェルス》を例にあげる。彼らは、自分たちの領域にはほとんど何もない。にもかかわらず、外国人とおこなう勤勉な商業で大きな富と国力を購入する。そのような国々のなかで、低地地方のネーデルラント連邦共和国が、今やもっとも注目すべき名声をもった国となっている。彼らはスペイン人の奴隷のくびきから解き放たれたのだから、慈悲深い全ての政策において、どれほど素晴らしく改善されたのだろうか(18)。

しかも、オランダ共和国のサクセスストーリーは、貿易の文明化の機能を強調する歴史的な複合状況《コンジョンクチュール》に適合していた。たとえば、チャイルドによれば、貿易とコミュニケーションの増大だけが、「多くの野蛮な人びとの非社交的な性質」を教化するのに寄与したのである。大まかにいうなら、貿易と商業は、相互関係と協力の精神的枠組みを提供することで、共同社会《コモンウェルス》の前提条件そのものを創出したのである。

したがって、この国の国民の大部分は、土地を所有していないが、その土地を最大限に耕作し、改良しており、土地の生産物を製造業で使用できるように適合させ、海運業と商業が、製造品をある場所から別の場所へと移動させた。そこから全ての国民が利益を獲得する独自の方法がわかるのである。(19)

それゆえ、オランダの事例からえられる結論は、財産は、一七世紀の強国として目をみはるほど台頭した礎石となったということである。だか、国力と豊かさは相まって動いた。例をあげよう。一六九三年、イングランドの航海法の影響について論じたとき、チャイルドは明確に、「利益と国力は一緒に考察しなければならない」ことを強調した。(20)しかも、ダヴナントに至っては、経済的探求の目的は、一般に、「富とイングランドの国力はどのようにしていつも確保され、改善されてきたのかということを示してきたし、今後も示す」と定義した。(21)別の小冊子で、彼はこう尋ねた。

国民は、力がなくても安全でありうるのか。そして、国力は財産によってのみ確保されるのか。そもそも国家は、十分に管理され長期間にわたる交易によって豊かになるのだろうか。(22)

究極的には、ダヴナントがこのような疑問に対し「ノー」といいがちであったように、半世紀前のロバーツも、

「財産を産出するものは、最終的には、国力と安全を生じさせる」といったのである。[23]

ほぼ一世紀のちに、『貿易と商業全般の事典』（一七五一―五五）がもっとも有名であり、多産な著述家のマラキ・ポスルスウェイトは、なお「国家が商業計画」をもつ必要性について語った。彼の主要な信条とは、「国内外の交易が促進させられるほど、国家は豊かで強力になる」というものであった。[24]これは非常に重要なことなので、彼は政府に対して、次のような好戦的な提案をした。「海洋国家の重要な目的は、他の貿易国家との決裂を利用し、その海運業と商業を破壊し、軍艦の装備に必要な全ての資源を断つことであるべきだ」[25]、と。

それと同時に、豊かさが政治力・軍事力の前提条件であるように、軍事力は、より多くの貿易と豊かさを創出した。また、それはこの時代に共通した歴史的説明に適合していたことをもっとも正確に著したのは、おそらくダヴナントである。彼によれば、貿易は、「はるかに力がある隣国に囲まれている小国」によって、当初は維持されたのである。国家の力がなかったので、小国は、大国によって攻撃されることが多く、その結果の一つとして、商業が衰退した。「ひとたび戦いがおこると、長年にわたって産業が蓄えてきたものが失われた」[26]。そのためには、貿易には国力が必要であったが、それと同時に、国力は豊かさと貿易の関数であった。

他国の水域での漁業

間違いなく、当時しばしば詳述された話題とは、なぜオランダ人が乞食から金持ちになったのかということであった。そしてその理由は、オランダの「自由」かつリベラルな制度にあるということであった。商工業がオランダ共和国でもっとも繁栄していたというテーゼについては、一七―一八世紀にさまざまな説が何度も繰り返しいわれてきた。たとえば、一七二九年以降に少なくとも四版を重ねた小冊子で、ジョシュア・ジーは、多数の頁を使って、商業と貿易を刺戟するための最良の政府とは何かについて議論した。彼が認めたのは、商業と貿易がもっとも繁栄しているのは共和国だけではなく、諸国王の支配のもとで、洞察力に富む君主が、実り豊かな貿易の核心部分を見抜くようになったことにもありえるということであった。(27)ジーは、ソロモン王とアレクサンドロス大王からフランスのルイ一四世、さらにはロシアのピョートル大帝までを事例として出した。ジーの一般的メッセージは、「貿易を規制し改善する優秀な部下を探している君主は、それを軽んじたり無視したりする人びとから貿易を取り上げる」ということである。(28)それ以外の人びとは、この種の君主が、長期的に貿易の繁栄に役立つということについて、あまり確信がもてなかった。そのために、『疲弊するブリテン』の著者（ペティト?）は、一六八〇年に、こう指摘した。オランダ共和国も絶対王政のフランスも、イングランドのような国制をもつ王国と競争することはできない、と。絶対君主がいる国においては、「全ての運命は、君主の思慮深さによる」と、彼はいう。そして、われわれが知るように、国王は、やはり人間であるので、「情熱をもっているがゆえに夢中になり、そうでなければ失敗をしでかしがちであり」、貿易は被害を被る。だが、オランダ共和国においては、常に無政府主義に陥る危険性がある。したがって、「国王と議会のあいだでバランスをとろうとしていた君主国は、商業的成功のために最良の土台を提供した」のである。彼の理論展開は、マキャヴェリと明らかに類似している。たとえば、ジーは、君主国においては、人びとは給与ではなく、愛国心のために戦争で戦うと論じている。(29)

一般にいわれていることとして、これとは違う話もある。それは、オランダ人は、別の国の人びとから貿易を強奪するために、より節約家で、熱心に働き、攻撃的であったということであった。たとえば、一六二〇年代において、マンは、オランダ人が、イングランドのニシン漁師との競争に勝ち、北海から彼らを追いやった方法について強調した。彼の考えでは、このような基盤にもとづいて、オランダによる北海―バルト海間の貿易の独占が、一七世紀初頭に発展したのである。「イングランド、スコットランド、およびアイルランドの国王陛下の海における漁業は、われわれの自然の富である」と、彼はいう。だが、オランダ人はその反対の態度を取り、

> キリスト教世界多数の地域でわれわれの魚を運搬することで、毎年巨額の利益をえている。それに対し彼らは、彼らが必要とするものを、外国製品と外貨の両方で供給し、返済する。それに加えて、彼らが維持する多数の水夫と船舶がある。[30]

これと同じことが、「ニューイングランド、ヴァージニア、グリーンランド、サマーアイランド、ニューファンドランドのようなイギリスの漁業植民地《プランテーション》」にも起こった。これと同様に、オランダ人は、イングランド、ポルトガル、スペインと、貿易ルートと積荷をめぐり、南洋などの海域で争った。ほとんどどこででも、オランダは優勢であり、他国に対し勝利をえたと、マンは論じた。それに対しては、もし必要なら、攻撃的になってもやめさせるべきであった。イングランドにとって魚の貿易が重要であったことは、この時代の別の著述家も強調した。そのため、ロビンソンは、一六四一年に、魚の貿易と東インドとの貿易が同じくらい重要だと明らかに考えており、こう書いた。

漁業による雇用と東インドとの貿易が引き続きおこなわれ、拡大しなければ、他の国民がわれわれの利益を奪い取り、われわれの貿易は、日々確実に低下する。さらに、国家全体が同じ速度で貧困に陥り、完全に破壊される。(31)

のちに出現した数名の注釈者――ヘクシャーを含め――は、一七世紀には国際貿易がどの程度ゼロサムゲームとみなされたのかということについて考えた。(32)単に貿易を静学的に映し出した以上のものだというこのような態度は、一七世紀後半の攻撃的な雰囲気を反映していた。ある国が利益を生み出す貿易ルートで獲得したかもしれないように、別の国々は、失ったかもしれない。貿易差額というスローガンに大変懐疑的であったダヴナントやバーボンでさえ、このような観念に取り憑かれていた。だから、たとえばチャイルドは、一六九〇年代に、一七世紀のオランダ人のために「失われた貿易」について長々と論じた。ロシア貿易を含め、彼がリスト化したイギリスが失った貿易は、グリーンランド貿易、ポルトガルのセトゥバル〔訳注―原文には、St. Vuals とあるが、塩の生産地ということからセトゥバルだと推測される〕からの塩の貿易、白ニシンの貿易、ビルバオからのスペイン羊毛の貿易、東インドの一部、中国と日本への貿易、「スコットランドとアイルランドの貿易」であった。これらを、「オランダ人がわれわれから奪い取っていった」のである。(33)

商人でもあり行政家でもあったロビンソンは、この点についてはるかに正確であり、一六四九年にこう書いた。「最大の貿易国が、もっと貿易量が少ない他国の貿易能力を損ない、食べつくしてしまう」、と。むろん、これが悲惨なのは、「最大の貿易量と海運業を獲得し継続することができる国が、海の主権を獲得し、それを継続し、世界の支配者になるからである」(34)。そして、イギリスに対しては、彼はこう信じる。

この一〇年間でさえ、われわれの貿易は、知られている全ての国々のあいだで有名になった。それと同時に、船上にあるわれわれの船舶は、敵になる人びとにとっては恐ろしいものになった。だが、われわれの船舶と貿易と、最終的には海運業もまた、本来必要な四分の一しか改善されておらず、他国はまだ利益が獲得でき、われわれよりも優勢であったために、さらに数年にわたり、彼らは貿易、財産、船乗り、海運業で、その分、われわれよりも優勢であった。(35)

ロビンソンがとくにオランダ人(「ホラント人とゼーラント人」)に言及していたことに、疑いの余地はない。

このようにしてしばしば語られる話は、それが真実であろうとなかろうと、国際商業が多少ともゼロサムゲームだとみなされていることにより、一世紀後ヒュームが、「貿易の嫉妬」と呼んだ言説の基盤を形成した。(36)だが、イングランド人にとって、オランダ人のために以前には繁栄していた商業から引き離されているという恐怖は、それとは別の意識された恐れへと変化していった。フランスによって、繊維などの商品の競争に負けてしまうという恐れである。それが激しくなったのは、一六七〇年代のことであった。大低湿地帯の土地管理人で国王の枢密院の一人であるサミュエル・フォートレーは、一六七三年に、イングランドがフランスとの貿易でどれほどの損失を出しているのかを強調した。イングランドの貿易差額赤字の原因となったのは、奢侈品とワインの輸入が主要因であると、フォートレーは書いた。だが、このような「超過」(フランスの貿易黒字)がはるかに恐るべきものになったのは、コルベールの保護主義システムとそのために外国からの輸入製造品(主として繊維製品)に重い関税がかけられたからであった。いったい、イングランドはどうすべきだったのか。フランスの国境は開かれるべきであるが、それには、大艦隊と戦争での勝利しかないというのが、すぐに出てくる回答であった。

けれども、このような疑問に対する別の答えが、少しずつ力を増していた。競争の激化は、輸出品の価格低下により解決されたというのである。[37] フランス人の保護関税政策に対して、当初、これはあまり有効ではなかったかもしれない。しかしながら、世界の他の地域と長期的な観点からみた場合、確かに輸出を増やしたと論じられた。原理的に、輸出価格は二つの方法を用いて低下させられた。第一に、賃金を可能なかぎり低く抑えることである。このような議論は、とりわけ一七世紀末から多くの著述家のあいだで当たり前になっていった。しかし、別のところで論じたように、それが、貧しい労働者が飢え死にすべきだということを意味すると単純に信じるのは間違いである。たとえば、著述家であるポスルスウェイトは、一九世紀に形成された賃金の生存費理論〔訳注―賃金水準は、労働者の生存費によって決定されるとする説〕に従って、食料品の価格が低いことが、低賃金の決め手になると主張した。したがって、彼はたとえば『イギリスの商業利益』（一七五七）と名づけられた論文集で、故国のイングランドだけではなく、アイルランド、スコットランドと、安価な食材を供給する海外のいわゆる植民地《プランテーション》の農業を改良する方法と方策について長々と論じた。それゆえ、「生活必需品の価格を現在のわずか半分、いや三分の一にまで低下させるとすれば……、必然的に、労働の一般的価格を削減することになる。それは、生きていくうえでの必要性によって決定されるからだ」[38]。しかも、ポスルスウェイトの考えによれば、それは「われわれの主要生産物、その他の新しくつくられた製造品を安価に」製造し、最終的に「われわれの輸出を拡大する」ことを可能にするのである。[39]

したがって、ホントが論じたように、ダヴナント、ジョン・ポレクスフェン、ジョン・マーティンのようなイングランドにおける経済学のパンフレット作者と著述家のあいだでの一六九〇年代からの論争は、世界市場の価格競争の激化にイギリスではどう対応すべきかという戦略的問題に対する異なった反応だとみなすべきである（いわゆるオフシェアリングの影響についての現在の論争に似ていると、ホントは明確にいう）[40]。高賃金の富裕な国が、低賃金の国々からの安価な輸入品と本当に競争できたのだろうか。トーリーの自由貿易主義者として（このフレーズは、経済史家のアシュレーによって一〇〇年前につくられた）[41]、ダヴナントはイギリスの未来を、インドと他の法的あるいは実質的なイギリスの植民地からの安価なキャラコなどの商品集散地になることにあると考えた。そうするなら、再輸出のために必要なこの種の繊維を完成品にすることで、多額の資金を稼ぐことができた。それに加えて、海運業と国際貿易の金融仲介機能を通して、多くの利益が発生しえた。しかも、ダヴナントによれば、経済帝国を維持することは、イングランドの富と国力に必要な前提条件であった。そのため、公式帝国《プランテーション》に「ノー」ということなく、ダヴナントは、一五〇年後に一般的になった類《たぐい》の自由貿易帝国主義のプログラムをもう少しで唱えるところであった[42]。しかし、それ以外の反応（これもまた、当時の論争と容易に関連した）として、イギリスは、安価な製品の流入から身を護るために、そして輸入代替活動として後代に認識されるようになること、すなわち、おびただしい貧困にあえぐ労働者を雇用する国内産業を発展させることによって、より多くのものを獲得するだろうということであった。われわれがこのような戦略についての議論に戻るのは、次章で貿易差額「説」に関するさまざまな解釈を議論するときである。

だが、一八世紀のあいだに生じたそれ以外の反応とは、高賃金の豊かな国が他国よりも安価に製品を販売するために生産性を上昇させることができるなら、安価な製品の流入は問題ではないという議論を発展させることであった。ほぼ確かなこととして、農業とは対照的に、貿易と工業が生産性の増大と収穫逓増によって拡大することをより詳細に説明するために最初に徹底的に調査すべき人物は（一六一二三）、イタリア半島の南部のカラブレーゼのアントニオ・セッラ〔彼については、すぐに論じる〕であった。[43] 新しい労働節約的な技術を導入することで生産性を上昇させる重要性について示唆したのは、一七〇一年のマーティンであり、[44] それはのちにジョサイア・タッカー、ヒューム、スミスによって発展させられた。ともあれ、これが、長期的には勝利をえた反応であった。[45] リカード、ロバート・トレンズらによって、この提案はやがて発展し、近代的な比較優位説の一部になった。

われわれはこれまで、一六―一七世紀に生じた、イギリス諸島が通商上の競争相手と競争から生じるこのような世界秩序〔形成〕において生じたいくつかの反応について手短かに論じた。しかしまたヨーロッパの他地域においても、支配者や他の権力者たちは、〔それに対して〕反応する必要があると感じたし、多様な手段を講じた。近世ヨーロッパにおいてさまざまな行政顧問官が発言し、そして記したことは〔ここでまたシュンペーターに言及するが〕、特定の文脈に照らしてはじめて理解できるし、国力と影響力を求めて国際的に激しい競争をしていた彼らの立場に関連していたはずである。

ナポリ王国

イングランドでテンプルらの人びとがオランダ人を羨望の眼差しでみていたのに対し、ナポリにおいては、大貿易都市であるヴェネツィアとジェノヴァが、羨望の的であった。ヴェネツィアとジェノヴァは、フィレンツェとともに豊かで繁栄している都市として出現したのに対し、南イタリアのナポリ王国は、一六世紀のあいだにははるかに遅れていたように思われた。スペインの君主によって支配されていたので、ナポリは一六世紀末に社会経済的危機を経験していた。死と飢饉が片田舎で広がり、人びとを恐怖のどん底に陥らせ、貿易はストップした。ナポリ王国は、イタリア南部のほとんどとシチリアを含んでおり、完全に農業国であり、その輸出は穀物と他の食料の形態をとった。それ以外のほとんどは輸入され、一六世紀末には、公債発行額は驚くほど巨額になった(46)。ある種の「再封建化」のようなものが、小作農を打ちのめし、分益小作制の慣行により、生涯にわたる負債の取り決めによって、小作農が、領主に対する実際上の農奴になったのである(47)。

ナポリが非常に貧しくヴェネツィアがきわめて豊かである理由をめぐって、コゼンツァという小都市に生まれたセッラは、ナポリのヴィカリア監獄でさんざん考えて、みずからの分析を小冊子という形態で『鉱山のない国々に金銀を豊富ならしめる諸要因に関する短論』を一六一三年に書いた。われわれはセッラについて、あるいは彼が監獄に入れられた理由についてはほとんど知らない。これまで推測されてきたところでは、セッラがこの小冊子を書き、支配者である「もっとも著名で卓越したロード・ドン・フェルナンデス・デ・カストロ」（スペインの太守でレモン家の第七代伯爵 在任一六一〇—一六）に、釈放されるために謹呈したが、それが支配者を喜ばせたか、あるいは事態をはるかに悪化させたかどうかということについては、何も知らないのである(48)。

二世紀以上あとになって、リストがセッラの『短論』を「経済学に関する最初の特別な作品だ」と賞賛したし、それに同意した人がたくさんいた(49)。しかも、セッラをリストによる国民経済学のシステムの先駆けだとする伝統がつくられた。それは、スミスとその後継者、さらには現代の輸入代替理論の先駆者の「コスモポリタンな」経済学への挑戦であった(50)。これは、必ずしも根拠がないことではないが、同時に、セッラを完全に理解するためには、彼自身がおかれていた環境について理解しなければならないということを強調すべきである。すでにみたように、これは、マキャヴェリの良き政府の政治的分析を拡大する言説に大きく影響され、経済的手段と政策も含む偉大さを獲得する方法でもあった。

このようなことを銘記して、ナポリの窮状に関するセッラの分析に言及したのは、ジョヴァンニ・ボッテーロ（一五四四―一六一七）である。彼はピエモンテの司祭、外交官、著述家であり、人生のほとんどをすごしたミラノでは、外交の義務はなかった。ボッテーロは大量の書物を書き、とくに『君主論』で詳細に述べられたマキャヴェリの「非キリスト教的」見解にかなり批判的であった。けれども、ボッテーロは、政治学と経済学のイタリアにおけるポスト・マキャヴェリの転換の一部を形成していた。それには、多数の著述家が含まれており、『イタリア史』（一五三七―四〇）を著したフランチェスコ・グィッチャルディーニとナポリの公爵のカラファもいた。カラファは、シュンペーターによれば、すでに一五世紀中頃に、国家を豊かにするためより多く貿易し製造業者を増やすことに賛意を示したのである。(51)

また、ボッテーロは、もっとも有名な作品である『国家理性論』（一五八九）において、経済的手段を用いて良き政府をつくることを推奨した。それは、この当時のイタリアの論争において、全く知られていないものではなかった。富と国力において繁栄するために、国家は膨大な人口と大量の資源、さらに十分に管理された農業、多くの技術者、製造業などを必要とする。(52) 外国貿易についてボッテーロが指摘したのは、支配者は、「貨幣は、もし不可欠なものでないなら、確実に国家から出ていかないようにしなければならない」ということであった。(53) さらに、半世紀以上前にマンが繰り返しいったことを彷彿させるように、ボッテーロはこう書いた。

国民を犠牲にすることなくどのようにして金を蓄えられるのかということを正確に知り、蓄えられる総額が支払額に対する受領額の釣果よりも決して多くないようにするために、支配者が詳細に知らなければならないのは、国から流出する商品への支払いのためにどの程度の額が必要なのかということと、国内に流入する商品への支払いのために国から出て行く金額である。支払額よりも受領額の方が少なければ、君主は貯蓄しようとしない。なぜなら、それは不可能であるし、そうしようとしても、無駄だからである。[54]

必需品と贅沢品の輸入、さらに貨幣（銀貨）の輸入を賄うために、ナポリは商品による「貿易差額黒字」を増大させなければならないと、セッラは強調した。しかも、このような重要な任務を遂行することは、君主の責任であり、その方法として、たとえば製造業の創出があった。間違いなく、貿易差額が黒字であることが必要だという論争は、これ以降、とくに一七世紀のイングランドで激しく論じられたトピックとなった。[55] セッラの論文は、たぶん別の観点からみた方がずっと興味深いことを記しておくことも重要である。その論文は、マルク・アントニオ・デ・サンティスに対する論争として書かれた。彼は、その著書『王国において為替をおこなう有効性に関する考察』（一六〇五）において、ナポリ王国の貨幣不足を不利な為替相場の結果だと説明した。それに対し、今度はセッラは、『短論』において、こう指摘した。貨幣不足は、むしろ貿易差額の赤字によるという説明をすべきである、と。数年後のイングランドにおける、マリーンズ、マン、ミッセルデンのあいだでの論争で、同じことが繰り返された。マンがのちに主張したように、低い為替相場は、「現実の」要因が引き起こした二次的結果にすぎなかった。[56]

ナポリにおいては、経済的マキャヴェリズムは、むろん、セッラとともに終了したわけではない。南イタリアは、製造業と貿易という点では、他からはるかに引き離されており、一七世紀に、経済活動の軌道が徐々に地中海から大西洋に移行したとき、イタリア半島全体が損害を被った。一七五〇年代のある時点で、ナポリにおけるメディチ家所領の数学者・管理人であるバルトロメオ・インティエリは、一六一三年のセッラの稀覯書にたまたま遭遇した。インティエリは、イタリア精神史をリードした知識人であり、フランコ・ヴェントゥーリは、イタリア精神史を扱った記念碑的作品のなかでインティエリを「ナポリ啓蒙主義の源泉」だといった(57)。このグループに属する一人に、アントニオ・ジェノヴェージ（一七一二―六九）がいた。彼は、一七五四年に、ナポリのみならずイタリア最初の経済学と商学の教授となった。この当時、経済学に関連する講座は、プロイセンに三つ（ハレ、リンテルン、フランクフルト・オーダー）、スウェーデンに二つ（ウプサラ、トゥルク）しかなかった。ジェノヴェージは、経済問題を教え、なかでも、商業と経済的繁栄にとっての良き政府の役割に関して、多数の業績を出版した。ジェノヴェージの初期の著作の一つとして、『ジョン・ケアリの著書によるグレート・ブリテン商業史』（一七五七―五八）全三巻は、実質的に、イングランド商業史を構成しており、国内の産業と製造業の確立のために、保護の役割を強調した。これは、彼が母国のために全身全霊を傾けて作成したプログラムであった(58)。ソフス・レイナートが示したように、このテキストは、元来、ブリストル商人であったジョン・ケアリの著作である『フランスとの戦争を遂行するための貿易と税制に関連するイングランド国家に関する随想』であり、初版は一六九五年であった。その後、テキストはヨーロッパのグランドツアーに使われ、一七五五年にジョージ―マリー・ビュテル―デュモンによってフランス語訳され、出版された。次いで、ジェノヴァ人によって、最後に官房学の装いをして、一七八八年にクリスティアン・アウグスト・ヴィクマンによってドイツ語に訳された。レイナートが生き生きと描写しているように、本書は、どの翻訳でも原書よりもずっと分厚くなった（ケアリの原著が二〇〇頁に満たなかったのに、ビュテル―デュモン版では一〇〇〇頁に、ジェノヴェージ版においては一五〇〇頁になった）。また、それぞれの国に特有の事柄が詳細に書かれるようになり、驚くべきことではないが、原著との関係

は薄らいでいった。(59)

セッラを高く評価したのは、フェルナンド・ガリアーニ（一七二八—八七）であった。ガリアーニもナポリ人であり、パリのナポリ大使館の事務官に選ばれた。一〇年間在職したのち、ナポリに帰国し、商事裁判所の評議員になった。一七七七年には、王領地の管理人になった。多くの点で、ガリアーニは、偉大な革新者であった。すでに、二二歳のときに、彼は『貨幣論』（一七五一）という論考を上梓していた。同書でガリアーニは、効用と希少性にもとづいた価値論の輪郭を描いた。本書は、スタンレー・ジェヴォンズが現れるまで、その分析の厳密さにおいて超える研究が現れなかったといわれる。(60)パリにおいて、ガリアーニが経済学者と重農主義者の集団内部におけるフランス経済の議論にどっぷりと浸っていたことは、不思議ではない。だが、彼はイギリスの哲学者と経済学者の研究も読んでいた。一五歳のときに、すでにジョン・ロックの『利子論』を翻訳し、しかも同書に対しては批判的であった。だが、彼の作品としてもっともよく知られる『小麦の取引に関する対話』（一七六九）を、フランス語で出版したのである。ガリアーニは同書で、新自由化政策の発表後の一七六四年にはじまった穀物貿易に関するフランスの激しい論争に参加した。彼は、貿易の自由と規制の中間の立場をとり、経済政策を適切に機能させるためには、さまざまな国の特異な制度的・歴史的条件を考慮しなければならないと主張した。(61)けれども、後代に解釈した大半の人びとからは、ガリアーニは重商主義者だとみなされている。だが、たぶんもっと正確にいうなら、彼は、当時の一般的な——とくにパリにおける——経済学の議論に影響を受けたのである。すなわち、闘争的な反重農主義者であった。(62)それをより強めたのは、彼の経済政策に関する一般的思考法のルーツが、一七世紀ナポリとセッラの『短論』から発生した言説にあるということであった。

ナポリは、スペインから支配者を招く習慣があったが、一五〇〇年からのスペインは、セッラが孤独な監獄で解決しようとしていた問題を共有していない帝国であった。それは、金山も銀山もない国が、どのようにすれば繁栄するのかという問題である。むしろスペインには、多数の艦隊に保護された貨物でアメリカ大陸から輸送された地金が大量に供給されていた。しかし、すでに一六世紀後半の段階で、地金の流入はスペインに財産だけではなく、大きな問題ももたらしたことが知られていた(63)。ありきたりの歴史研究に従えば、一五五六年にマルティン・デ・アスピリクエタは、有名ないわゆる貨幣数量説を定式化した。だが、ずいぶん前にアルチュール・モンローが指摘したのは、一般的に、この理論はそれよりずっと前から知られていたということであった。それは、コペルニクス、そして確実にサラマンカ学派〔訳注―スペインのサラマンカ大学で一六―一八世紀に広まったスコラ哲学の学派〕の著名な学者たちも、明確な形をとっていないが述べていたことである。たとえば、フランシスコ・デ・ビトリア、ドミンゴ・デ・ソト、そしてトマス・デ・メルカードらがその代表である(アスピリクエタもそのうちの一人であった(64))。

彼らが期待していたのは、金銀が大量に流入すれば、貨幣価値が下落し、商品の価格が上昇するということであった。だからこそ、いわゆる価格革命が、当時のヨーロッパ人のあいだで広く知られる現象になったのである。スペインで物価水準が上昇したとき、国内製品は高くなり、輸入品は安くなった。その結果、国内産業と農業は、安価な外国製品との競争にさらされた(65)。イングランドにおいては、たとえば一七二〇年にエラスムス・フィリップスが小冊子のなかで公債発行額の増加を批判し、スペインを「貿易のない貨幣」がある事例だと述べた。したがって、貨幣は「滞留水のように」、「所有者にとってはほとんど何の役にも立たない」ものであった。しかも、スペインは、このような真実の実例である。ペルーとメキシコの鉱山は、スペイン人に自分たちは産業よりも重要であると思わせた。金銀があちこちで氾濫したので、有益な技術が全て一掃されて労働と商業が全く顧みられなくなった結果、スペイン人は、あたかも世界のそれ以外の地域にとって、金銀の受領者のようなものになってしまった。(66)

一五五〇年代のハプスブルク王家の財政の管理者であったルイス・オルティスは、地金が大量にある偉大な帝国が貧困に陥る可能性があるという難題に対する処方箋を見出そうと尽力していた。(67)彼は、古典的な解決法をとった。すなわち、スペイン人が貨幣を輸出して外国製品を輸入することを禁止したのだ。かといって、ペロッタが信じたように、このことだけで、オルティスが、「ヨーロッパ最初の重商主義者」にふさわしい人物になったわけではないであろう。(68)このように輸出入を禁止した条例は、すでに中世後期には知られていたということは、周知の事実である。しかしながら、間違いないこととして、オルティスは、ナポリのセッラとまったく同様、産業の発展を達成するために、保護主義政策を強く推奨した。スペインは、海外から製造品を購入すべきではないと、彼は強調した。さらにスペインは、原材料を輸出すべきではなく、スペイン人は国内製造業のためにそれを使うべきだ。オルティスが強調したのは、そうならなかった以上、スペインは「低開発状態」にとどまるということである。(69)

オルティス以降、他の数名のスペイン人著述家――それにはフランシスコ・マルティネス・デ・マタ、サンチョ・デ・モンカダ、そして、ベルナルド・デ・ウロアが含まれる――たちが同じ立場をとった。ウロアは、一八世紀中頃にその著書『工場の復興とスペインの商業』（一七四〇）で国内生産を強く推奨した。これは、状況を適切に表すタイトルである。[70] スペインの国外でもっとも知られているのは、一六七〇年にナバラ王国のサン・セバスチャンで生まれたジェロニモ・デ・ウスタリスかもしれない（一七三二年に死去）。国王フェリペ五世の商業顧問として、とくに貿易と商業の実践的側面からの助言を強く要請された。[71] フェリペ五世は、一六九〇年代に長期間ブルッヘ――そこで結婚した――に滞在したのち、北方ヨーロッパの慣行、とりわけオランダ諸都市の貿易の成功とブラバントと他地域の製造業について学習した。彼は、ほぼ間違いなく、貿易と製造業などの問題に関する当時のフランス語と英語の文献についても精通していた。[72] ウロアのもっとも重要な研究である『商業と船舶に関する理論と実践』（一七二四）は、タイトルとは裏腹に、貿易だけを扱ったものではない。むしろ、スペインを経済的にもっと繁栄する完全なプログラムを含んでいる。彼は、有益な税制をどのようにして構築すべきか、人口はどうすれば増加し、より多くの製造所をどうやって建てるべきかということを議論した。後者の目的のために、よく知られた方法として、原材料は輸出されるのではなく、国内産業によって使われることを称揚した。彼は、損害を与える有害な商業だとして、外国の製造品を輸入するために貨幣を輸出する慣行を非難した。だが、原材料を取引するために製造品を輸出する外国貿易を、彼は有用な商業であると賞賛した。

したがって、スペインの「行政顧問官」（このレッテルをシュンペーターが使用した理由をもっとも適切に説明するのは、ほぼ間違いなくスペインの事例である）は、ナポリ人と同じ結論に達する。豊かになるためには、国家はみずからの製造所を建造し、製造品を輸入しないようにし、完成品ではない製品と原材料の輸出をストップさせせなければならなかった。ナポリにとって、主要な問題は、封建制に似た制度をもった低開発状態にあったようだ。スペインは、ある程度、同じ問題を共有していた。スペインの農村は、貧困に打ちひしがれた農民で溢れかえっていた。だが、それに対してさらに付け加えなければならないのは、帝国のジレンマであった。スペインは、征服によって秩序を確立し、その秩序はアメリカの植民地からの地金の大量流入を含意した。しかし、商業によって、スペインが豊かになり、より強力になったわけではなかった。植民地（イングランドでは、「プランテーション」と呼ばれた）からの金銀の流入は、むしろ物価と賃金の上昇という結果になった。それにより、スペインは、北方ヨーロッパと比較して競争力がなくなった。当時の文献では、――スペインでもどこでも――スペイン人は怠惰になり、農場、地所、製造所、技術を無視するようになったという不満が描かれるのは、ふつうのことであった。けれども、ミダス王のように、彼らは金銀だけで生きていたのではなかったのは明らかである。あとでみるように、この着眼点は、それ以降の数世紀間にわたる商業と繁栄の関係を論じるほとんどの著述家が取り上げた。

フランス

フランスにとっても、「行政顧問官」という墓碑銘は、一七世紀の重商主義者の著述家の一部を描出するために使うことはできる。宗教的・政治的混乱の半世紀後に、フランスではアンリ四世の保護下の一七世紀の転換期に、国内の平和があった。激しく長い内乱の時代の結果、農業、貿易、製造業は、全てが悲惨な状態にあった。しかし、このときから、復興の時代となり、ルイ一四世の財務総監であるジャン・バプティスト・コルベール（一六一九—八三）の体制の時代まで、フランスに経済力・政治力がもたらされたのである。一七世紀初頭から、この復興という仕事は、統制国家によってほとんど実行された。とりわけ、一六六一年にコルベールが権力の座に就いてから、この政策はより拡張主義的になった。とくに植民地がもたらす有益な役割と利益を出す貿易ルートへの管理強化に焦点が当てられた。しかし、なかでも一七世紀前半には、この政策は、ヘクシャーの表現形式《ヴォキャブラリー》を使えば、明らかに「備蓄政策」の形態をとっていたと特徴づけられる。[73] この政策は、フランスが、通常の消費財と贅沢品（とくに絹）の両方に対する自給度を高めることを目的としていた。それが提示した原理は、フランスで獲得されたり製造されるかもしれないもののなかで、外国人から購入するものは何もないということであった。したがって、外国貿易は、フランスのためにはまったく利点がなかった。むしろ、外国貿易の主要な役割は、金銀を輸入することであった。それ以外の商品の大半は、フランス国内で入手されるべきであった。[74]

　原理的に、このような推奨は、このときにはとりわけ新しいものでも、フランスにかぎられたものでもなかった。イングランドと同様、フランス政府は、少なくとも一五世紀後半に、地金は国土から外に出すのを許されるべきではなく、自給自足の原理を強調するべきだと力説していた。しかも、フランス政府は、原材料輸出と贅沢品の輸入を禁止していた。さらに、フランス政府は、とりわけ海運業の発展を奨励した。[75] したがって、このような立脚的にもとづき、「備蓄政策」は一七世紀のフランスにおいて、それまで以上に強く採用された。

　これは、イングランドの状況とまったく対照的であった。確かに、地金輸出禁止は、一七世紀中頃のイングランドでは徐々に弱くなっていったが、それでも保護は、かなりの程度保持された（二三三頁をみよ）。オランダ人に対して攻撃をしかけた航海法（一六五一年など）の形態をとって、保護はそれまで以上に強く適用されたということさえできよう。フランスにおいては、一七世紀最後の数十年間に、自国の製造業を奨励し、外国の製造品の輸入に反対する政策を目指していくぶん強力な扇動をした。だが、中核部分では、イングランドとフランスの政策には、重要な相違点があった。イングランドの貿易政策が主に強調したのは、雇用を増大させるために、輸出を促進することであった。基調となる思想とは、国際市場が成長することだけが、イングランドに富を提供できるというものであった。フランスにおいては、傾向は完全に違っていた。少なくとも、コルベールの時代まではそうであった。一七世紀初頭には、われわれがみるように、アントニー・デ・モンクレティアンは、フランスは天然資源などが豊富なので、自給自足できると強調した。

国王陛下は安定した基盤と、豊かな富と、繁栄する民と、強力にして優良堅固な都市と、不敗の武力と、勝ち誇る栄光とを兼ねそなえた偉大な国家を所有されています。陛下の領土は、数えきれない住民を養うことができるのです。(76)

それゆえ、フランスでは、一七世紀の大半を通じた経済的議論は、経済的ナショナリズムと自給自足の精神として要約されてしまう。以下、これに関連する言説の発達について議論したい。三人の著者を取り上げ、ついでフランスに関するより一般的な議論に戻りたい。

これらの著述家のうち、最初の人物はジャン・ボダン（一五二〇―九六）である。だが、彼はもっと前の時代の人物である。著名な政治思想家であるボダンは、重商主義者と考えられることは、滅多になかった。それでもなお、一六〇〇年頃のフランスに出現した経済問題に関する思想と著述の観点から、かなり興味深い人物である。この意味で、この市民的な人文主義者の著述家は、デ・モンクレティアンとともに、成熟した表現をした経済学

economie politique の先駆者であるのは明らかである。しかし、ボダンはまた、われわれがみるように、デ・モンクレティアンとは全く違っていたのである(77)。

ボダンが経済学者のあいだでもっとも有名になった理由は、M・デ・マレストロワへの返信をして、初期の貨幣数量説を表したからである。だが、すでに論じたように、この原理はスペインの著述家によって、ずっと以前から知られていた(78)。国王シャルル九世に献辞した小冊子のなかで、マレストロワは、当時のフランスのインフレは、単なる価格インフレであるようだという見解を示した。むしろ、インフレの背後にある本当の原因は、国王がしばしばおこなった悪鋳にあった。しかし、ボダンは、物価上昇の過程が本当に生じつつあると主張した。それは、アメリカからの貴金属流入量が増大したことが主要な原因だというものであった。この文脈において、ボダンは有名な格言を提示した。「全ての価格を上昇させた主要な理由は、どこであれ、価格を決定するものが豊富だということにある(79)」。

他国の著述家と同様、ボダンは自国内に鉱山がない国家であるので、フランスは、金銀を獲得するために貿易をしなければならないと強調した。けれども、ボダンが指摘したように、外国人との貿易は、それだけに限定されるべきではない。後代のフランスの経済学者とは対照的に、ボダンは、一般的目標として、自給自足を推進していなかった。ボダンは、外国人との貿易により、文明が形成されると信じていた。貿易を通じて他国と親しく交流することは、神の計画の一部であった。

そしてわれわれが、これらの商品なしですますことができればいいが、それはまず不可能なのである。しかもわれわれが、たとえその多くを再販売することになるとしても、それでもなお外国人と、さらに隣国人とも取引し、販売し、購入し、交換し、貸与し、あるいはむしろ彼らとわれわれのあいだで交際し、友好関係を維持するためにも、われわれの富の一部を彼らに与えなければならないのである。(80)

したがって、ボダンは、全体として、外国人と戦争をするよりも友好的である方がはるかに良いと感じていた。(81)しかし、問題は、こんな単純なものではなかった。自給自足の問題に関しては、ボダンはかなりアンビヴァレントであった。だから、政治的著作『国家論六篇』(一五八九)で国家の実践的な経済問題を扱ったとき、フランスが自国の製造業を発展する必要性をとくに強調したのである。国内での生産が増えれば、フランス人労働者の雇用が増えると論じた。このような文脈で、ボダンは輸入製造品に関税をかけることを推奨したばかりか、輸出品にも課税すべきだと示唆した。ボダンの議論は、典型的な「備蓄政策」の論調をとった。すなわち、塩、穀物、ワインを大量に輸出すれば、母国においてこれらの商品は少なく、高価になるということを主張したのである。このような商品をある程度輸出したことは、金銀を持ち込むためには確かに必要であった。だが、ボダンは輸出関税が、このような商品を外国人に販売しにくくさせるとは思っていなかった。フランス塩の価格が三倍になったとしても、問題はないと、ボダンは論じた。「どんなに高くても、外国人は三倍の値段でそれを買い求めつづけるだろう。」といったのだ。(82)したがって、ボダンは、価格弾力性の原理の存在を信じなかったという結論を、確実に導き出すことができる。むしろ、彼が賛意を示したのは、良いフランス商品であれば、ほとんどどんな価格でも販売すべきだということであった。(83)

二番目の著述家は、バルテルミ・ラフマ(一五四五—一六一一)である。彼は、シュンペーターがいった意味で、真の行政顧問官であった。ラフマが政治権力を増大させたのは、アンリ四世の理髪師兼商務総監になったときのことであった。ラフマは、権力者になり、一六〇二年に商務総監に任命された。この地位に就いたことは、彼がすでに現実に国家がかなり管理するフランスの製造業部門の専任者となったことを意味した。彼の主要な目標は、より多くの製造業を確立することにあった。彼には、とりわけある種の残酷さがあったので、この任務に成功したように思われた。ところが、一六一〇年にアンリ四世が死亡すると、商務総監としてのラフマの政治生命は終わりを告げた。一六一二年にラフマが死んだとき、人はそのことに気づきさえしなかった。(84)

賢明な政治家であったラフマは、経済問題に関して鋭敏な反応を示した著述家でもあった。ほとんどが一六〇〇―〇四年にかけて出版された多数のパンフレットにおいて、彼が提示した包括的プログラムは、フランス経済が成長し反映するためには、どのようなことをすべきかというものであった。テキストの多くが書かれたとき、ラフマは商務顧問会議の会長であった。そのために、論考の多くで、彼は計画と提案をし、激しく敵対する人びとに対し防戦したのである。委員会は、非常に野心的な機能をもっていたようであった。その議事録を綿密に読んだコールは、こう書いた。

> 理事たちは、一五〇回以上の会議を開いた。商業と産業のありとあらゆる問題を扱い、発明家、労働者、企業家に面接をし、国王に推薦し、大きな企画をおこなわせ、多数の投機的企業を認可したことがあれば、不認可だったこともあった。(85)

ラフマの委員会の努力の大半は、繁栄する絹製造業をフランスに設立することに向けられた。しかし、委員会はまた、馬を養う方法、リネン製造業の改善方法、ファスティアン織の製造方法の確立なども議論した。(86)ラフマがこのように考えた理由としては、アンリ四世の財務総監であるシュリー公爵マクシミリアン・デ・ビテューネ（一五六〇—一六四一）によって影響されたためだと何度もいわれた。だが、ラフマとは対照的に、シュリーの主要な関心は農業の改善にあった。だが。シュリーは、自給自足を推進する点で、ラフマに近かった。ジェローム–アドルフ・ブランキがシュリーに対する発言をすぐに言及したため、この点がかなり明確になった。「外国製品の消費は全て、フランスに対する窃盗罪だと、シュリーには思われたのである」[87]。だが、本質的に、一六〇〇年以降出版された小冊子において、ラフマは、現実的提案に適合できる一般的枠組みを提示した[88]。彼の枠組みのより正確な意味は、これ以前のパンフレットの正確なタイトルにすでに示されていた。

「国家を壮麗たらしめる宝と富、外国人の商業と交易によりフランス人が破滅させられている真実を示し、あらゆる職業におけるささいな係争を容易に防止し、さらには商事裁判所を廃止するなど、有益な道理を全て王国の福祉のために提示する」（一五九八）。

したがって、ラフマは、当時のフランスの貿易、産業、農業の惨めな状態に、不平不満で一杯であった。彼は、このような悲惨な状態に至らせたのは、とりわけ外国商人が好きなように行き来する自由のためだと指摘した。しかし、国内商人は、国富と国力に寄与するのではなく、フランスを貧乏にした商業に参画したために、「フランス経済に」負の作用をする役割を果たした。外国の贅沢品を購入するために、フランスは原材料を売り、金銀を国内から流出させたのである。フランスは、自国を破滅させることで、イタリア、フランドル、ドイツ諸邦とイングランドに貢献していると、ラフマは強調した[89]。

悲惨な状況を逆転させるために、ラフマは、国民主義的な経済プログラムを構築しようとした。全ての勢力を結集させ、たとえば絹製造工場をつくり、外国から輸入するものは、ごく僅かにしようといったのである。外国からもってくるに値する主要な商品は、金銀であり、そのために、フランスは製造品を売らなければならないと、ラフマは指摘した。

したがって、ラフマは、この時代の共通の福音とみなされるようなことを伝道していたことが理解できる。貧困と欠乏は、フランスから貨幣が流出したことが原因だと、ラフマは指摘した。それゆえ、彼の主要な関心は、フランス国内の地金をできるだけ流出させないことであった。金銀は、王国の「腱」であったからだ。「金銀は国家を……敵に対抗して維持するための真の実体である[90]」。同時に、ラフマが、貿易差額説のようなことを唱えたことは決してなかったことを指摘するのは重要である。しかも、ラフマは、外国貿易は国家にとって重要だということを認めたが、それは、金銀をもたらすからであり、彼の主要な主張は、自給自足を促進することであったようだ。しかし、確実に、ラフマは、重商主義者ではなく、穏やかな「備蓄政策」の主唱者だとみなされるべきである。

そして、最後に、われわれは、すでに何度か言及したアントニー・デ・モンクレティアン（一五七五？—一六二一）に行き着く。この詩人かつ冒険家、反乱者であり、鉄製品製造業者（確かに行政顧問官ではない）がもっとも知られるのは、経済問題を扱ったただ一冊の本を上梓したからである。それは、『政治経済論要綱』（一六一五）であり、'political economy' という用語がタイトルにつけられた最初の本である[91]。とはいえ、後代の学者たちがこの本を無視するのは一般的なことであったし、著者については、「ほとんど価値がない」とか、「過大評価されたガラクタ」（アシュレー）とまでいわれた。[92] すでにわれわれは、少なくとも歴史的観点からみるなら、それはまったく間違った主張だと論じた。それゆえ、現実に、デ・モンクレティアンの『政治経済論要綱』は、一世紀以上にわたり、フランスでの経済論争に大きな影響をおよぼしたのである。[93] だからこそ、デ・モンクレティアンに対してアシュレーがもっとも嫌悪を感じた点は、〔彼の叙述が〕ボダンやラフマのような著述家から借りてきた思想や剽窃だったように思われることであった。しかし、これがおおむね時代の特質を無視した間違いであるのは、借り物の思想などは、この時代にはごく当たり前のことだったからだ。文学のテキストは、日常的に使用され、原資料にあたることなく引用することは、この時代には不正とはみなされなかった。

かといって、現代の読者が、デ・モンクレティアンのテキストにあまり不安を感じないかもしれないということではない。というのは、彼の『要綱』は、著者自身が外国からのどのようなものに対しても攻撃的に復讐する、極端なまでのフランス愛国者であることを示したのである。外国商人は、フランスの巨体に吸い付いた蛭として例にあげられただけではなく、[94]「よそ者の風貌」と「野卑な訛り」が、フランスのなかで混雑した公的な場所ならどこででもみられたことと関係していたといわれる。[95] 現実に、デ・マンクレティアンが外国人を批判しないことはなかった。第一に、外国人は腐敗しており、[96] 不正直な手段によって貴金属を流出させた。大量に追放しなかったとしても、彼らはフランスから衣類を盗み、流血のなかに残したのである。

むろん、デ・モンクレティアンのテキストは、「一九世紀の流行後の経済理論のような方法論的な論考ではなかったことは確かであり、このテキストは、さまざまな事業、商業、政治に関して散漫な論じ方をしている」。[97] だが、それ以外にこの時代に何が期待できるだろうか。より興味深いのは、デ・モンクレティアンの作品は、ラフマンよりはるかに強く、フランスが自給自足に到達することができるし、そうすべきだということを強調したことである。フランスには、大量の農業などの天然資源があった。フランスの人口は多く、人びとは勤勉であった。著者の熱心な愛国主義には、限界がなかったらしい。

もし陛下の臣民たちが、世界でもっとも美しく、もっとも自由で、もっとも好ましい風土であるフランスに生まれ育ったことに満足すべきであるなら、正当にも比類なきと呼ぶべきこの土地に支配権をおよぼす陛下の栄光もまた、同程度に大きなものであります。なぜならフランスだけが、周辺の国々で産出するものにまったく依存しないのに、周辺の国々はフランスの産物なしには生きられないからです。(98)

ラフマと同様、デ・モンクレティアンは、フランスが自給自足を通して、製造業を創設する重要性をとくに強調した。このような文脈において、デ・モンクレティアンは、とりわけ金属業を支援する必要性を強調した。『要綱』を書いたとき、ウッソン・シュル・ロワールで鉄器類事業に従事していたのだから、それは驚くべきことではないかもしれない。さらに、製造業を繁栄させるために、外国からの輸入は全て禁止されなければならないし、それは、繊維産業と金属業の両方にとって重要だと、彼は指摘した。だが、デ・モンクレティアンは、それ以上のことを主張したかったのである。すでにみたように、彼の主張の目的は、外国商人がフランスで生活し、労働し、貿易することを禁止するか、厳格な制限を少なくとも続けるべきだということであった。ボダンに大きく依拠して、デ・モンクレティアンは、輸出入に関税をかけるべきだと提唱した。(99)穀物、ワイン、塩、羊毛などのフランスの原材料がフランスを出て行くことをさまたげるべきである。また、外国人が購入するフランス製品が少なくなれば良いと強調した。そうすれば、フランス人自身に残されるものの量が増えるからである。(100)「この王国はかくも繁栄し、人びとが望むすべてのものをかくも豊富に備えているので、隣人たちから何も借りうける必要がないのである」と、彼はいった。[101] 外国への輸出は、金銀を自国にもたらすためにとくに重要だと、ラフマとまったく同じ主張をした。けれども、他の点では、フランスは自国の資源に頼って生きていくほうが望ましかった。このような重要な目標に到達するためには、たった二つの問題が邪魔をしていた。すなわち、フランスにはたくさんの外国人がいて、フランス人のなかに働いていない人びとがいたのである。このような障害を根絶することが、国家の規制と経済政策の主要な目標だということを、デ・モンクレティアンは強調した。

デ・モンクレティアンはまた、みずからの仕事に対しても、より壮大な目的があった。アリストテレス、クセノフォン、プラトンらの古代の権威を厳しく批判したのち、彼は、経済に関するアリストテレスの概念（家計）は、どのようにして、（近代的な）政治学の概念と結びつけられ、それとともに、新たな社会的文脈のなかで、さらに発展させられるべきかということを議論した。デ・モンクレティアンが強調したのは、国家と経済力との関係であった。彼は、人間というものは、主として私的利得によってモティヴェーションがえられると信じていた。だが、利己的に利益を追求することで、共通善へと至る自然力があるとは思っていなかった。それとは反対に、強力な国家は、このような利己的行動を規制し、その結果、最終的には富と幸福が国民にもたらされるべきなのである。[102] したがって、彼の定義による経済学 oeconomie politique によって、古典時代の著者よりも多くのことを成し遂げようとした。経済学を、経済的手段が政治力・軍事力に対して重要になる新時代の家計学と定義した。

ラフマとデ・モンクレティアンが一七世紀初頭に提起した経済政策は、とりわけコルベールの時代に花開いた。すでに述べたように、この政策は、主要な目標として、自給自足を強調していた。外国貿易は、それ自体で経済成長率を変化させたり、繁栄を増加させるようなものではないと考えられた。できるだけ外国との通商を少なくすることが、最良の選択肢だと考える人もいた。また人によっては、原材料の輸入と製造品の輸出を促進する規制貿易を推奨した。イングランドの重商主義者が、ときおり、外国貿易はゼロサムゲームであり、一国が獲得したものを別の国が失うものだと考えたなら、この見解はコルベールとその支持者によって極端なまでに強められた。しばしば強調されたように、コルベールは、貿易ルートはかぎられており、政治力と戦争における技能が、これらのルートが諸国家間でどのように分配されるのかを決定したと信じた。(103) ドイツ人の歴史家モーリッツ・イゼンマンは、フランスの財務総監であるコルベールが、貨幣戦争〔重商主義戦争〕という概念を用いて、商業のために競争している多数の国家の当時の状況を描いた。しかも、コルベールは、「自然秩序」を提起した。それは、ある国家が、どの程度、国際貿易に参画できるのかを決定した。彼の考えでは、それぞれの国の沿岸の長さによって決定されるべきであった。オランダ共和国、そののちにはイギリスと、絶えずある程度の戦争状態にあったので、より高い秩序を求めるよう懇願をした。国王の侵略的な政策を擁護するとき、当然、コルベールに都合の良い論点を提供したのである。(104)

それと同時に、事態は変化しはじめた。一七世紀末になると、フランスで新しい経済的言説が取り入れられた。それは、以前の時代に――数十年前のリシュリュー枢機卿の政策も含めて――受け入れられていたコルベール主義とはまったく違うものであった。(105) 確かに、コルベールとその保護主義、さらに自給自足に対する批判が出されていたが、フランスのいわゆる古典派経済学に属する経済学者は、全ての形態の貿易規制を廃止すべきだとか、製造所を建設するために、あらゆる排他的特権をなくすべきだという議論に賛成していたわけではない。彼らはむしろ、一国における富の増加を刺激するような原因と要素に注目したのである。工業はむろんのこと、ほとんど全ての農業がそこに含まれる。それとともに、彼らは、商業と外国貿易の役割にはあまり言及していない。一八世紀中頃の重農主義者にとって、この種の貿易は不毛であり、富の創出にまったく貢献しなかったからである。

多数いるフランスの経済学者のなかで、ここでは二人だけをあげておこう（場合によって、彼らは重商主義者と呼ばれる）。ジャン–フランソワ・ムロンとシャルル・デュトである。(106) どちらも、一七世紀頃のイングランドにおけるダヴナントらの「トーリーの自由貿易論者」のような著述家によって提起された、商業と貿易差額をめぐる当時のイングランドの論争に影響されていたことは確かである（二三七頁もみよ）。とくにムロンにとっては、マンデヴィルもまた大きなインスピレーションの源であった。しかも、ムロンとデュトの二人とも、ジョン・ローの人目をひく計画に関係しており、ローから影響を受けたことは明らかである。(107) とくに、デュトは貿易差額の概念を論じた。デュトは、それを取引のバロメーター Barometre de commerce と批判的に名づけた。あとでみるように、イングランドでも、同様のことがあった。(108) デュトもムロンも、コルベールのシステムとそのシステムの外国貿易に対する態度からはほど遠かった。一八世紀の第3四半期までもっともよく引用され翻訳された書物の一つを著したムロンは、自由貿易の熱心な支持者であり、贅沢品の消費を、それが雇用をもたらすという理由で擁護した。だからこそ、彼の信念では、高水準の需要が、社会の繁栄にとって必要不可欠なことであった。彼は、富は貨幣だという思想を激しく批判した。「ここで書いておく必要があるかもしれないが、一番豊かな国は、金銀の鉱山を豊富にもつ国だと考える人びとは間違っているのだ」。(109) しかし彼は、輸出入を規制するということに、まったく否定的だったわけではない。したがって彼が指摘したのは、彼の母国では、「製造所の労働に必要な原材料の輸出全て」を禁止するのは当然だということであった。(110) けれども、ムロンは、この規則がもたらす英知に完全に納得していたわけではない。多くの例外があるべきだと、彼はいった。輸出入による貿易差額黒字は、「外国に対する競争上の優位」があってはじめて、最終的に達成されるのである。(111)

しかし、フランスでは、コルベールへのもっとも強固な反対は、ほとんどがボワギルベールとヴォーバンに関係している。セバスティアン・ル・プレストル・ド・ヴォーバン（一六三三―一七〇七）は、偉大な陸軍司令官であり、要塞の専門家であった。そして、この文脈においては、主としてフランスに新税制度を導入したことで知られる。なかでも『国王十分の一税草案』（一七〇五）において、彼が描いたアイデアは、リチャード・カンィロンと重農主義者によってより完全に開花することになった。しかしながら、ピエール・レ・ペサン・ボワギルベール（一六四六―一七一四）は、一七〇〇年頃にたくさんの作品を書き、とくに『フランスの詳細』（一六九五）と『フランスの実態』（一七〇七）で、フランス経済に関するシステム的な見方を発展させた。それは、後代、リチャード・カンティロンや重農主義学派のような著述家によって使用されることになった。(112) ほぼ均衡する自然秩序としての経済が成り立つという思想は、それ以前の時代の統制制度に反対する論拠として使用された。

しばしば言われるように、ボワギルベールは、ジャンセニスト〔訳注―アウグスティヌスに大きな影響を受け、人間は生まれつき大きな原罪を背負っているので、神の恩寵がなければ救済されないと過度に強調した人びと〕によって大きな影響を受けた。さらに、モラリストの哲学者ピエール・ニコル（一六二五―九五）によって根本的影響を受けたかもしれない。(113) ニコル（プーフェンドルフや当時のイングランドの著述家のなかにはいたように）のように、ボワギルベールは、均衡があると信じていたし、商業社会では、人は基本的に相互依存関係にあると考えていた。生産と消費、需要と供給の力は、自然の誘因と摂理によって決定された。貨幣は、唯一の交換手段であり、できるだけ多くの貨幣を確保する差し迫った必要性はなかった。ニコルと同様、ボワギルベールは、人は利己的な被造物であり、きわめて貪欲であるが、公共の利得を手に入れるために私的悪徳を服従させ、規制することができるといった。ここでむろん、マンデヴィルやカンティロンのような著述家にやがて行き着く明らかな行程を見出すことができる。しかし、この文脈においては、このように疑いの余地なくエキサイティングなテーマにかかずらっていることはできない。ボワギルベールによって、一八世紀転換期に、それまでとは異なる経済言説が、間違いなくフランスで生まれていた。マルクスのような熱狂者にとって、ボワギルベールの出現は、フランスの経済学者と偉大なスコットランド人を経由した「古典派経済学」の誕生を示すものであった(114)。

ドイツ諸邦

全体としてみると、ヨーロッパでドイツ語を話す地域の初期の国家形成は、西側と南側の隣国とは異なり、国際貿易・商業による利益とはあまり関係がなかったようであった。数世紀間にわたり、神聖ローマ帝国は、君主、封建領主、司教、都市の行政長官のあいだで分割された。一六世紀初頭においては、忠誠と血族関係の束縛によって複雑に絡みあった、ある程度独立した数百の政治団体を擁した。それらのあいだにも競争があり、戦争で戦い、より多数の国から承認を受け、権力をえようとした。オーストリアだけしか、大規模な国家はなかった。同国は、中世から神聖ローマ帝国の皇帝を独占したハプスブルク王朝の故国であった。しかし、地理的には陸地に囲まれており、小さな諸邦と選挙地域がある点で、共通点があった。したがって、外国との商業を増大させ、確保することは、平均的なドイツの君主や支配者にとって、一番優先すべきことではなかった。むしろ、国力と収入は、国内の資源にはるかに依存していたのであろう。したがって、ドイツの行政顧問官は、主として領内の課税ベースを拡大することに関心があり、その手段として、市民の税負担額を増やすことや（広範囲にわたる戦略）、貿易と手工業に関してより良い調整的秩序を導入し、農業を発展させようとすることがあった。さらに、いうまでもなく、贅沢品、商品、武器、金属の輸入を避けるために自国に製造所を建設したのである。しかも、三十年戦争（一六一八─四八）は、ドイツの経済と政体に破滅的な影響を及ぼし、軍隊はあちこちに行進し、コソ泥、略奪、殺人をした。一八世紀になって、ようやくドイツは回復した。そのときには、大きな野望に満ちた国家が成長し、北部に出現した。ブランデンブルク゠プロイセンがその国家である。

標準的な経済思想とその学説に関する教科書では、官房学とは、ドイツのある種の特有の道、ないし重商主義のドイツ版、あるいは重商主義システムであるが、その起源はヨーロッパにおける特有の歴史と地理的な条件にあるとみなされることが多かった。[115]このような文脈におけるドイツ特有の道という思想は、少なくともロッシャーの一八七四年の大作『ドイツにおける国民経済学の歴史』にまで遡る。同書は、三十年戦争後の領土の状況を嘆いたところからはじまる。[116]この混乱から抜け出すために、最初におこなうべき課題は、法、秩序、安定した税制に根ざした領域国家を形成することであった。ここから、経済思想、そして（とくに）経済政策と実践においてそれまでとは「異なる」学派が成長した。この話をさらに著しく拡大したのが、シュモラーであった。彼の小さな論考である『重商主義システムとその歴史的重要性』（一八八四）でわれわれがみたように、ドイツ重商主義の特有の道の原因として、ドイツの低開発、領域国家として確立するための発展が遅かったこと、イングランド（とフランス）に商業的に依存していたことがあると提起した。したがって、独自の性格をもつ変種の重商主義──またここでは、競争している国家権力の世界の言葉を使うなら、利己的な経済政策のシステムとしてみなされる──は、「重商主義政策が必要であり望ましいかどうかということに由来しているのではない。それについては合意がなされているし、全くその通りである」。むしろ、ドイツに他との相違をもたらしたのは、ドイツが陸地に囲まれた場所にあり、無政府状態が続き、まだ経済が低開発状態にあったからである。[117]

しかし、ドイツの特有の道の問題をあまりに強調しても、成果はない。確かに、他国でも、特殊な事例は確認できた。イタリア、スペイン、フランス、そして、むろんイングランドも特異なのだ。しかも、このようなドイツの特異性に、官房学という言葉をつけても、あまり有効ではない。これには、いくつかの理由がある。第一に、重商主義と同様、官房学もかなり議論の余地がある概念なのである。[118] しばしば引用される箇所であるが、アルビオン・スモールが百年以上前に官房学についてこう述べた。「第一に、理論であり、政府の技術である」。[119] さらに、「官房学者は、本来、経済学者ではない」と彼はいった。むしろ、官房学者とは、ある種の「政治学者」であり、「国家の下僕」であった。[120] またキース・トライブの官房国家の定義においても、国家の利益が重要な点であった。しかしながら、トライブは、官房学とは、一七二〇年以降のプロイセンの大学に出現した「行政経済学」の一種だとみなす。[121] 最後に、アンドレ・ウェイクフィールドは、官房学をより広範にとらえ、主として一八世紀に発展したある種の共通の言説だとみなしたが、それを「大学で学ぶ学問」にとどまらないものだとした。しかも、官房学は、「経済学」ではなく、狭い意味での「行政経済学」でもなかった。「ドイツの官房学は、学問と経済発展をつなぐものであり、そして……自然科学と人文科学を系統的に利用することで、発展を促進することができるという意識を支持したのである」。[122] したがって、ウェイクフィールドのいう官房学者には、厳密な官房学を教える大学教員からさまざまな分野の自然科学者、発明家、化学、鉱物学、さらには冒険家、そしてたぶん単なるゴロツキまでが含まれた。それゆえ、簡単には結びつけられないさまざまな解釈のあいだに大きな差異がある。たぶん、それに加えて、経済的繁栄を創出するために、官房学者が国家に付与する重要な役割があった。異なった立場から、われわれはほぼ同時代の他国の経済思想についてみてきた。ドイツに特有の道があるという論拠は、あまり説得力があるものではないことがここからわかる。

第二に、官房学という概念を用いて、おおむね一七世紀から一九世紀に至るまでの全てのドイツ諸邦の経済思想と叙述の独自性のようなものを示そうとしても、あまり意味がない。(123) 確かに、われわれはそのことについて、より意識的になるべきである。すでにロッシャーは、神聖ローマ帝国内部のさまざまな国と地域に大きな差異があることを指摘していた。(124) 官房学という用語が使用されるとき、主として北ドイツに言及しており、なかでもブランデンブルク‐プロイセンのことを考えている。それゆえ、おおむね、ドイツの官房学に関する包括的な理論の構築は、後代におこなわれることになった。それを、一八七一年のドイツ統一と権威主義的な政治体制の勃興と関連づけることが有益になる。

第三に、官房学が流行した時代をさらに限定するための十分な理由がある。トライブが示唆したように、官房学に関する独自の言説が実際に生まれたのは一八世紀のことであり、とりわけ一七二〇年代以降のプロイセンで、大学での授業で使われるだけであったようだ。官房学には経済学ばかりか、法学、行政学、自然科学などが含まれており、その目的は、経済発展、安定した政治秩序、そしてたぶん、一般的な至福の状態を促進することにあった。しかも、官房学という用語は、主として複数形で用いられた。それは、かなり異なってはいるものの相互に関係した学問分野と言説を一部としていることを示すためであった。

官房学を適切に理解するためには、ほぼ間違いなく、一七二七年を出発点とすべきである。この年に、プロイセン国王フリードリヒ・ヴィルヘルム一世によって、ハレとフランクフルト・オーダーにおいて新分野で二つの講座が開設されたからである。ハレの講座の教授には、ジモン・ペーター・ガッセルが任命され、講座の名称は、官房学の経済学と政策学であった。フランクフルト・オーダーの講座は、官房学・経済学ならびに政策学講座であった。ガッセルは、以前にはハレの法学講座の教授であり、その講座名は、戦争と領域学 Kriegs- und Domänenrat であった。しかし、ディトマーは歴史家であった。ガッセルと同年にディトマーが任命されたとき、彼は新分野に対する序説を書いた。それは、以降の長期間にわたり標準的な教科書になった。『経済学・警察学《ポリツァイ》・官房学序説』（一七二七）がそれにあたる。

この本のなかで、ディトマーは、主として当時のプロイセンの行政、財政、ポリスのシステムを扱っている。一七世紀のあいだ、「ポリス」は、主に権力と安全を回復させる手段と関係していた。[125] しかし、ディトマーにとっては、それ以上のことを意味していた。警察学《ポリツァイ》は、家産的国家が臣民に福祉を提供する手段であった。[126] あるいは、クルト・ヴォルツェンドルフによれば、ポリツァイは、福祉一般の原理に貢献しなければならなかった。[127] それ以外に、ディトマーの教科書には、「経済学」に関する一節もある。しかし、彼の経済学に対する定義は、主として家計学を表す旧来のアリストテレスのものであった。しかしながら、一八世紀のあいだは標準的なテキストであったため、ディトマーは二つの形態の経済学について話していたことになる。特別な家政学がその一つである。これは、個人と一般的な家計を扱い、社会全体が物的資源を保持し、またできるなら拡大する方法を規定する。ディトマー自身は、「一般経済学」general Oeconomie についてあまり語っていないが、その後、一八世紀のあいだに経済学に関する学説が増える傾向があり、家政学と経済学という二形態に関してそれぞれ新しい著述家が現れた。一九世紀には、それはドイツ特有の形態の経済学の砦を形成した。それは、国民経済学がそれにあたる。

たぶん、一八世紀の官房学者を主導する主な人物とは、悪名高い冒険家であったヨハン・ハインリヒ・ゴットロープ・フォン・ユスティ（一七一七―六八）である。アントン・タウチャーによれば、彼は「組織化をおこなった偉大な人物」であり、官房学の先駆者であった。[128] 大学の教師として出発し、ウィーンのデレジアム・ナイツアカデミーで教え、その後エルフルト、さらにライプツィヒに移動し、一七五五年にはゲッティンゲンのポリツァイ長官になった。その二年後、いくつかの胡散臭い仕事のあとで、急いで逃げ出さなければならなかったので、コペンハーゲンに行き、デンマークの閣僚ベルンストルフのところで働いた。次にベルリンに移動し、一七六五年に、プロイセンの鉱山・ガラス産業・鉄鋼業検査官に任命された。一七六八年には政府の資金を使い込んだ罪で投獄された。一七七一年四月に釈放され、ふたたびベルリンに戻り、翌年に死去した。[129] ユスティの主要な目的は、分厚いテキストである『国家経済学』（一七五五）にもっとも適切に要約されている。彼の教育と著述の中心は、「至福」の概念にあった。彼がいうに、良き国家とは、良い制度と構造をもっているはずなので、「誰もが穏当な自由を享受することができ、勤勉さによって、道徳的・世俗的な神々を獲得することができるかもしれない。神々は、その人の社会的地位の要求が、満足のいく生活をするために必要なのである」[130]。したがって、良きポリツァイによって至福が獲得できるよう、苦境にあっても、良き国家であるなら注意しなければならない。しかも、ユスティの書物は、主題を警察学《ポリツァイ》、官房学、経済に分けるという旧来の公式に固執している。

　ユスティ以外に一八世紀の主導的な官房学の著述家として、ウィーンのポリツァイ・警察学《ポリツァイ》の教授であるヨーゼフ・フォン・ゾンネンフェルス（一七三二―一八一七）がいた。明らかに、ユスティとゾンネンフェルスは、啓蒙主義思想の影響を受けていた。どちらも、ユスティが経済的な警察学《ポリツァイ》と呼んだものの主要な目標は、国家の富と幸福が条件づけられる原理を理解することだと強調した。[131] とはいえ、ゾンネンフェルスもユスティも、このような啓蒙主義思想から個人的な結論を進んで引き出そうとはしなかった。むしろ、アダム・ファーガソンのような外国の権威者に、家産的国家の必要性に賛同させるために言及していた。(132)「至福」は、独立した個人間での自由な交際では獲得できないと、彼らは主張した。この範囲において、ユスティとゾンネンフェルスは、啓蒙専制主義の代弁者となった。彼らの背景を考えるなら、それはたぶん不思議なことではない。

官房学者のなかでさらに言及しなければならない二人のイタリア人がいる。チェーザレ・ベッカリーア（一七三八―九四）とピエトロ・ヴェッリ（一七二八―九七）である。どちらも、ミラノ在住のオーストリア市民であった。後代の経済史家は、はるかに近代的な経済学の偉大な革新者・先駆者としてみなした。同時代のガリアーニに似て、彼らは主観的観点から、経済過程の分析を創設した。(133)シュンペーターは、ベッカリーアに対し、「イタリアのアダム・スミス」という洗礼までして、彼の研究のなかに多数の分析的発明を発見した。シュンペーターは、ヴェッリは、等支出での需要曲線の発明者であり、ジェヴォンズの「苦痛の喜びから生まれる微積分学」のフレーズを予期するものとして、賞賛し、重要だと認めた。(134)彼らは、いったいどこでこのような革新的思想を考え出したのだろうか。これまでいわれてきたのは、彼らと、中世後期まで遡るスコラ学の伝統のあいだに、明確な分岐点が存在するということであった。そのために、オッド・ラングホルムは、たとえばガリアーニによる価値と価格の主観的分析は、シエナの聖ベルナルディーノとフィレンツェの聖アントニウスのような一五世紀のスコラ哲学者によって紛れもなく影響されたとさえいった。ヴィア・ベメナルド・ダヴァンツァーティによる重要な『貨幣論』（一五八八）はジェミニアーノ・モンタナリの著作経由で、(135)一八世紀の経済的議論に刺激を与えた。この意味で、さらに近代経済学の形成に寄与した。(136)

とはいうものの、それと同時に、われわれは官房学との強い関連性を強調すべきである。というのも、ドイツとオーストリアで一八世紀に書かれ、考えられたからである。チェーザレ・ベッカリーアの刑法史は、このような観点からみると、典型的な事例となる。一八世紀のミラノはオーストリア領だったので、学問的主題としての経済学は、大体において官房学の方向性をとった。そのため、ベッカリーアが一七六八年にミラノで教授職についたとき、その講座は「官房学講座」であった。しかし、教授就任講演で、研究テーマとしては、たぶんあまり正統的には思われないと述べ、さらにこういった。「公的な経済と商業の原理のあいだでうまく釣り合いをとる。そして、国家の財産を増大させ、その財産は、もっとも有効性の高い目的に適合する手段を提供する学問のために使われる」と答えた。(137)

われわれはすでに、一九世紀以前の官房学について、全てを包括する学派だとみなしても、あまり意味がないと述べた。したがって、ロッシャーは、『ドイツにおける国民経済学の歴史』において、一七世紀初頭について、「ドイツにおける系統的な経済学（国民経済学）の初期段階」だとみなしたとき、さまざまな言説と伝統を強調した。(138)だから、一七世紀のあいだに、経済問題――貿易、貨幣、財政、税金など――を扱った文献の大半は、後代の官房学の形態はとらなかったのである。しかも、一六―一七世紀のドイツにおける議論は、おおむね、当時のイングランド、イタリア、スペイン、フランスの論争を反映していたということができる。それゆえ、たとえばヤコプ・ボルニス――ロッシャーによれば、ドイツで最初に経済言説を系統化した人物――は、『政治論』（一六二五）のような研究で、貨幣と効果の性質、国家が大量の地金を所有する必要性について議論した。彼は、貨幣は国家にとって、物事の腱だと描写した。鉱山をもたない国家は、より多くの地金を獲得するためには、より多くの貨幣の獲得を目指して輸出を増やす必要があった。しかし、原材料は、可能なら、輸出すべきではなかった。(139)ここからロッシャーが引き出した結論は、ボルニスが重商主義者だったということであった。(140)ボルニスを、イタリア人のボッテーロとセッラ、フランスのデ・モンクレティアン、イングランドのトマス・スミスのような著述家と同系列であるというのは、確かに本当のことである。一方、A・T・ジモンが最近強調したのは、コルベールとイングランドの重商主義者、そして生産面を重視した官房学との相違を強調すべきではないということであった。[141] ほぼ間違いなく、彼らの地理的状況や他の環境からして、他国で同じような境遇におかれた人たちとは考え方が違うこともあった。しかしながら、彼らはまた、商業的な競争と権力闘争からなる新しい国際秩序に反応し、関係した。

ロッシャーによれば、一七世紀ドイツの旧来の「重商主義の」傾向は、一八世紀のポリツァイ的・官房学的傾向によって置き換えられた。一八世紀半ばになってようやく、この言説が成熟し、明確な形態をとるようになった。政策学、経済学、商学が生まれたのだ。そのためロッシャーは、三十年戦争後の時代になって、ドイツ諸邦に三つの異なる伝統が出現したことを強調した。それは、道徳哲学的、純粋に学問的言説そして経済学的言説であり、プーフェンドルフとコンリングの名前と関係していた。すなわち、オーストリアにおける実践的・進歩的伝統を意味した。第三に、中部・南ドイツの大半で実践的・保守的伝統があった。[142] とりわけ、「重商主義者の」トレンドが、イングランドの例に倣い、一八世紀から一九世紀初頭にかけての古典派経済学のようなものに転換しなかったことを、ロッシャーは、主としてドイツの後進性の帰結とみなした。だからこそ、ドイツにおいて貿易学や、強制的にでも経済学を確立できなかったことは、三十年戦争後に分裂状態が長引き、小さな諸邦の政治が結合された結果だと説明されたのである。このような政治的・社会的・文化的文脈においては、かなり狭い意味での「経済行政」が強調された。したがって、経済とは、個人的・一般的な家計の技術になった。[143] ポリツァイとは、小さな諸邦を管理する方法であり、官房学とは、財政技術を意味するようになった。古い家父の文献はまた、この点でなんらかの役割を果たしていたのかもしれない。とはいうものの、ロッシャーが、「ドイツにはコルベールがいなかったのと同様、ボワギルベールもいなかった」と非常に適切に強調したとき、このような状況について述べていたのである。(144)

しかし、いまやわれわれは、官房学が大学のカリキュラムに組み入れられる以前の一七世紀に立ち戻り、本章でのわれわれの主要な関心に関係している多数の著述家について論じよう。そのために、初期的な国家形成期と、政治的な目的と手段が経済的なそれと結びついていた時代の多様な反応を跡づけたい。

ルートヴィヒ・フォン・ゼッケンドルフ（一六二六―九二）

ロッシャーにとって、フォン・ゼッケンドルフは、中世ドイツの実践的・保守的な著述家のもっとも典型的人物であった。エルンスト・フォン・ゴータ公爵への侍従として、彼は非常に影響力をもった作品である『ドイツ君主国家』（一六五五）を書いた。そのうえ、彼は、枢密・宮廷官房顧問官に昇進し、その後、大臣になった。やがて、ザクセンツァイツに移動し、モーリッツ公爵に仕え、宰相兼官房長官の称号をえた。(145)それゆえ、明らかに、フォン・ゼッケンドルフは、小国ドイツの行政的に退屈な仕事に深く関係することになった。このようなバックグラウンドがあったので、スモールがフォン・ゼッケンドルフを「官房学のアダム・スミス」といったことは、とりたてて不思議ではない。(146)しかし、これまで論じてきたように、これは、せいぜい部分的にしか正しくない。いうまでもなく、スモールが、諸侯国家の目的は「典型的なドイツ国家にとってもっとも適切な装置であるという説明を提供することにあった」といったのは正しい。(147)テキストは、三つの部分に分かれる。第一部は、良い君主は、何が改善されるのかを知るために、自身の土地の地理的状況を知らなければならず、このような状況でとくに必要なのは、良い地図だと、スモールは結論づけた。第二部は、国家の国制を扱う。国家はどのように編成されるべきか、道徳的・物質的意味において、住民の福祉はどのようにして提供されるべきかなどである。最後に、第三のもっとも長い部分は、官房学に捧げられる。第三部では、フォン・ゼッケンドルフは、支配者に利用可能な歳入と、その歳入を改善する方法がリスト化される。

国家行政を扱う第二部については、したがって、この場合の支配者は、支配者とは独裁者であり、自身の支配方法に則って支配すべきだと強調した。したがって、フォン・ゼッケンドルフは、より近代的な重商主義を決して代表していないと、ロッシャーは強調した。(148) 支配者ははるかに旧式であった。むしろ、旧来の人びとを代表しており、彼らの前提では、ソロモン王の政府の知恵は、敬虔で市民的な君主の命令であった。神の手助けによって、君主は、国家の士気と安寧を維持するために統治すべきであり、さらに臣民に福祉を提供すべきなのだ。(149)

フォン・ゼッケンドルフは、諸侯国家に関する道徳性の高い政府と君主の威厳の前提条件について、長々と論じた。良い支配者は、自分自身にも、他の人びとにも忠実でなければならない。法と義務に忠実でなければならない。世襲の性質を尊重し、国民の慣習を受け入れなければならない。とりわけ、国家の経済組織と潜在的な生産力に焦点を当てなければならない。つまり、フォン・ゼッケンドルフの第二部は、実際には小国の統治法のハンドブックであった。(150) たとえば彼は、国家は、強くなるために、人口を増大させ、農業を改良し、製造所を建設しなければならないと提案した。しかし、ロッシャーがフォン・ゼッケンドルフはシュールとコルベールのあいだのどこかに位置する「重商主義システム」の萌芽状態にあるといったとき、あまり見当違いのことは述べていない。(151) 諸侯国家は、確かに、当時の一般的な経済的・政治的思想にうまく適合して観察をしていたが、フォン・ゼッケンドルフが参照したのは小さな君主国であり、フランスのような大国ではなかった。第二に、たとえばイングランドで実施されていたような外国貿易と富に関する重商主義的議論にはまったく言及しなかった。フォン・ゼッケンドルフは、彼より前のボルニスと同様、諸侯国家では、原材料の全ては輸出されるのではなく、国内で使われなければならないと示唆した。しかしながら、貨幣については、フォン・ゼッケンドルフは当時の人びとと異なり、あまりに少なくなることへの恐怖心を抱いてはいなかった。むしろ彼が心配していたのは、鋳貨ではなく人口の損失であった。このような状況において、彼の主要な関心は、外国人と交換できる良質の鋳貨は、より質が悪く悪鋳された鋳貨と取引されるべきではないということであった(152)。彼はまた、輸出が多すぎることを懸念していた。だが、それは主として、人びとの道徳心に反する贅沢品がもたらされるからであった。最後の第三部は、君主の収入に関するものであり、税制に関する観察と、収入を最大にするために君主の所領をどのように組織化すべきかということも論じられた。しかし、ここでは、フォン・ゼッケンドルフの議論は、家父の伝統とアリストテレス的な家計という経済概念のなかにしっかりと位置づけられていた。君主の所領は、ここではほとんど私的財産として扱われていた。

ヨハン・ヨアヒム・ベッヒャー(一六三五—八二)

フォン・ゼッケンドルフからベッヒャーへの転換ほどに、一七世紀のドイツ経済の文献に関する多様性を十分に示すものはない。まず、ベッヒャーが言及しているのは、主としてオーストリアであった。多忙な人生をすごした彼はよく旅をしたが、定住地をいうとすれば、間違いなくウィーンであった。一七世紀においては、オーストリアが神聖ローマ帝国内で唯一の巨大国家であり、小さな国の一つではなく、ウィーンに住むことは、人生を大きく変えた。しかも、フォン・ゼッケンドルフがかなり快適な生活を送っており、小国の行政官として順調な経歴を歩んでいたようにみえるのに対し、ベッヒャーはその短い人生でいくつかの職業に就いたものの、どの職業でも成功しなかった。学問的バックグラウンドが何もない若いときには——ロッシャーによれば、独学であった(153)——、自然科学の分野で成功を収めようとした。彼は医学教師と内科医になった。そして、金を製造しようとして実験した。したがって、ウィーンのレオポルト一世の宮廷で、ベッヒャーは錬金術師として認められた。彼はまた、有名となったいわゆるフロギストン説の創始者だったと思われている。

一六六〇年代において、ベッヒャーは、帝国内の非常にさまざまな選帝侯宮廷へと旅行し、新しい計画に対する当局の注意を引こうとした。ベッヒャーは間違いなく、機会を可能なかぎり活用しようとした人物であった。だが、彼が大きな成功を収めたことは稀であった。その理由の一つは、彼が時代に先んじすぎたことにあった。彼は、バイエルン選帝侯が援助をしたギニアの植民地化計画に参加した。しかも、ハーナウ伯のために、オリノコ川とアマゾナス州のあいだの地域を植民地化しようとした。いうまでもなく、そこからは何も生まれなかった。しかも彼は、たとえばマインツ選帝侯のために、新しい工業・製造業プロジェクトのアウトラインをつくった。一六七〇年代の大半をすごしたウィーンでは、皇帝が支援した製造所長官になった。同時に、ライン－ドナウ運河建設のプロジェクトをした。これも、失敗に帰した無謀な計画であった。一六七〇年代末に、皇帝と決裂したようであった。そのためロンドンに定住し、一六八二年にそこで死んだ(154)。

ベッヒャーはたくさん書いたが、「経済学的」研究といえるのは、一六六八年に上梓された『都市・国家・共和国の勃興の本来の原因についての政治的議論』だけである。それは、フォン・ゼッケンドルフの作品とは著しく違っている。第一に、ベッヒャーは、旧来の意味の家父長制の色がはるかに薄い。その代わり、彼の国家とその起源に関する議論は、当時の道徳哲学の論争を大きく反映していた。このような文脈においては、人間は社会的動物であり、社会は、そこに内在する社会性の帰結として現れる「自然の」建造物である。ベッヒャーの国家の定義はまた、かなり最新のものであった。国家を、「人口が多く、自給自足をする共同体」ととらえた(155)。次にこの共同体は、互恵的関係のシステムとして描出される。

> 共同体の構成員が生きていく方法とは、一人が別の人に頼って生き、その人は一切れのパンを他の人から稼ぐということであるが、人は他の人からの支援なしでは生きられないことも確かである。それこそが正しい共同体である(156)。

確かに、ベッヒャーは、ここから自由放任の結論を導き出したわけでは全くない。このような互恵的秩序が、自動的に生じたわけではないと、彼は強調した。反対に、それは制度化され、意識的に規制されなければならなかったからこそ、全ての人びとの福祉に役立ったかもしれない。それゆえ、彼は次のような秩序には強く反対した。「一人一人は、自分の思うように生きる。だから自分が破滅させられるか、自分とともに他の百人を破滅に追いやるか、あるいは、自分が繁栄し、みんなが得をするのか損をするのか、みんなが繁栄するのかその反対かということについて、誰も問題にしない(157)」。

しかも、ベッヒャーは、共同体が多くの人びとに家を提供するなら、その共同体だけが強力でありえると強く主張した(158)。そして、次の格言を提唱した。「都市の人口が増えるほど、その都市は強力になる」。また、農民、職人、商人という主要な三身分間には、適切な割合があるはずだ。この三身分は、三つの異なる経済部門に相当する。（a）第一次部門（食料と原材料）、（b）第二次部門（製造品）、（c）第三次部門（流通、資本）である。しかも、これらの部門間の「真の」割合が制定されたなら、誰も飢え死にしないし、全てが秩序だって機能する。ある程度まで、これは計画経済を求める嘆願だとみなすことは確かに可能であった。したがって、それは一八世紀の経済的・政治的論争に多大なる影響をおよぼしたかもしれない。その影響は、ドイツのみならず、スウェーデンやデンマークのような隣国でとりわけ大きかった。(159)

それゆえ、間違いなく、たとえばゼッケンドルフと比較するなら、ベッヒャーは、共同体や国民ほどには、君主に対してほとんど関心を抱いていなかったのである。むろん、ベッヒャーは、強国の重要性を否定したわけではなかったが、主として別の話題に関心があった。ベッヒャーの主要な経済的研究をみるなら、これはかなり適切な態度であった。というのも、『政治的議論』の大半は、主に商業と貿易を扱っているからである。テキストの第二部は長く、ドイツにおいて商業と貿易がどのように扱われているのか、さらに、どういう改善をすべきかということを論じている。一般的に、彼は自由貿易の原理を提唱した。「個々人に住居、衣類、飲料を最大限かつ適切に提供するために……、商品は、国の内外で自由に輸送されるべきである」(160)。これが、計画経済にはまったく適していないことは当然である。そこで彼は、自由の原理に大きな制限を設けるよう提案したのだ。自由貿易は、「国民の豊かさ・食料・利益社会《ゲマインシャフト》」の目標と矛盾しないときにだけ成立すると、ベッヒャーは指摘した。(161)ベッヒャーが、独占 Monopolium、多占 Polypoiyum、買占 Propolium の有名な区別をしたのは、このような文脈においてであった。これらは全て、十分に組織化された貿易にとって、大きな脅威となった。したがって、「独占は、大量の人口増をさまたげ、多占は事業の存在への脅威となり、買占は、共同体の秩序を破壊する」のである。(162)ベッヒャーは、多占によって、あまりに多くの競争がある状況に言及し、買占という用語で、必需品の買い占めについて述べる。

『政治的議論』は、貿易、経済成長、近代化のための商業の役割に関する一般的議論に多数言及している。主にそれが理由となって、ベッヒャーはしばしば真の重商主義者として言及されてきた。彼がイギリスの文献と論争を知悉しているようにみえたということは、全く正しい。このような文脈において、さらにロッシャーは、オランダへの旅行が『政治的議論』の執筆に与えた衝撃を強調した[163]。しかし、ロッシャーも指摘するように、ベッヒャーは、富と貨幣を混同するような重商主義者ではなかった[164]。むしろ、ベッヒャーにとって、富とは生産にあった。しかも、非常に秩序だった生産部門は、消費の増大を刺激した。消費は、さらに、国家の中心かつ源泉であった。だが、彼が信じたのは、「貨幣は魂であり国家の腱だということだった（「金は国家の腱であり、また魂であった」）。要するに、貨幣は国のなかにとどめておくべきである[165]。ロッシャーは、ベッヒャーの主張の要点を、流動資本の形態として貨幣を評価するということにあるとした。したがって、貨幣の流通量が多ければ、多くの労働者を雇用し、国の財産を増加させることができた[166]。

結局、ロッシャーは重商主義者なのか、官房学者なのか、もしかしたら両方かという問いかけを発するのを避けることはできない。ある程度は、これまでに論じたように、この疑問は時代に関する認識不足に由来する。それは、特有の言説をもつ官房学なるものが、実際にはまだ存在していなかったからだ。にもかかわらず、ヘルニクとシュレーダー（以下をみよ）とともに、ベッヒャーは、「オーストリアの官房学者」といわれるのがごくふつうのことである[167]。けれども、少なくともベッヒャーは、系統だった国家介入主義者の特有な形態の直接的な先駆者ではなかった。国家の介入は、後代のオーストリアの官房学者の作品（たとえば、ユスティとゾンネンフェルス）の鍵となる概念である。すでにみたように、ベッヒャーの視点は、これらとは違っていた。この意味で、ベッヒャーは重商主義者にはるかに近い。したがって、彼はイングランドの重商主義者の著述家と、貿易と商業の役割に関する論争から根本的な影響を受けた。しかし、それよりはるかに適切なのは、ベッヒャーは統合者であったということである。つまり、貿易や道徳哲学などに関するイングランドの言説を使い、それを結びつけ、かなり独創的な形態に作り上げたのである。だが、この方向での彼の企ては、ドイツではほとんど支持者がなかった。むしろ、官房学の伝統は、ますます終わりに近づいていった。

フィリップ・ヴィルヘルム・フォン・ヘルニク（一六四〇―一七一四）

ドイツ諸邦にコルベールがいなかったことは確かに本当である。[168] しかし、もしそういうことがあったとすれば、フォン・ヘルニクが、オーストリアのデ・モンクレティアンにもっとも近い人物になることはほぼ確実である。フランクフルト・アム・マインに生まれたヘルニクは、一六六一年にインゴルシュタットで法学博士号を取得した。それからかなり長いあいだ、ウィーンでレオポルト一世に仕え、その間に、ベッヒャーの義理の兄弟になった。一六九〇年、ヘルニクはランベルク伯に仕えた。伯は、パッサウの第一司祭であり、パッサウで、彼は男爵として貴族の地位に就いた。[169]

ヘルニクのもっとも有名な作品である『オーストリア万国優越論』（一六八四）は、戦争とこの時代にドイツが被った国民的恥辱という状況のなかで考えなければならない。ほとんど抵抗らしいことを受けず、一六八四年にフランスのルイ一四世はトリエールとシュトラルブルクを獲得した。その前年、トルコ人により、ウィーン包囲が実行された。したがって、ヘルニクの論調は、攻撃的でナショナリズムに彩られた。「フランス人の抜け目なさは……全てを腐敗させた(170)」と、彼はいった。ヘルニクは、将来、好戦的なフランスと正義の戦争をしようとしていた(171)。けれども、オーストリアの弱さは、オーストリア自身の過ちであると彼は論じた。オーストリアは、富のほとんどを外国人に売ったのだ。外国商人は、たとえば、リネンの輸入貿易の機会をとらえ、この貿易を独占したのである。外国商人は、労働者に最低限の賃金しか払わなかったので、労働者は生きていくのがやっとだった(172)。

けれども、ヘルニクが主張したように、オーストリアは、「自分たちが望めば」、いつでもこの状態を変えることができた。このような状況において、ヘルニクは、国家の回復のためのプログラムを提案した。それは、デ・モンクレティアンがフランスのために提案したものと似ていた。ヘルニクが提示した解決法の主要部分は、オーストリアが十分な国家的独立と、みずからの家のために必要な食料を提供できる経済的・行政的手段を確立することにあった(173)。このような自給自足を確立するために、ヘルニクは、厳しく守らなければならない根本原理のリストを提示した。その根本原理にもとづいて、健全な陸地の経済が作られなければならないと、彼は論じた。これらの主要原理は、

一　オーストリア国家の生産の潜在力の徹底的調査を実行すべきである。とくに、金銀を獲得する可能性を調査する。
二　製造の過程において原材料を完成品にする。
三　原材料の加工に貢献できる人びとの総数を増やす正しい手段を見つける。
四　可能なかぎり、金銀が国外に輸送されないようにする。

五　国内の居住者は、主として自分たちが生産した商品を使用する（彼らは国産品に満足する）。
六　この状況でもまた、外国製品の乱用はどんなものでも避けるべきであり、輸入が必要なかぎり、外国製品は貨幣ではなく、他の商品と交換されるべきである。
七　主に、製造品を輸出しなければならない。
八　原材料の輸出（国家に流入する余分な商品）がおこなわれるならば、金銀としか交換されるべきではなく、そして
九　自国内で生産可能な商品は輸入するべきではない。(174)

ロッシャーがこのプログラムを重商主義的だと思ったのは、当然ながらきわめて論理的である。(175) 疑いの余地なく、形式と内容において、一七世紀のイギリスの貿易と商業を扱った経済問題に関する著述家が提起したものよりも、フランスのデ・モンクレティアンと関係する自給自足のプログラムに近かった。このような適切な文脈においてみるなら、ヘルニクの本当の目的は、九番目の主要原理と結びついており、それはオーストリアに対して彼がコルベール主義の要点と考えたことのアウトラインであった。このように独立性を強化させるというプログラムによって、フランス人はかなり成功したように思われた。だが、それがオーストリアの文脈でも利用できたのだろうか。この偉大な国家が、外国の経済的利害によって支配された二流国のままでいたのはどうしてだろうか。こういう状況を頭に入れたうえで、われわれはヘルニクの本について考えなければならない。この本は、たちまちのうちに成功したし、その後の一世紀間に、七回版を重ねた。ベッヒャーとヘルニクと同様、われわれは、フォン・ゼッケンドルフの偏狭性と古い家父の文献からはかなり遠い位置にいることにも気づかなければならな

い。むしろ、ヘルニクは土地経済学の特殊な形態のプログラムを創始した。一八世紀のあいだに、それはポリツァイ、経済、官房学という学問からなる一般経済学に統合されていった。

ヴィルヘルム・フォン・シュレーダー（一六四〇―八八）

シュレーダーもまた、ウィーンでレオポルト一世に仕えていた。事実、彼はベッヒャーのあとで、ウィーンの製造所長官に任命された。けれども、そもそも偉大なコルベールがパリに建造したものを模倣した産業の革新の中心たらんとしたこの施設は、一六八三年にトルコ人によって焼き払われると、二度と再建されることはなかった。シュレーダーは、晩年、ハンガリーのジプスで官房顧問官として仕えた。彼の経歴には、何も不思議なところはない。しかしシュレーダーは、学問人でもあった。最初はイェーナで、ついでアムステルダムで法学を学んだ。一六六三年にイェーナで博士論文を提出する前に、彼はイングランドにいた。イングランドでは、トマス・ホッブズ、ペティ、ボイルらのそうそうたる面々と交際した。イングランドへの訪問以来、彼はイギリス王立協会の終身会員となった(176)。

そのため、ベッヒャー、ヘルニク、シュレーダーの三人組のなかで、三人目のオーストリア人が、間違いなく、学識の点でもっとも進んでいた。彼の研究は、当時の一般的な科学・政治・道徳に関する論争でよく読まれていたし、イングランドの経済論争に関しても、彼には直接の知識があった。政治的には、シュレーダーは絶対君主が良いと思っていたし、ルイ一四世を賞賛していた(177)。シュレーダーは、『絶対君主の権利の政治的探究』――有名な『君主の財宝と財務局』の付録――において、極端な方法で支配者の神聖な権利の輪郭を描いたので、フォン・ゼッケンドルフはフォン・シュレーダーを、人物と著述の両方で「歪んだ人」homine perverso と命名した[178]。しかし、それと同時に、フォン・シュレーダーは、神聖なる権利には、義務が続くと指摘した。だから、彼はこう強調した。「臣民の繁栄と福祉は、臣民の支配者としての君主の全ての幸福のもとになる基盤である[179]」、と。

フォン・シュレーダーは、初期の官房学者として名高い。それは主として、『君主の財宝と財務局』（一六八六）という本のおかげである。同書における彼の見解は、ロッシャーが示したように、純粋に財政的である[180]。フォン・シュレーダーは、同書のほとんどを通じて、財務府を創設すべきであり、財務府自体の原理に従って、財政は運営されなければならないと論じた。彼は、財務府は、二つに分けられるべきだと提案した。一つはコレギアCollegiaであり、収入を徴収し、もう一つはコレギウムCollegiumであり、君主のための新歳入源を見つける。とくに後者の制度を論じているときに、一国が貿易を通じてどのように豊かになるのかということに関する当時の意見に対して、彼がどれほど深い知識をもっていたのかが明らかになる。彼が強調したのは、「より多くの金を持ち込めば持ち込むほど、国は豊かになり、……持ち出される金が多ほど、貧乏になる」という「古い真理」であった[181]。だからこそ、地金と貨幣を持ち込むために、国は輸出しなければならない。しかし、イングランドの論争に参加した人びとと同じ方向で考え、フォン・シュレーダーは、貨幣を主として利益をもたらす商業の振子だとみなした。「貨幣の使用が増えれば、より多くの人びとが扶養でき、貿易を拡大できる[182]」。したがって、貿易と商業は、成長と発展に必要な前提条件を構成した。貿易と商業は、自国での供給量が不十分であるため、貨幣を持ち込むための単なる必要悪だというわけではなかった。事実、彼は貿易― commercium ―を、「一国がより豊かになるためのもっとも重要な手段」だとみなした[183]。

フォン・シュレーダーは、貿易は原則として自由であるべきだと主張した。だが、それと同時に、彼はとりわけ製造業の設立に関係することに対しては、保護主義政策の必要性があると支持した。実際、フォン・シュレーダーは、製造業者の重要な友人であった。このような状況で、彼は主としてフランスの事例に言及したが、イングランドの事例をよく知っていた。だが、彼は、公に貿易差額「説」を輸入するのにためらいを感じていたようである。このような気の進まなさを、彼は実際、一七―一八世紀ドイツの著述家のほとんどと共有していた。現実に、彼らは貿易差額について明確に言及することはほとんどなかった。確かに、彼らは貿易差額の「黒字」によって貨幣が流入することが利益につながると信じていたかもしれない。だが、彼らがこの思想をより緻密なものにすることはほとんどなかった。[184] 彼らが関心を持っていたのは別の事柄であったようだ。すなわち、自給自足、良き政府、より多い人口、国内の製造業である。[185]

したがって、国によって違っていたものの、一六世紀後半から、国力と豊かさを切っても切り離せない現象とみなす文献が出現するようになった。イタリア、スペイン、イングランド、フランス、ドイツなどが、それに該当する。ヨーロッパ全体で、社会（行政顧問官だけではない）のさまざまな階層出身の著述家が、製造業の設立を増大させるために、保護主義政策を促進し、貴金属と原材料の輸出を禁止する法律を制定し、完成品などの輸出を奨励した。この基盤にもとづいて、国富と国力を獲得する方法をめぐる多様な思想が、中世後期から次々に出現し、一六世紀から明確に増加した。これらの論争は、国際商業と製造業と自国内の生産に焦点を当てた、国力をめぐるより広い文脈において考察されたものである。しかし、特筆すべき重要なこととして、経済成長と近代化をめぐる多くの「単位観念」がいくつもの国で現れたが、論争の枠組みは、国によって大きく変わる傾向があったことがあげられる。とくに、大陸国家ドイツでは、他国と比較すると、国際貿易を通じて貿易黒字を獲得するよりも、製造業と「近代的な」構造の経済制度を構築するために、経済政策が形成された。改革者たちが提示した方法は、より受け身であった。彼らは、主導的な国々、とくにオランダ共和国とイングランドに追いつくことを目的として、経済的・行政的改革を遂行した。

さらに、共通テーマとなったのは、貨幣を抽象的に崇拝することや、富と貨幣を混同すること、あるいは特定の学説である貿易差額説を信じることではなく、このように、権力と国力を追求するプログラムであった。次章では、このような主張をする理論を取り扱う。

第三章　貿易差額説

スミス以来強調されてきたのは、「貿易差額黒字」が、特定の重商主義言説の形成において重要な役割を演じたということであった。すでにみたように、スミスによれば、「貿易差額黒字」は、思想と実践の両方のシステムを表す重商主義の理論的中核として機能した。第一に、あとでみるように、この「教義」は、著者によって違った。第二に、ヨーロッパのさまざまな地域で、多様な形態と状況のもとに現れたが、どこでも同じ方法で解釈され理解されたということはありそうにない。第三に、少なくともイングランドにおいては、長期的に、強調点と使われる言語が変化した。したがって、一七世紀末には、それ以前とはかなり異なる「労働差額」ないし「外国が支払う所得」という教義へと発展した。第四に、富と国力に対する鍵になる概念として貨幣や地金の剰余があるという考え方は、当時のまともな文献を読めば、支持されることはほとんどない。

しかしながら、確かに、貿易差額黒字という概念は、われわれが重商主義の核心と主張してきた事柄に非常にうまく適合していた。近世ヨーロッパの一連の言説は、国力と豊かさを求めて商業と貿易が果たした枢要な役割について指摘した。重商主義とは、主として、当時の商業経済の働きを描写する隠喩であった。それは、ブルーノ・スヴィランタがずいぶん昔に示唆したように、国家の経済成長・発展のために、外国との貿易と商業の役割に焦点を当てたという意味で「考える対象として良い」ものがあるということであったのだろうか(1)。ここでの論点は、それ以上のものであった、ということである。貿易差額に焦点を当てることで、一七―一八世紀の著述家は、経済がどのようにして機能し、国家の富がどうすれば獲得できるのかということへの回答を見出そうとした。このような事例においては、重商主義という言葉は、特定の歴史的状況に結びつけられていた。けれども、それと同時に、経済学の新しい言語の発展によって進んだ過程と関係していた。それは、次章でみるように、その主題が生み出した概念すら超越したものであった。

富の創出

一九三〇年は、ヴァイナーが非常に影響力のある、スミス以前の貿易理論に関する論文を公表した年である。この論文で、ヴァイナーは、重商主義の主な誤りは、貨幣及び地金と富を同一視したことだというスミスの基本的テーゼを支持した。このテーゼに対する証拠を現実に提供するために、彼が引用した多数の重商主義の著述家は、彼の考えでは、ミダス王の愚行の餌食となったのである。マリーンズ、ミッセルデン、マン、R・コーク、サミュエル・フォートレー、カルー・レイネル、ジョン・ポレクスフェンなどである。(2) ヴァイナーは、金と富とを同一視する誤りを犯したのは、主として「極端なまでの」重商主義者であったことを認めた。にもかかわらず、彼は、重商主義はその核心に、「貴金属は、国家の富の唯一の構成物だと」して賞賛したのである。(3)

しかしながら、このような解釈は、多くの研究者によって攻撃を受けた。(4) ヴァイナー以前に、たとえばスヴィランタは、次の観点から明確に批判した。「もっとも野蛮な重商主義者でさえも、ミダス王の寓話が単に存在しているというだけのことが、十分な保護装置になる……という幻想に苦しんでいる」ということを推測する理由はどこにもないというのである。[5] 他方、ヘクシャーは中間的な立場をとり、重商主義者は、あまりに「愚か」ではないので、「貨幣から独立した経済的価値はない」と提起したと述べた。しかし、ヘクシャーは、自分自身に対してとは反対に、重商主義者たちは、「貨幣と富は同じかかなり似通ったものだ」と信じていたと示唆した。[6]

この問題を取り巻く霧を晴らすために、ほとんどの経済学者は、一六二〇年から一六九〇年のあいだに、貨幣ないし地金の純流入は、共同社会《コモンウェルス》の富を増加しうる特別な利益となったと信じたと認めなければならない。しかし、シュンペーターがいったように、彼らが、「貨幣と貨幣が購入することができるものを混同した」ことを示すものはないのだ。[7] この点において、ヴァイナーが提供した引用文は、決定的な証拠とはならない。そのほとんどは文脈からそれたところからとられており、ヴァイナーが示唆したこととは、全く異なる意味をもつことが多い。[8]

それゆえ、シュンペーターが強調した通り、この時代の著述家のほとんどのあいだで、「富は、われわれ自身の定義とほとんど同じように定義づけられている……」。[9] ほぼ間違いなく、多くの人びとは、次のダヴナントの意見に同意するであろう。

> 金銀は、貿易の手段である。だが、全ての国々で、もともとは、その国の自然ないし人工的な産物である。すなわち、国家ないしそこでの労働と勤勉が生産したものである。[10]

しかも、彼らは、ダヴナントが指摘したように、「勤勉と技術が土壌の長所を改良し、真に国民の利益になることは、金銀の鉱山を所有するよりも確実だ」と感じていたのである。[11]

さらに、たとえば、テンプルは、財産の土台は、「国民全体の勤勉と倹約にある」と信じていた。[12] フォートレーは、「イングランドの利益と改善は、主として店舗と貿易の増大にある」と考えていた。[13] バーボンによれば、国家の富は国民の富にあった。一国の居住者は、「勤勉・技術・輸送」だけで豊かになれる。さらに、彼はいう。

勤勉と技術によって、鉱物は地中から掘り出され、有益なものとなる。土壌はより豊かになる……。このように、ストックと貿易の増加という観点からは、国民は、その時代、技術、勤勉に対し金を支払うが、そのために彼らは豊かになるのだ。[14]

さらに、一八世紀初頭においては、有名な小冊子である『東インド貿易に関する諸考察』（ジョン・マルティン？）[15]は、あからさまに、「地金は第二義的かつ従属的なものであり、毛織物と製造品が真に重要な財産だ」といった。[16] この文脈において、ウィリアム・ウッドは、またこう説明した。

人間に不足しているのは、自然や事故のために不具にされたからではなく、勤勉さと克己心であろう。それがあれば、必需品を供給するのに十二分な額を稼げるのである。本当に勤勉なら、より多くのものを獲得できる。そうすれば、自分自身のみならず、家族も豊かになるのである。[17]

しかしながら、「このような反重金主義の考えが、後代になってはじめて現れる」と仮定するのは間違っている。マンは、ほとんど同じことをすでに一六二一年の最初の小冊子で述べた。「王国、国家ないし共同社会《コモンウェルス》の富や豊かさは、市民生活に必要なものを所有していることにある」[18]。そして、『外国貿易によるイングランドの財宝』で、マンは認めた。

豊かであり、食料、衣類、戦争、平和のために必要なものを所有し、自国のために大量にそれらを使用し、欠乏している他国に供給する強国は、より多くの栄光と利点に包まれており、このような政策によって、多額の資金を毎年獲得し、完全な幸せがえられるのだ[19]。

しかも、ロンドンの産婆たちの無知を主張して、非難した内科医として現在ではもっともよく知られるピーター・チェンバレンは、一六四九年に、『貧民の代弁者』で、貧民のためにより多くの援助をするよう嘆願し、こういった。「全ての国の富の国力は、貧民に依存する。というのは、彼らは多くの必要な仕事をしているのであり、軍隊の多くの部分と戦闘力を構成しているからだ」、と。それは、当時、ほとんどの人によって間違いなく受け入れられた[20]。

したがって、われわれは、貨幣と富を混同するという「間違い」は、主要な重商主義者の文献に現れるとは思われないという結論を、確実に導き出すことができる。小冊子の『疲弊するブリテン』（一六八〇）においてさえ、これ以前の諸章で述べたように、当然のこととして、このような混同はしていない。しかしシュンペーター発言は、この冊子を誤解したものである。法則へのこのような例外として、シュンペーターは著者の「無能」に言及し、「思想の体系」の全てが、ときどき「奇人」を生み出す傾向があるとして、あっさりと切り捨てた[21]。しかしながら、『疲弊するブリテン』の著者（ウィリアム・ペティト?）は、最初から、『外国貿易』が論題にした「国家が獲得するもの」の形態だけを扱うつもりだときっぱりといっていた。著者が、国家が獲得した他の形態のものについて何も語っていなかったとしても、豊かさと富は、貨幣と地金以外にもありえたということを認識していた可能性は排除できない(22)。「貧困とは、財宝の喪失にすぎない」と著者が主張したとしても、同時に、財宝の増加は、「国民の勤勉さ」によってのみ獲得できると強調していた。しかも、著者はこういったのだ。「したがって人びとは、本当にもっとも基本的で貴重な商品なのであり、そこから全ての種類の製造業、航海、征服、確固たる支配権がえられるのだ」(23)、と。

この当時の経済学者は、国家には二種類の財産があると一般的にいっていた。「自然のもの」と「人工のもの」である。そこで、マンは典型的な表現を用い、「自然の財産は領土自体よりも先にあり、人工的な財産は、居住者の勤勉に依存している」と述べた(24)。ロバーツにとって、「土地ないし国家の財産」は、「自然」ないし「人工の」商品と、「商業と輸送業の両方が、そして両方によって利益をもたらされる使用法と流通」にあった。「自然商品」というタイトルで、彼は、このような商品は……自然の土地で、もとから供給されているか、あるいは、土地での労働によってもたらされた」ものだと考えた。彼は、国の「人工的製品と商品」として、「全ての製品の製造」を暗示した(25)。

全体として、この区別は、同様のトピックを扱っていた他の著述家によって守られた(26)。さらに、彼らのほとんどが、貨幣を富と財産の唯一の形態だと定義しなかったことを示すことに加えて、「この区別」は、別の視点からも重要になる。ほとんどの重商主義の著述家は、貿易と製造業を前面に出したが、「自然の」財産の重要性を全く無視することはなかった。それとは反対に、数名の経済学者は、富と貿易の増加のために、十分に組織化された農業の重要な役割について述べた。このような視点からみるなら、重商主義者が農業に対して全く無関心だという一般的な描写――そして、そのために、後代の重農主義学派の「農業システム」に対するアンチテーゼとなる――は、間違っているとの印象を与える。たとえばロバーツは、『輸送の財宝』(一六四一)で、王国の自然の財産が、農業を含め、どのようにして高められるのかという疑問を提示した。「土地の財産」は、「世界の全ての財産と豊かさの源泉であった」が、それはほとんどいつでも完全に無視されたのである。さらにロバーツによれば、地主と農夫は、

勤勉さ、改良、注意深さによって、荒地と不毛な血に草木を植え、浄化し、肥料を与えるなどして、あるいは、泥だらけの沼地などに排水をするなどして、自分自身の土地をかなり改良して、豊かになるよう努力するのである。(27)

ポスルスウェイト(通常は、典型的な重商主義者とみなされる)は、五〇年後に、この問題について書いたとき、さらに意見を明確にした。

輸送と商業の本質的な対象の全ては、土地が生産する人間生活の維持と便益に必要であり、一般にわれわれの土地が改善されれば、より多くの土地が有利に耕され、国民のあいだの土地の生産が増える。(28)

したがって、ほとんどの著述家にとって、「富」ないし「財産」は、われわれの「外的な幸福」を満足させることができる物質からなる。(29)豊かさは、労働、技術、勤勉によってもたらされ、増大する。それとは全く関係な

く、貨幣は、蓄積される価値の形態をとる富とみなされた。「この国の富は、一般に、貨幣に換算して表される」、とペティはいった。[30]

むしろ、貨幣や地金は、しばしば経済学者によって「財宝」と同一視された。[31] 彼らは、ときには、「貨幣のストック」[32]や「貨幣の国家的ストック」[33]についても語った。極端な事例として、定期刊行物である『ブリティッシュ・マーチャント』があり、「地金の資本ストック」という概念が使用されていた。[34] また、「財産」‘riches’と、さらに時折、「富」‘wealth’という概念が、貨幣ないし地金に換算されて話された。これは、明らかに、たとえば、マン、ケアリ、ポレクスフェン、デッカーにあてはまる。[35]

しかし、彼らが、「外的な幸福」を創出した他の項目に「富」というラベルを貼ったというのが、真相に近いだろう。この点が明瞭だった人たちもいる。たとえば、チャイルド、ダヴナント、テンプル、ウッド、バーボンさらに、ダドリー・ノース、ヒュームは、貨幣や地金以上のものを、「富」ないし「財産」のなかに包摂した。[36] しかも、バーボンは、「金銀が唯一の富である……という間違った推測」に対し警告をした。[37] さらにチャイルドは、貨幣自体は富ではなく、むしろ、「金銀は、財産の尺度と基準」だと気づいていた。[38]

「財産」と「富」という概念は、それぞれが貨幣や他のものにも相当した。ときには、一人の者が、同一のテキストで両方に言及することもあった。それゆえ、トマス・マンは『貿易論』(一六二一)において、富について「現金」であるといった。一方、その少しあとで、「全ての王国、国家、ないし共同社会《コモンウェルス》の財産ないし豊かさは、市民生活に必要なものを所有することにかかっている」と陳述した。[39] 最後に、「ストック」は、「貨幣のストック」を示すために使われることもあった。しかし、非常にしばしば、「ストック」という単語を使ったとき、書き手が、何か特定のことを意味することがありえた。このような使い方は、貿易差額説の教義をより理解するために重要であったので、少し、この問題に立ち戻ろう。

この種の定義は、「重商主義の教義」に一貫性をもたせようとする解釈者に大きな混乱を生じさせてきた。第一に、われわれは、一七世紀の単語の使用法を現代の用語に置き換えようとするときに、「言語」の問題が生じることを考慮に入れなければならない。ラシトが指摘したように、富と財産のような概念は、こんにちとはいくらか異なる意味があった。だからこそ、富や豊かさ、そして（国）力という概念は、しばしば混乱して同一の意味で用いられた。ポスルスウェイトは、貨幣は「戦争と商業の腱」だとまでいった[40]。また、ノースのような過激な「トーリーの自由貿易主義者」は、「富」を「豊かさ」として、さらに「勇敢さ」として定義した[41]。それゆえ、確実に、一九世紀以前には、後代に経済学の理論的構造内部で使用されるようになった単語が、「非経済学的な」意味合いの多くを保持していたのである。明らかに、経済学が独立した分野としてもつ一貫した構造は、まだ現れていなかったので、この時代の経済学者は、彼らにとっても読み手にとっても、かなり曖昧な意味をもつ単語と概念を使いがちであった。

第二に、このような曖昧さは、さらにシュンペーターが強調したように、一八世紀に至るまで、経済問題に関する言説にまとわりついた分析が惹起した問題の正当性を実証したかもしれない[42]。ヴァイナーが正しくも指摘したように、分析上の「間違い」は、あらゆる時代の精神史の一部であり、ある種の経済環境やある時代の特定の論理展開、「知的風土」などに言及するだけでうまく説明することはできないのである[43]。しかしながら、このような「間違い」は、特定の概念的・知的枠組みにも関係しているはずである。そのために、あとでみるように、たとえば、一七世紀初頭からのイングランドの経済論争では、新しい概念と分析ツールが、発展過程の構成要素となった。それらは、富の創出、生産と欠乏、および為替と貿易差額の関係を理解する点で有効であった。「ストック」、「富」などの概念が理論的構造と関係し、適切に定義された意味合いを徐々に獲得していったのは、このような知的過程の最終結果として生まれた理論的形態のためであった。けれども、それ以前には、著述家たちが使用した概念は曖昧であった。その主要な理由たぶん、概念自体が、一つの特定の言説との相互関係がなかったからであろう。

したがって、この時代にある著述家が「ストック」という概念をどういう意味で用いたのかを決めることは、「財産」や「富」などの概念を正しく解釈することと同程度に困難である。明らかに、これらの用語も、さまざまな著述家がそれぞれ違った意味で理解していた。「ストック」を、貨幣形態での資本と定義していた者がいたようであるが、より大きな意味にとり、われわれがこんにち国内総生産（ＧＤＰ）と呼ぶものを含んでいるとした者もいた。それゆえ、事態をより混乱させることとして、たとえばダヴナントは、「富のストック」を「年間の所得が支出を超えた」（すなわち、国民生産の成長）の「過剰」だと語った(44)。間違いなく、彼は、他の多くの著述家と同様、ストックとフローの概念に明確な線を引くことの難しさを感じていた。明らかに、これこそ、「富」と「財産」をどのように理解すべきかということをめぐる混乱の背後にある重要な要因でもあった。ときには、これらの概念は、貨幣ないし国民所得（フロー）の増加を意味するために、さらにときによっては、同じ項目のなかの「ストック」を表すために使われたのである。

しかも、「ストック」と同様、「国民の利得 national gain」は、貿易差額黒字や、国内で完成した製造品に付加価値をつけて輸出したために獲得された国民所得の上昇を指した。たとえば、一八世紀初頭のジーによる説明では、多くの重商主義の著述家が、国民所得と国民支出という現象と概念化の両方に感じた困難性を現実に示した。ジーは、その著書で、「毎年何十万ポンドもの国家の利益を増大させる方法」として、多数の提案を出した。第一に、イングランドは、輸入代替で四〇万ポンドの利益をえていたと、ジーは信じていた。たとえば、フランスの紡毛と「他の製造品」ではなく、「すぐれたレース、ビロード、金銀の素材」をイングランドで製造することを奨励すべきである。第二に、彼の説明では、フランスからモスリンと他のすぐれた製造品を輸入するのではなく、同じ商品をインドから輸入することで、二〇万ポンド多く獲得できる。第三に、ジーは、麻と亜麻をプランテーション、すなわち、北米のイギリス植民地から輸入することで、三〇万ポンド節約できるかもしれない、と考えた。(45)

このようにジーが語った利益は、地金の節約と明確に関係しており、ありふれた貿易差額の立場から理論的に考えられたことである。上述のような事例を提示して地金の流入を増大させる方法を示した。それは、数頁にわたった。しかし、ジーの計算では、さらに別の種類の「利潤」にまで話が及んだ、彼はそれを、国民国家の利益のために獲得しなければならないと信じたのである。だから、たとえばジーはこう示唆した。植民地《プランテーション》からの「われわれの貿易を規制することで……すなわちポルトガルやジブラルタル海峡などに来ている全ての船舶が、イングランドまで来て、この地で貨幣を使用するように義務づける」ことで、イギリスは四〇万ポンド獲得できるかもしれない、と。ここで、彼が考えているように思えるのは、この規制的な命令で、母国の収入と需要が同額上昇するということであった。最後に、彼は、一二五万ポンド獲得できると計算した。

> イングランド北部、スコットランド、アイルランドにわれわれの植民地《プランテーション》から大量の麻と亜麻を供給すれば、現在失業中の一〇〇万人の人びとに雇用を与えることだろう。そうすれば、一年に三〇〇日労働するとして、一日に一ペニー稼げる(46)（すなわち、一二五万ポンドになる）。

ジョシュア・ジーの事例は、一八世紀初頭の著述家が、国家の所得と富を論じているときにまとわりついていた分析的・概念的問題を生き生きと描写する。したがって、ジーのいう雇用と需要による「獲得物」と、地金の節約ないし獲得を可能にした輸入代替により、国家に毎年利益がもたらされるようになった。しかし、その利益がどのように増加したのかということを理解するのは現実には難しい(47)。

次章で、われわれは「貿易差額黒字」の概念が、一六二〇年以降のイングランド貿易危機をめぐる論争でどのように使われるようになったのかということをみる。スヴィランタによれば、はじめてこの概念を「ほぼ」定式化した著述家は、一三八一年にロンドンの鋳造所の役人であったリチャード・エイルズベリである。しかし、彼はそれを貿易差額赤字へのネガティヴな警告として使ったのである。「この国から価値ある商品が出ていかないのと同様、外国の商品も国内に入ってはいないことを確かめなければならない(48)」。それからほぼ二〇〇年後、匿名の著述家(トマス・スミスらしい。第五章の注62をみよ)が、有名な『民富論』で、まったく同じ類《たぐい》のことを推奨している。「外国人に対して売ることがないのと同様に、買うことがないようわれわれは気をつけなければならない(49)」と。「貿易差額」という言葉がはじめて印刷されたのは、マリーンズ、ミッセルデン、マンのあいだのパンフレットによる有名な論争のときであった。それ以前には、ほぼ間違いなく、この語はサー・ライオネル・クランフィールドが率いた集団内部での論争で使われていた(50)。さらに、一六一五年五月二一日、クランフィールドは報告書を提出した。そのタイトルは、「貿易差額」であった(51)。さらに、同年のもっとあとの時期に、フランシス・ベーコンは、この概念を自身の「ジョージ・ヴィリアーズへの助言」(バッキンガム公)への報告書で用いた。ベーコンはそれを、みずからの『随想録』(一六二五)の第三版で全くはじめて印刷した(52)。このときまでには、パンフレットによる論争において、双方から異なる定義を使って意見が戦わされることになった（一七九頁をみよ）。

一七世紀のそれ以後の時代から一八世紀中頃までの貿易、商業、豊かさ、国力を扱ったイギリスの経済文献はなお、このように長期にわたって使われた貿易差額、貿易が赤字だという恐怖、「黒字」overplus（favourableよりも、文献的にはずっとありふれた用語）からえられる利益という概念を、適切な論点としていたようである。オーソドックスな見解は、一六四一年のパンフレットで、たとえば次のように定式化された。

この王国における土地の購入価格は、外国の貿易で利益と損失のどちらになるかということで（共通の利益のため）、上下する。すなわち、われわれが輸出する額より、外国の製品を持ち込み、消費する額が少なければ、差異が、多くの財宝いう形態をとって、われわれの側に残るということは確かであろう。[53]

これより一世紀以上あとで、ポスルスウェイトは、もっとも簡単な形態で、なおそれを定式化しようとした。「ある一定の期間のうちに、輸出入から生じる差異を比較するなら、それは貿易差額と呼ばれる」[54]。人は、非常に長期間にわたり、この概念が残存しているのはなぜかと不思議がることであろう。ふたたび、「考える対象として良い」というだけのことだったのだろうかという疑問が沸く。このような背景に対して、「貿易差額黒字」という概念を解釈することをいくつか試みた。あとでみるように、そのなかには、他のものよりも妥当なものもあった。

国王の財源における貨幣

確実にいえるのは、少なくとも明確な形で、君主ないしは国家が換金しやすい形態で予備費を所有するために貴金属を蓄積する必要性があると論じていたイングランドの著述家は、ごく僅かしかいなかったことである。ヴァイナーが気づいたように、この分野の文献で国王の財宝に言及したものは、ほとんどなかった。その結果、国王が豊かになることは、貿易差額黒字を擁護する論拠としては使用されなかったのである。[55] だが、マンは、この法則に対する例外であったように思われる。『外国との貿易によるイングランドの財宝』において、マンは、貿易差額黒字は、「国王が、毎年の収入からより多くの財宝を蓄えることを可能にする」というのである。[56] しかし、貿易差額黒字が生み出す主要な利点は、「王国のストック」が増加することにあると、マンは続ける。しかも、君主は、貿易差額による利益によってえられる以上の税を、臣民にかけるべきではない。「外国貿易による利益は、君主の財宝として蓄えられるべきなのである」、とマンはいった。[57] マンのメッセージは明らかだ。支配者は、財源に関しては極力倹約的でなければならない。もし君主が、国民が提供した以上に税金をかけるなら、「君主は臣民から金を巻き上げるばかりか、臣民をむち打つことになる」。[58] 税額の増加は、国民所得が現実に増大することによって抑制されるべきだという意識は、国王の財宝が豊富になることが貿易差額黒字の重要な目的だとマンがみなしていた証拠には決してならない。もしある国のストックが貿易差額黒字によって拡大されるなら、国王もまた勝者であるが、ストックの主要な獲得者ではない。

ヴァイナーが言及した数少ない著述家に加えて、[59] 貿易差額黒字が地金とともに国王の財宝の増加につながるはずだとする議論は、『疲弊するブリテン』にも現れている。同書の著者によれば、財宝の増加は、「国王が大量の蓄えを所有」し、「大船隊」を建造することを可能にする。この著者は、フランス国王を羨ましく思った。まさにこの理由のために、「二十近い君主と国家との戦争」に耐えられるからであった[(60)]。巨額の財宝が必要になるのは、何よりも戦争という目的のためであった。「国家の財宝がはるかに巨額であれば、戦争にかかる負担にずっと長く耐えることができるだろう[(61)]」。

より一般的な形態としてみると、この見解は、当時のヨーロッパの他の多くの著述家によって共有されていたことは確かである。豊かさと国力が、権力と強国と認められることを目的として激しい競争をしていたこの時代に強く結びついていた主要なテーマであった。たとえば、広範に広まった貨幣ないし貿易が、「商業、そして戦争の腱」ということは[(62)]、確かにこの方向を示していた。すでにみたように、一七五七年においても、ポスルスウェイトは、「貨幣が商業および戦争の腱」だという表現を用いた[(63)]。しかし、国王の財宝が増加することは、国力を強め戦争を促進するために、貿易がもたらすことができる唯一の貢献であった。また、大量の貿易は、国家の海軍力増強と食料輸入の増加につながることになった。貿易と財宝の増大は、『疲弊するブリテン』の著者によれば、勇敢な精神、体力、能力を外国の征服に向けることができる「装置」そのものを生み出そうとしていた[(64)]。貿易差額が黒字のため、国家は繁栄し、人口は増大したであろう。外国との商業を通じて、所得と雇用は増えた。しかし、王室の財産が貿易差額黒字の主要な目的であったという論拠が明確に使われた事例は、僅かしかなかった。しかも、一六五〇年にウイリアム・ポターは、以下ように、富を獲得する手段として、貨幣の退蔵ではなく使用(「革命」を通じて)に賛成した。それは、「全ての人びとが所有するものを、革命を通じて増加させることで、人びとのあいだに大量の商品をもたらすからである……。そうでもしないと、すでに述べた比率で、他のものからなる彼らの財産が、このように増加した貨幣のストックをすぐに超えてしまうからである」、と。ここで彼は、戦争や他の目的のために自分たちが使用する貨幣を退蔵したいという支配者の意志に反対した[65]。

インフレーションへの支持

それとは別の提起として、重商主義の著述家は、価格が上昇すれば利益になるので、貿易差額黒字を支持したというものがある[66]。その支えとなる理論的根拠は、むろん、一八世紀にヒュームらが定式化したいわゆる正価流出入機構であった。彼らは、貿易の余剰があれば、受け取る国で価格が上昇すると予言した[67]。だが、すでにヴァイナーが気づいていたように、「イングランドの重商主義者のあいだには、価格インフレ主義者はほとんどいなかった」[68]。現実には、ほとんどの重商主義者は、明らかに物価の上昇には反対していた。その意図は、価格が上昇すれば、外国の需要を減少させ、輸出比率は低下するということを含意していた。したがって、明らかに、価格弾力性はほとんどの重商主義の著述家によって認識されていたのである。たとえば、一六二三年に、ミッセルデンは、マリーンズに対するポレミカルな小冊子で、以前のインフレ主義を脱し、今や明確にイングランドの毛織物（第五章をみよ）の価格が高すぎると警告した。彼がいうには、「オランダ人は、われらがイングランドの毛織物なしで生きていけない……というのは間違いだ」ということなのである[69]。それと同じ警告は、重商主義者の文献で幾度も繰り返して主張された。たとえば、マンの考えでは、価格が高く「売れる量が少なく」なるかもしれないときには、「われわれはできるだけ安く売らなければならない」のであった[70]。しかも、ダヴナントはイングランドの毛織物製造業者に、われわれが海外の市場を支配できるためには、できるだけ安価に製造す」べきだと提案した。(71) さらにまた、ジェイコブ・ヴァンダーリント、デッカー、ロックのようなそれ以外の著述家も、低価格は、イングランドに有利に働くと主張した。(72) たとえば、ロックは、重要な用語でそれぞれの商品によって違った弾力性があるとまで論じたのである。

物価の上昇と下落が同程度であるなら、モノの価格は多少なりとも貨幣に対して上下し、価格間の差異があるだけだ。生きていくために不可欠なモノは、どんな値段でもいいが、便利なモノは、他の便利なモノよりも選好されてはじめて購入される。(73)

現実には、原理的に、これに反対する著述家をみつけることは難しい。確かに、マリーンズと彼の支持者たちは、貿易条件の改善に賛意を示したし、そのためある程度はインフレ主義者だといえるのである。彼らの見解によれば、国家により多くの貨幣があれば、輸出価格は上昇し、貿易条件は良くなり、為替相場は有利になる。(74) 同様に、ミッセルデンは、マリーンズのようなマネタリストからの影響力がなお明瞭に読み取れる最初のパンフレットにおいて、「イングランド王国にとっては、大量の貨幣によって、物価を上昇させる方がずっと重要だと強調した。その場合、人びとはそれぞれの職業に従事し、そして貨幣不足のときには、モノを安価に購入するであろう」(75)。しかしながら、ミッセルデンの場合、外国からの需要によって物価が影響を受けた状況を想定して、物価上昇を直接論じているわけではなかった。彼が現実に、物価水準と外国の需要の関係について考えているかどうかは明確ではない。たぶん、何らかの理由で、この二つの変数を結びつけるのを忘れただけであろう。どのような理由であれ、他の著述家たちも、この関係について注意を払うことを怠った。たとえばフォートレーは、

「豊かになる唯一の方法は、輸出される商品、すなわち海外でもっとも価値のある商品を大量に所有することである」という。この箇所においては、彼は、「高く売って安く買う」という方法が適用されたなら、外国の需要はかなり非弾力的にならざるをえないとは考えていなかったように思われる。[76]

たぶん、多くの人びとがいったように、逆説的ではあるが、著述家は低価格に賛成する一方で、同時に、貿易差額黒字に関する何らかの説に固執していたのである。ほとんどの重商主義者が、物価と貨幣量の関係について気づいていたがために、よけいにそうなったのである。彼らの多くは、ボダンに明確に言及して、貨幣の供給量の増大は、国内物価の上昇につながると認識していた。[77] スペイン領植民地から貴金属が流入したため物価上昇につながったという考えは、すでに一六世紀の著述家のあいだで提唱されていた。だから、すでに言及した『イングランドの領土の民富に関する論説』（一五八一）は、貨幣について書かれており、「物価水準を高めるのは、貨幣の多様性と豊富さである」と論じた。[78] しかも、一六二〇年代に、マンは、「全ての人びとは、王国において貨幣が豊富であれば、国内の商品の価格を上昇させると同意した」といった。[79] 半世紀後、『疲弊するブリテン』の著者は、「国内商品の価格は……、国内の財宝の量と比例しており……財宝が上下するのに応じて変化する」と挿入した。[80] 最後に、貨幣数量説の確固たる支持者であるロックによれば、「貨幣と貿易のあいだには……ある種の比例関係があった」。ロックが指摘したように、マネーストックを半分にすれば、われわれが半額で「国内産の商品」を売ることはほぼ確かなのである。[81]

したがって、一七世紀のイングランドにおける経済学の小冊子を書いた多数の著述家は、低価格を支持し、貨幣量と国内価格の水準のあいだに関係があることを認めたのである。だが、むろん問題は、彼らが国内により多くの地金がある必要性をどのようにして、なお強調することができたのかということである。

流動資産としての貨幣

『初期のイギリスの経済学者』において、マックス・ベールは、貿易差額説という「教義」の背景にある理論的根拠は、より多くの通貨が流通する必要性にあるということをとくに強調してきた。「貿易差額をめぐる競争は、流動資産をめぐる闘争であった」と、彼はいった[82]。それゆえ、貿易差額の公式は、当時の経済学的本質を突いた表現であった。イングランドは国内に金銀の鉱山はなく、輸出品からえられる純余剰によって購入するほかなかった。このような方向の議論に従うなら、輸出商品と輸入商品が同額であれば、金銀は全く必要ではなかった。このような貴金属を入手するためには、商品の輸出額が輸入額より多くなければならない[83]。

この文脈でしばしば定式化される見解は、ある経済で流通している貨幣量の増加それ自体が、貿易と産業に刺激を与えるというものである。貿易にとって、貨幣の流通が簡単にできるということは、身体にとっての血液の流れと同じくらい重要であった。そのため、このことは何度も当時のテキストに出てきた（これ以降、さらに増える[84]）。したがって、貿易の繁栄は、国内に大量の貨幣があってはじめて可能になった。このような推論は、少なくともベーコンの『随想録』にある「扇動と混乱について」を読めば、ある程度支持されていることがわかる。「貨幣とは肥やしのようなものであり、まかれないなら意味がない」のである[85]。そのほぼ一五〇年後、ポスルスウェイトは、同じことを、もっと面白くない表現でいった。「というのも、国内での流通があれば、結局、より多くの人びとに生きていくための手段を不自由なく提供するのは確かだからである[86]」。

したがって、より多くの地金を獲得することは、かなり高く評価される目標となった。このような見解の代表的な提唱者は、『イングランドと東インドの製造業における不調和』というパンフレットの著者であった。

金銀は、国民の富に唯一ないし少なくとも、もっとも有益かつふさわしいといわれると示唆されてきたし、そのために商業の継続が必要とされる。そのため大量の金銀を失うなら、貿易量が大きく減少すると考えられる。商品の交換では必要性を満たせないのは、すぐに交換することはできないからだ。さらに、商品の交換で信用を供与できないのは、信用とは、貨幣を入手する期待ないし保証という点に、その元来の意味が存在しているはずだからである。(87)

したがって、この時代においては、多くの人は、たとえば「貨幣が稀少なところでは、貿易はいつも衰退する」というデッカーの意見、(88)あるいは、「貿易には、ある一定の割合の貨幣が必要だ」というロックの見解に確実に同意するであろう。(89)しかしながら、実際には、貨幣そのものが多ければ多いほど、貿易が増大するということを明確に述べた議論を見出すことは困難である。この視点からは、ベールの立場は、実証的な理由から支持できないように思われる。事実、流動資産の必要性が貿易差額黒字の「教義」を必死で維持する中心的課題であるとすれば、われわれは、著述家たちが、この方向に対してもっと明確に述べることを期待したことであろう。だが、彼らは実際にはそうしなかった。ロックは、その一例を示す。貨幣量の増大よりも、貨幣の流通速度が速くなることに関心があったのである。そして、貨幣の流通速度が上昇すれば、貨幣のストックが少なくても、国はおそらく生き残るといった。(90)しかも、ロックよりずっと以前に、トマス・マンは、流動形態で大量の貨幣があることが、貿易に必要なことだという思想に、根本的疑念を呈した。『イングランドの財宝』で、マンはいった。

貨幣が貿易なしでは存在できないわけではないのだから、貨幣が貿易の生命だとはいえない。なぜなら、世界で貨幣がほとんど流通していなかったときに、物々交換によって大量の貿易をしていたことを知っているからである(91)。

さらに、たとえば、ペティが明らかにしたのは、共同社会《コモンウェルス》では、貨幣があまりに大量であることも稀少であることもありえるということであった。重要なのは、ペティが身体を隠喩として使い、論拠を例証したことである。「というのは、貨幣は国家 Body-pollitick の脂肪であり、多すぎると軽快さがなくなるものの、少なければ病気になるのである」(92)。「貨幣量を維持ないし減少させることは、多くの人びとによる推測の結果生じたことではない」とは、ペティが追加したコメントであった。一国の現金が二倍になったとしても、富が倍増するわけではない。現金の象徴性により、貨幣は倍加したとしても、富は同額であり続けるといわれるだろう(93)。

しかしながら、流動形態でより多くの貨幣を受け取ることの重要性は、ときには、流通量を増加させるだけだという以外の論拠から批判されることもあった。そこで、一七世紀のあいだに、貨幣の純流入は、購買力の増加を意味するということが示唆された。たとえば、『疲弊するブリテン』によれば、財宝の増加は、人びとがより多くの貨幣をポケットに入れることにつながった。そのために「売り手」は、より多くの商品を「行商人」に差し出すことが可能になった。さらに、「貨幣が大量にあった」ので、このような行商人は、「人びとが欲する商品のためにより高価で速く売れるマーケットをもたらした」(94)。同書の著書は、その独創性のために認められていたかもしれないが、必ずしも非常に明確で正確というわけではなかった。それゆえ著者は、どのような状況で、より多くの貨幣が需要増につながる［のかという理論を］発展させたわけではない。しかし、あまりに劇的ではないにせよ、近代の理論は、間違いなく、どのようにして、インフレーションが総需要に有益な作用をもたらすことができるのかを示す。同書の著者は、この文脈でそれをほのめかしたのだとすれば、あまり見当違いではなかった。

けれども、より多く対象となった論拠は、しばしば、貿易差額の教義を弁護しているように思われた。このような選択に対する考え方をマンがどのようにして発展させたのかということが、グールドによって強く指摘された。(95)『イングランドの財宝』において、さらに一六二〇年代初頭の貿易危機のあいだに、マンは物価と輸出量の密接な関係について気づいていたことを示した。しかも、彼は、地金の輸入は、物価の上昇に至るかもしれないことに注意していた。このようなことを背景として、彼はなお貿易差額説をどのようにして擁護できたのだろうか。しかし、マンは十分な回答を提供していたようである。

というのは、全ての人びとは、大量の貨幣があれば商品を高価にし、そのため使用と消費を低下させると認めている。……そして、これは大所領家のなかには非常に過酷な教訓であろうが、全ての土地を観察することによってえた真実の教訓であると確信する。貿易によっていくらかの貨幣を獲得しなかったときには、われわれの貨幣で貿易しないことによって、そのストックを失うのである。(96)

確かに、この箇所は、さまざまな観点から解釈することができる。グールドの議論では、マンがこの文章で確立したかったのは、「われわれの貨幣で貿易しなかったので」、地金の流入は国内の物価水準を上昇させたが、輸出は必ずしも低下しなかったということであった。だが、マンによれば、「地金のストック増が、より多くの量の貿易に資金を提供する流動資本として使用された」(97)。明らかに、ここでマンは、貨幣と流動資本を同一視していたように思われる。それについては、すぐにふたたび言及しよう。

しかし、これとは別の観点からマンを解釈することも可能である。それはたぶん、同じ時代に他の人たちがいったことにうまく適合している。マンは正貨流出論の主要な点を受け入れたかもしれないが、貿易差額「理論」に対する有力な論拠として受け入れていたとはみえない。むしろ、貿易差額黒字によって引き起こされた地金の流入がなければ、貿易は停滞し、土地価格は低下すると信じていたようである。主要な原因は、貿易と産業が貨幣の流通速度以上に増加した点にある――貨幣数量説方程式のＶ。したがって、貨幣量が着実に増加するならば、一定量の貿易差額黒字によって貨幣量が増加しなかったなら、貨幣の増加は、必ずしも物価の上昇にはつながらなかった。むしろ貿易を継続できるのである。それゆえ、物価は低下する傾向にある。間違いなく、この文脈で、マンはその可能性を示唆したようである。ただしこの解釈の枠組みが当時の一般的な経済状況の実態を反映していたかどうかは、むろん全く別問題である。

しかし、基本的に同じような思想が、一七世紀の他の文献にも現れていたことに気づくのは興味深い。マリーンズが「銀行家の偉業」について提示したのちに貨幣がもたらす現象を詳細に分析した最初の論考において、ヴォーンは、貨幣の量が物価と比例して増えないときにはいつでも、より多くの地金が必要だと指摘したのである(98)。ゆえに、イングランドにおいて、「貨幣不足」が現れたのは、それら（すなわち貨幣）が評価したモノの量が貨幣よりも速く増加したからであった。そのため今度は、「これらの貴金属の不足」が引き起こされることになった(99)。この見解を共有していたのは、一八世紀初頭のヴァンダーリントであった。一七二九年に、ヴァンダーリントは、当時のイギリスの状況について記した。「貴金属のなかで現金は、一般に、かなり減少するし、少なくとも人口と商品価格に比例して上昇しない」[100]。明らかに、このような状況の妥当性は、同時にヴァンダーリントが貿易差額説を支持し、さらに、後代に正貨流出入機構〔訳注―ある国で正貨の量が増加すれば、通貨供給量も増加し、そのため物価も上昇するので、貿易面での優位性が失われ、貿易差額赤字となり、それにともない正貨が流出するという考え〕として知られたものを認めた主要な理由であった[101]。

同様のことについて別の言い方をするなら、たとえば、財の売買の拡大に応じるための金銀が十分になかったなら、為替手形がその代わりをしたかもしれない。とりわけバルト海水域のイーストランド貿易における為替手形の役割については、ウィルソンが貴金属の独自の役割を主張したことに対するヘクシャーの反論があげられる[102]。このような文脈における為替手形の役割は、一六五〇年に出されたパンフレットで、ポターが為替手形をもっと使用するようにと懇願したことがその例証となる。この場合、論考のフルタイトルは、以下の通りである。「貿易をする人の宝石ないし、安全で簡単で速くて有効な手段。貿易を信じられないほど促進し、富を倍加させるが、貨幣、ないしストックを手放すことはない――貨幣ではなく手形を用い、さらに、その合計額と同じだけ、頻繁に人を介して循環する」[103]。

王国のストックの増加

ヘクシャーの別の提起は、多くの経済史家（この文脈において、彼は「先見性のある重商主義者」と呼んでいる）にとって、貨幣は、たとえば土地のように、同じ土台の上に成り立つ生産要素として認識されている。さらに、ヘクシャーによれば、このような「混乱」が理解しやすいのは、資本と時間がいつも貨幣を単位として著されたからである。それに対して付け加えられるとすれば、特定の歴史的条件による要素である。この時代には、もっとも多く投資された資本は、流動資本として存在したのであり、現実にある物的資本ストックではなかった。それゆえ、ほとんどの重商主義者が言及した「人工の富」ないし「ストック」とは、財が貯蔵されたもの、ないし、信用としてひとくくりされる[104]。

しかしながら、すでに論じたように、重商主義の著述家たちは、「ストック」、「国家のストック」、あるいは「王国のストック」を、貨幣や実物の概念の代替可能な用語として用いた。多くの著述家によれば、実質的な「ストック」は、生産物価格に換算して、生産が消費よりも上昇してはじめて拡大できたのである。さらに、貨幣の「ストック」は、貿易差額黒字から生じる純外貨余剰の増加しか意味しえなかった。もしくは、ポスルスウェイトが定式化したように、「一国が貿易赤字のときには、赤字額は、資本ストックの減少になる[105]」。最後に、どちらの〔貨幣と実物の〕「余剰」も、貯蓄とみなされ、それはさらに、その国の「自然な」そして「人工的な」富を増大させるために使うことができた[106]。すなわち、もし金銀が平皿などの形態で退蔵されないとすればということであり、その退蔵は重商主義の著述家がしばしば批判した習慣である[107]。

貨幣の純流入――後代には「流動資本[108]」という形態で投資され、貿易を促進した――のために、何かが節約されたという思想は、当時はきわめてありふれたものであった。何かが節約されるものだとみなされるかもしれない。しかも、このような背景に対して、輸出される商品の消費は、少しでも削らなければならないという見解は、あまり受け入れられないものではなかったようだ。したがって、ヘクシャーが「商品の恐怖」と描いたものの背景にあったある種の心理学的態度、すなわち集合心性《マンタリテ》に言及する必要性は全くなかった。国家は輸出するために貯蓄しなければならないのは当然だという意見は、重商主義者の文献のなかでは当たり前のことであった。ここで、マンは、論調を決めた。『イングランドの財宝』において、「われわれが蓄えることができるか外国に販売されるものをできるだけ送らなければならないと強調した」のである。[109]

しかしここで、純余剰金は資本とみなしうると主張したとされることに立ち戻って考えよう。間違いなく、このような見解は、マンの著作に散見されるが、それ以外でも、暗示されていた。すでに一六二一年のパンフレットで、マンは、「王国のストック」はおおむね、東インド商品の再輸出による地金純流入によって豊富になったと強調した。彼がいうに、このような流入は、「すでに述べたストックと臣民の雇用増加に貢献した」[110]。さらに、『イングランドの財宝』において、マンは以下のように指摘した。「貿易差額黒字のため王国に流入した財宝として、貨幣だけがわれわれに従い、そのためにわれわれは豊かになる」[111]、と。実際にマンが主張するのは、貿易差額黒字が、国家に、王国のストックを拡大するよりも多くの資本を提供するということであった[112]。国家の輸入が輸出よりも多いときに何が生じるかという、マンの有名で否定的なアナロジーは、この文脈を抜きにすると理解できない。

というのは、この場合、それが王国のストックに入るのは、私人の所領〔に入るの〕と同じことである。私人には、毎年一〇〇〇ポンドの歳入があり、金庫に二〇〇〇ポンドあると推測されていた。もし過剰に金が入ることで、この種の人が毎年一五〇〇ポンド使うとすれば、彼が所有する全ての現金は、四年間でなくなってしまう。そしてその間に、もし倹約して毎年五〇〇ポンドの出費にすれば、この金は倍になるだろう[113]。

これと同様にネガティヴな事例は、七〇年後のロックの著作のなかに見出される。ロックが言及した資本の一形態としての貨幣に意味があるとわれわれが認めてはじめて、次に述べる議論が受け入れられることは確かである。それは、「もし、この種の貿易がわれわれのあいだで維持され、一〇年後まで続くなら、何百万というわれわれの貨幣が、一〇年後にわれわれのもとから彼らのもとに行くことは明白である」ということである[114]。

このような背景に対して、貴金属という形態でより多くの貨幣があれば、王国のストックは増大し、豊かさが増すために重要であると信じるのは、不自然なことではなかった。だが、われわれがみてきたように、これは、貨幣が着実に流通することから生まれる良い影響に関する多くの提案の一つにすぎなかった。より多くの貨幣が、貿易と取引の拡大のために必要だという思想は、それ以外の、そしてたぶんもっと頻繁に出される提案であった。だが、一六二三年にイングランドでパンフレットが出てくる以前に、すでにナポリのセッラによって、別の考え方が強調された（一八七頁をみよ）。鉱山がない国は、貴金属以外の商品の貿易では黒字を出さなければならない。その国は、地金を輸入しなければならないからであった[115]。セッラがその著書『短論』で、ヴェネツィアが（ナポリとは対照的に）豊かになった理由について論じて、「困難なことは、流出を補填するために十分であるばかりか、実際に存在している大量の貨幣を生産する以上の流入をもたらす点にある」[116]。このような考え方は、一七世紀イングランドの論争では明確に述べられてはいなかった。しかし、イングランドには鉱山がなかったことは、何度も言及された。また当然、イングランドが貨幣を十分に流通させて、なおかつ利子率を低く保つほどの量の受け取る唯一の方法は、貿易差額黒字であった。それは〔貨幣量が多くなるので〕、貨幣が価値を失うことがありえるということも意味した。われわれがみたように、その恐怖を感じていた人たちもいたが、貿易差額赤字による影響と同じくらい重大だとはみなされなかった。

外国が支払う所得

いずれにしても、一七世紀初頭に、単純に貿易の余剰があれば、地金の流入があると主張したマンとミッセルデンによる貿易差額の定義に関する見解は、一七世紀イングランドの経済論争のあいだに徐々に根拠を失っていった。しかし、これまでみてきたように、ポスルスウェイトのような人物は、一七五七年になってもまだこの定式を使用していた（一四九頁をみよ）。だが、彼も徐々に意見が変化し、別の意見も出た。それを、E・A・ジョンソンが、「労働の貿易差額」、あるいは「外国が支払う所得」として洗礼をほどこした[117]。貿易「差額」は、「黒字」でなければならず、差額とはむしろ完成品と原材料ないしは半製品から生じる差額であった。完成品は、雇用を上昇させ、工場の収入が商人、製造業者、労働者の懐に入った。したがって、外国貿易は、外国の国々が、製造品を輸入することで、賃金とストックによる利益を輸出国に「支払う」よう組織化されるべきである。これまでみてきたように、これは、決して新しい思想ではなかった。イタリアでは、ネオマキャヴェリストのあいだで一般的であった。ボッテーロが、その例である。そして、イタリアとフランスにおいては、一六世紀にすでにあった思想である。とはいえ、イングランドでは、一七世紀末に普及したことは明らかであり、たとえばウッドは、一七一八年に、われわれに支払われる「差額」について語った。「というのは、製造品については、売る方が買うよりも多かったからである」[118]。ほぼ同時代の『ブリティッシュ・マーチャント』は、「旧来」の差額の教義をそれと同じような方法を用いて再定式化する傾向があった。「差額」とは、「われわれが購入するよりも販売する方が多い製造品に対して［われわれに］支払われるものである」。すなわち、「どの国も、われわれの完成品を持ち去り、われわれに原材料を提供し、われわれの国で製造品となるなら、原材料から製造品にする費用として、わが国民に雇用と食料を提供することに大きく貢献するのだ」[119]。

したがって、価値を付加された財の輸出とは、外国の国々が、輸出国の賃金と利益を支払うことを意味したのである。このような商品が輸出されるほど、ポルトガル、スペインや他の国々からイングランドに多くの所得がもたらされた。世界の製造業者になることによって、イングランドは、多数の労働者を雇用し、多くのストックは、「外国人払い」の所得によって払い戻された。輸入されるより輸出される「労働」が多ければ、外国から利益を獲得する[120]。

間違いなく、このような場合の差額という用語法は、特定の政治的文脈におかれるべきである。われわれはすでに、一七世紀イングランドでは、一般的に、「貿易の嫉妬」はまずオランダに、だがまたフランスに対して向けられていたことをみてきた。しかも、一七世紀末に、チャイルド、ダヴナントらの経済学者は、敵対国に対するイングランドの地位を高めるために、競争的な戦略を見出そうとしたことがわかる。しかも、一六九〇年代に、東インド会社はふたたび世間の目に触れるようになった。とりわけ、二人のパンフレット作者が、同社を批判した。ケアリ（—一七二〇）とポレクスフェンである。この二人の羊毛製造業者の利害関係者の代弁者の考えでは、インドから安価なキャラコの輸入があるので、イングランドの毛織物産業が崩壊してしまった。けれども、ポレクスフェンは、東インド貿易は、地金の「危険な」純流出をもたらすという旧来の議論を繰り返して満足しているように思われるのに対して[121]、ケアリは、それとは違う論拠を用い、この点を強調した。第一に、他の人びとと同様、ケアリは真の貿易差額を計算する困難性を指摘する。それはとりわけ、非常に多くの貿易が、為替手形という手段によって決済されていたからである[122]。しかし、ケアリはさらに、一般的原理として、こう述べた。

われわれの貿易の基盤は、われわれの生産物と、わが国民の労働により生産物を改善することにある。生産物は、海外に輸出され、売られ、その収益が戻ってくる。その収益は、より快適で素晴らしい生活に尽くすものだけではなく、大量の地金と他の財宝という形態をとる。それらは、労働よりも少ししか費用がかからなかった。[123]

そして、ケアリは、製造品の輸出からえられる利益について話している別の箇所で、こういった。

われわれは、原材料と労働の真の価格だけではなく、買い手の必要性と流通から生じる余剰によって、製造品の価格を決めて、輸出をする。そして、そのために利益額は増え、王国の富を増大させる。[124]

ケアリによる次の定式化だけで十分であろう。「土地から獲得される生産物と、それらの製造が、国民の労働による利益に加えられる[125]」。

しかしながら、外国が支払う所得という思想がさらに精緻になったのは、とくに、一七一三年のユトレヒト講話条約と、イングランド―フランス間で結ばれた貿易協定をもたらすことになった論争のときのことであった。この論争をおこなったのは、なかんずく『ブリティッシュ・マーチャント』の著述家の集団であった。彼らは、この思想を、ダニエル・デフォーが編集する雑誌『メルカトール（マーケター）』に反対する論拠として使用した。よく知られているように、デフォーはトーリー党の政府に雇われて、一週間に三回刊行されるみずからの著作で講話条約と貿易協定を弁護した。しかし、ホィッグの支持者集団による『ブリティッシュ・マーチャント』は、この「雇用作家」と、彼が非常に熱心に弁護した条約を批判した。[126] それは、同誌に寄稿した大量の著者が書いた。たとえば、チャールズ・キング、ジー、テオドール・ヤンセン、ヘンリ・マーティンである。だが、なかでもヤンセンが書いた「貿易における一般的格言」と題された論文は、新たな「教義」を完全に詳細に説明していた。[127]

ヤンセンによれば、以下の貿易は、国家にとって有利ではなかった。(1)「単に贅沢品だけをもたらす」貿易、(2)「自国の製品の消費を妨げる」貿易、(3)「国内で製造するのと同じ商品を供給する貿易」、(4)「われわれがすでに自国に導入しているのと同じような商品の安易な条件での輸入」である。[128] まったく予測される通り、ヤンセンらの寄稿者は、『ブリティッシュ・マーチャント』において、フランスとの貿易協定は、このような無益な結果以上の災難をもたらすと論じた。しかも、『ジェネラル・マクシム』の著者は、以下のような一般原理を提示した。

われわれの最終製品を持って行き、その代わりにわれわれにこの国で製造するための原材料を送ってくる全ての国は、原材料の製造コストを賄うことで、わが国民の雇用と生活に貢献してきた。[129]

しかしながら、この原理の元来の側面が詳細に明らかになるのは、具体的に別の事例に適用されるときであった。すなわち、現実にポルトガルが、どの程度「この国の繁栄と幸福」に貢献したのかということであった。

まず、ポルトガルとの貿易に関して。われわれがポルトガルに送る商品に対して、ワイン、オイル、その他わが国で使用・消費される商品がその代わりに送られてくることが認められる。だが、もっとも物価のある商品とは、金銀であった。したがってポルトガル人は、わが国民に雇用と食料、さらにわが国土の産品に金を支払う。その差額は巨額であり、金銀で支払われるので、わが国の繁栄と幸福に貢献するのである。[130]

その後、テキストのなかで、ヤンセンはまた、地代と利益に関して、同じ原理を採用した。[131] 彼は、こう結論づけた。

私としては、二国間の貿易の利益ないし損失を推計する方法をほかに知らない。国民の労働、土地からの生産物、そしてある国の商人の利得は、他国よりその額が大きいなら、全ては、前者の国の利益に、後者の国の損失になる。[132]

貿易差額の概念を維持することを可能にする一方で、現実にはそれに新たな内容を提供するこの思想は、これ以降数十年にわたって、多数の著者から有益だと考えられた。実際のところ、『ブリティッシュ・マーチャント』では、これ以後、国家は、製造品の購入よりも販売を多くすべきだということが、認められるようになった。一七五七年、ポスルスウェイトは、これを商業の一般的な「格言」だと呼び、「有益な」貿易と悪い貿易とを分けた。有益な商業を獲得することは、「政治的商業運営のための技術と科学を構成する」と、彼はいった。[133] しかも、この「差額」は、国内の労働者、製造業者、地主の所得として支払われた。たとえばウッドは、一七一八年に、「われわれに販売するよりもわれわれから購入する方が多い国は、差額の全てが、われわれの国民の雇用と生存に、そしてわれわれの土地の生産物に提供される」ということを指摘した。[134] それとは別にしてジーの事例があった。彼が書いて広く読まれた『グレート・ブリテンの貿易と航海』（一七二九）で、彼は「全般的差額」の算出をし、イングランドは、成長しつつある植民地帝国から原材料を輸入する工業国になるべきだと強調した。このような完成品の貿易をすることで、われわれは大きな利益を獲得すると、ジーはいった。イングランドは、他国の貧民ではなく、自国の貧民を雇用することができるという結論を彼は導き出した。[135]

通常の経済学説史の教科書では、ジェームズ・ステュアートは、最後の重商主義者といわれることが多い。[136] ステュアートは『経済学原理』において、当時は標準的だったことが書かれているといった。「したがって、労働の輸入に反対し、その輸出を促進することが一般的な格言である」。[137] 貿易国は、激しい産業競争に従事していたと、彼は信じていた。この競争を真剣に考えることは、政治家の仕事であった。事実、ステュアートはこう述べさえした。「政治家の能力は、われわれが国家的競争の微妙さと呼ぶものを方向づけ、指揮する点に発見される」[138]、と。労働差額の損失は、長期的には経済的・社会的衰退につながる。（ただ）この意味において、もし「一国がより豊かになり、他国がより貧しくなるなら」というこの古い格言は、正確であり続けることができた。[139] ある国が競争で不利な状態にあることから保護するために、ステュアートは、一〇〇年後のJ・S・ミルによる幼稚産業に関する議論に似た議論を使い、国家は、とくに後代、産業基盤を創出する過程にあったとき、有害な競争から自国を自由に保護することができたに違いないという点を強調した。[140] 彼の主張の主要な論拠は、「貿易をオープンにしておくとしても、提示されていたほどの効果はえられないだろう。なぜなら、そうすれば、国によっては産業を破壊することになるからだ」。[141] さらに、ステュアートは、貿易自体が富を生み出すとは思っていなかった。事実、彼は、国際貿易は、互恵的であるべきだと強調した。正貨の流入は、国家が、他国との貿易から利益をえている真の証拠ではなかった。むしろ、「貿易差額について判断することと、正貨から国家の富を判断することは別問題だ」、といった。[142]一般に、ステュアートは経済的自由に賛成し、独占に反対したと考えられている。彼は、「貿易差額」ではなく、雇用を提供するための経済政策を目的にすべきだと主張した。これは、彼がもっとも関心をもっていた差額である。「したがって、貿易国家が衰退しないように維持するために、もっとも大きな注意が払われなければならない。雇用される人びとと彼らの労働のあいだに完全な均衡を維持するのである」。[143]

最後の事例を出すだけで十分かもしれない。一七四四年、マシュー・デッカーは、一般に流布する作品を出版し、それは、一七五六年までに七版をかさねた。経済思想史家は、主としてこの著者を、「自由貿易」の性向があると認識した。だから、たとえば『パルグレーヴ事典』で、彼は「アダム・スミスのもっとも重要な先駆者」として受け入れられている。[144]しかし、「もしイギリスの輸出額が輸入額を上回ったなら、外国人は差額を国庫に入れなければならず、国家は豊かになる」と指摘したかなり荒削りの差額理論を提示することをまったく止めようとしなかった。[145]金銀に関して、彼は次のようにさえいった。「一国が保持するこれらの金銀の大小によって、豊かか貧しいかが示される」[146]、と。しかし、デッカーは、この問題について二つの意見があったようだ。その後のテキストのなかで、デッカーは、輸入されて、「国民の労働によって少なくとも価値を二倍に高められた原材料は、国家の財宝をその分だけ増加させた」と指摘した。[147]

デッカーが決心することは困難なように思われたが、彼の『随想録』は、確かに重要な作品である。それは一八世紀に、分析の出発点として貿易差額理論を使用した最後の試みの一つであった。貿易に関するいくつかの一般原理を提示することが、デッカーの目的であった。主要な論点は、イギリスの外国貿易の低下が感じられるほど悪化した理由を議論することであった。われわれがみたように、彼は旧来の貿易差額の見解から出発し、外国貿易の究極の目的は、貴金属を持ち込むことにあると強調したのである。ジー、チャイルド、ロック、コークのような著述家を引用し、貿易差額に関して考察することによって、疑いの余地なくデッカーは、自分自身を長い伝統に属する一人だとみなした。

さらに、われわれがみたように、デッカーは、一国が繁栄するためには、より多くの製造業と貿易が欠かせないものの一つになったと、旧来の重商主義者と合意した。しかし、産業と貿易を増強する方法については、たとえばチャイルドのような統制主義とはかなり遠い位置にいた。デッカーは、一般的原理として自由貿易の信奉者であり、より競争的になるために、関税と規制を捨て去らなければならないと信じた。彼がいうには、「貿易の真の性質に関する適切な知識」があれば、「商品は安くなるほど、より多くが輸出され、国を富ますことができるのは、輸出だけだ」という結論に至るだけである。(148) 彼は、「自由貿易における自国商品は全て、本質的な価値がある」と書きさえした。(149) しかも、デッカーは低賃金が良いと信じていた。しかしそれは、生産費を低くし、価格を低下させるためだけであった。彼は、人口は多い方が良いと考えていたが、同時に、「雇用は国民のためであるので、多くの人びとが、あなたの国民になる」(150) といった。

したがって、デッカーの作品は、二つの異なるが明確に関係する理由のために言及に値する。第一に、一八世紀初頭に、非常にオーソドックスな貿易差額の教義に固執する（リップサービスをして）ことがなお可能であったが、同時に、何よりも自由貿易をすぐれたものとして認めたのである。第二に、デッカーは、一八世紀の経済の成長と発展にとっての輸出の役割を認識しており、この二つ〔重商主義と自由貿易〕を、同じ方向にどうやって導けたのかということを示す一事例である。現実には、自由貿易を促進し、制限に反対するという立場を取るに至ったのである。一九世紀の「重商主義システム」は、このように主張される逆説を認めるのは困難かもしれないが、一八世紀に生きた人びとにとっては、さほど驚くことではなかったはずである。

衰退

貿易差額説の考え方は、自由貿易の意見が大きくなっていった単なる結果として崩壊していったと簡単に信じるとすれば、それは安直である。けれども、すでに述べたように、デッカーは、自由貿易の意見と同時に、古い公式の少なくとも一部に固執することが組み合わせられたことをうまく示す事例である。それを例証する別の事例として、ヤコブ・ヴァンダーリントがいる。彼はオランダ人であり、一七三四年に、小冊子を出版した。それは、すでに引用した、『貨幣万能』である。数名の著者が気づいたように、ヴァンダーリントの小冊子は、「オーソドックスな重商主義者の見解」と、「自由貿易の原理」が組み合わされていた[151]。彼が漏らした主な不平とは、貿易差額赤字が貨幣不足を引き起こすといわれていることであった。貿易差額赤字は、それが膨大な人口と比較して農業生産高が低すぎることから生じる「必需品」の高価格が原因となった[152]。彼はこの時代の他の大勢の人びとと同様、低い生産コストとコスト競争の役割の重要性を強調した。だが、このように自由貿易の良さを示すことは、これ以前の時代でさえ、異常なことではなかった。しかも現実には、彼の主張は重商主義のために使用される表現形式《ヴォキャブラリー》と結びついていた。これをベースとして論じられるのは、ほとんどの重商主義者は、遅くとも一七世紀末から、保護主義者というより自由貿易主義者という方がふさわしかったかもしれないということである[153]。

しかし、外国貿易という手段によって「雇用が」増加するという議論に賛成する他の著述家は、貿易差額の議論を全く使わなかった。むしろ、彼らの関心の焦点は、外国貿易によって達成されるより一般的な利益にあった。

われわれがみたように、たとえばチャイルドは、貿易差額の教義を全く無視し、むしろ貿易は規制され、適切に組織化されるべきだと強調した。「この貿易を最大限に促進するために、われわれの製造品の大半に出口を与えるか、われわれにイングランドでさらに製造するための原材料を供給すべきだ(154)」。

実際、チャイルド、ダヴナント、バーボン、ノースらの著述家は、貿易差額の概念に技術的かつより原理的な論拠を提示したであろう。この差額がどの程度黒字であるかということを説明することはできないということを論ずるのが、ますます当たり前になってきた。それゆえ、むしろ、外国貿易が提供可能な雇用の総量の方が、貿易差額黒字の指標としてははるかに適切だったのである。ときにはまた、外国との為替相場が、「通商のバロメーター」とみなされるべきだと強調された。そのため、外国為替は、外国貿易が有利かそうでないかの指標として使用することができたのである(155)。また、貿易差額の概念に対して、より根本的な批判が現れるようになった。この文脈においては、あとでより詳細にみるように、バーボンがこの「一般的概念」を「間違いだ」と直接述べた最初の人物の一人であった。結局、バーボンが、「外国の金で外国商人の帳簿の決算をするという使い方をすることはできない」と強調した最初の人物であった(156)。

したがって、貿易差額に関する言説は、一七世紀のあいだに少しずつ解体していった。それがどの程度かということについては、われわれは、単に自由貿易の傾向が増大した結果だとせず、もっとそれを推進した他の要因をみていかなければならない。この文脈で、貿易差額黒字の公式について不安になっていったことは、より重要であった、われわれがみたように、すでに一六九〇年代において、数名の著述家が、貿易差額を計算するのがすこぶる難しいことを指摘していた。彼らは、国家が貿易で勝利しているのか敗北しているのかを決めるためには、この計算は実用的とはいえないことを知っていたのだ。

しかし、すでにこのときに、この教義に対するより過激な態度が現れていた。バーボンは、このような批判の初期の提唱者であった[157]。この文脈で重要な別の著述家に、ダドリー・ノース（一六四一―九一）がいた。彼はトルコ会社の富裕な商人であり、チャイルド、バーボン、ダヴナントと同じく、トーリー党員であった。だが、彼の小冊子『交易論』（一六九一）が、この当時、あまり読まれていたとは思われない。その理由は簡単であり、政治的理由のため、同書のほとんどが現実には廃棄されていたからである[158]。同書出版の目的は、主として、通貨改革とこの当時大きく上昇していた利子率規制に関する論争に関連する議論に介入することにあった。だが、この本の数頁は、当時のありきたりな経済思想の大半を鋭く批判することから成り立っていた。方法論としては、実証的調査にもとづいた真実を確立する必要性を強調した。バーボンが論じたように、古い哲学のほとんどは、真空中での抽象的な議論に明らかに関心を示していた。しかも、彼は貿易・経済現象をいくつかの簡単な原理で支配されるものだとみなした。彼はこの原理を、自然法だと明確にいったのである。その結果、バーボンは、貨幣使用の「自然」価格として、利子率は法によって規制されるかもしれないという思想を激しく、そして原理的に非難した。この観点から、バーボンはさらに貿易差額黒字の概念を批判した。貨幣は、媒体にすぎない。多すぎることがあれば、少なすぎることもある。「このような通貨供給の上下変動は、政治家の助けを借りなくとも、自動調節される[159]」と、彼はいった。彼は、一国だけではなく世界全体を包摂する自然なシステムの一部としての商業の取り扱いにおいては、さらに過激であった。「世界全体の貿易に対する関係は、一国ないし国民ないし諸国民の個人に対する関係と同じである[160]」。

バーボンと同様ノースにとって、現実には貨幣は通常の商品であり、媒介となるものだという概念があるため、外国貿易によって安定的かつ長期的に地金の余剰が獲得されるということは、およそ支持できなかった。約五〇年後のジョセフ・ハリスにとって、この議論は当然のことであった。しかしこの当時は、「貨幣には、その総流通量に応じての価値がある」というノースの見解に、誰も真面目に反論しなかったのである。[161]

これ以外にも、貿易差額説に反対する議論があり、それはだんだん無視することが困難になった。それは、のちに「正貨流出入機構」として知られることになった原理である。われわれはここで、この分析ツールが徐々に洗練していった様子について、詳細に研究するつもりはない。この機構は、ヒュームが有名なエッセイである「貿易差額について」を出した一七五二年にはすでに使われていたといえば十分であろう。[162] そのため、貨幣の純流出は、物価を低下させ、輸出を促し、しばらくすると、われわれが失った貨幣を取り戻したという提起は、バーボン、[164] ヴァンダーリント、[165] アイザック・ジェルヴェーズ（一六八〇―一七三九）の著作に見出される。[163] フランスのユグノーの移民の息子であるジェルヴェーズは、一七二〇年に刮目すべき小冊子を出版した。この小冊子で、彼は経済とは、自己調節秩序があり、そのままにしておけば、貿易と産業にかかわっている全ての人びとを豊かにする最良の方法をみつけることを示した。正貨流出入機構について、彼はこういった。

国家が世界の重要な基準（貨幣）を、本来の比率より多く引きつけた。国家は、重要な基準の適切な比率よりも大きな余剰を獲得することはできない。なぜなら、その場合、当該国の貧富の割合が破られるからである。すなわち、貧民と比較して金持ちが多すぎて、国家は世界に、国家がもつ重要な基準に応じた比率の労働者を提供できないのである。そうすると、貧民の労働は全て、富裕者の支出との釣り合いがとれなくなる。その結果、当該国に入ってくる労働者は、出て行く労働者よりも多くなり、いなくなった貧民の埋め合わせをする。貿易の目的は、金銀を引きつけることであるので、労働の差異は全て金銀で支払われ、それは、他

の国々と比較して、差異が小さくなるまで続く。(166)

このタイプの分析的な発明がこんにちのわれわれにとってどれほど重要だと思われても、ジェルヴェーズのような著述家は、生きているあいだには全く無名であり、彼が書いた小冊子は完全に無視されたことを強調すべきである。われわれがみたように、ヒュームのエッセイが上梓されてはじめて、正貨流出入機構のメカニズムが、多くの一般読者に知られるようになったのである。さらに、外国貿易から生じる貨幣ないし資本の純余剰という考え方は、本当にゆっくりとしかなくならなかった。「外国が支払う所得」という概念——産業が成長するには保護が必要であり、付加価値のある製品の輸出が望ましい——は、ずっと長く残った。自由貿易の主要な事例が、教義のうえでも現実にも、一八四〇年代と五〇年代以前にイギリスで勝ち取られていたかどうかが議論された。(167)それ以来、違った形をとって、何度も繰り返しその議論は現れた。「幼稚産業」の論拠として、他の人びとを否定している欺瞞的アルビオンをリストが批判したが、産業の進展自体は、自由貿易帝国主義、輸入代替などの形態をとって達成されてきた。

貿易差額主義の回顧

本章では、一七世紀から一八世紀初頭にかけての貿易差額黒字のさまざまな使用法について論じてきた。貿易差額黒字という用語をどのように解釈すべきかということについて、この当時現実には同意はなかったという以前からの結論を強調した。だからこの当時、「考える対象として良い」というフレーズは、著者によって違った意味で使われていたのである。現実のテキストを研究するなら、それは全く自明のことであるように思われるが、まさにこの事実が、重商主義者の文献の解釈をするほとんどの人びとによって、直視されてこなかったのである。われわれはその理由について、ただ推測するしかない。明らかに、スミスにとって、貿易差額黒字の教義とは貨幣と富を混同したことだという見解は、とりわけポレミカルな理由で適切であった。また、一九世紀の自由貿易主義者にとっては、間違った「重商主義学派」という概念は、彼ら自身の「システム」の確かさを増進することに役立った。しかし、このように唯一の原因を求めるという姿勢があるということは、現在もなお不可解である。ある種の現象に対して強力で簡単な説明を求める誘惑があるのかもしれない。けれども、不幸なことに、重商主義の著述家が貿易差額という言葉を頑なに使い続けたことに対する唯一の簡単な説明を発見することが可能だという思想に対して、実証的な支持はまったくできない。もしこの話に問題点があるとすれば、まさにここに見出される。

しかも、この当時は用語の詳細な説明が異なっていたばかりか、明らかに、解釈によっては、他の解釈を非常に効率的に排除した。そのために、外国に支払う所得の解釈は、地金の純余剰の役割を強調する定義に反対することを目的として明確に提示されることが多かった。これは、チャイルド、バーボン、ノース、ステュアート、ダヴナントのような著述家には、全く明らかなことであった。しかも、われわれがみたように、このような反対を、レッセフェール対保護主義の傾向の結果というように単純化することは、完全な間違いである。次章でみるように、貿易差額黒字の教義の詳細な説明は、自由貿易や保護貿易に関する意見とは全く関係なく現れてきたのである。さらに、流入する貨幣は流動資本を構成し、もしそれが使われるなら、国家のストックを増加させるという考え方は、より多く流通する貨幣そのものの積極的な役割を強調する、それとは別の提案と対峙する形で提出されることが多かった。これらの両方の解釈に対立したのは、貿易差額黒字の背景にある主要な政策目的として、詐欺的な貨幣商人ないしたぶん国王の財宝の増加の役割を強調するような説明であった。この種の用語法の相違は、この当時には、経済学の用語の使用法について一致した見解がないことから生じたことは疑えない。経済学は一貫した学問ではなく、たとえば、政治的言説から切り離されて探究される分野でもなかった。したがって、著述家たちは、概念や言葉をさまざまな意味で使う傾向があった。とはいえ、変化は身近に迫っていた。次の二章で、一七世紀にとくにイングランドで登場していた商業経済に関する新しい思想の意味合いを論ずることにしよう。

第四章　一六二〇年代の論争

重商主義思想の出現に関する画期的な研究をしたJ・D・グールドは、もしトマス・マンの『外国貿易によるイングランドの財宝』（一六六四）が、実際に書かれた一六二〇年代後半――その三〇―四〇年後ではなく――に出版されていたとすれば、何が起こったのだろうかと推測した。(1) これまでみてきたように、スミスはマンを、明確な重商主義「宣言」をしたという理由で賞賛した。このことは、以降「重商主義」思想の理解に大きな影響をおよぼしてきた。だが、主要なテキストの出版が、一六二〇年代ではなく一六六〇年代であったために、スミスの解釈は歪んでしまっていた。他の注釈者と同様、スミスも、同書の解釈の中心を、とくにオランダ人に対して向けられた攻撃的な経済政策を支持する党派的テキストだとみなす傾向があった。しかし、われわれがみるように、これは真理の半分しか語っていない。間違いなく、マンは語調において攻撃的であった。だが、これではマンの主要な論拠も、同書が向けられていた歴史的環境も説明していない。

マンの「重商主義宣言」は、死後、息子のジョン・マンによって出版された。おそらく、一六六四年に同書が出版された第一の、しかし、間違いなく、スミスがマンの著作をこのように理解した理由としてたぶんもっとも重要なものは、この当時典型的であったオランダ人への激しい語調で批判をしたからである。〔一六五一年に〕イングランドで航海法が導入されたのち、互いに批難しあい、怒りに満ちた外交文書が行き交い、一六五二年にほとんどいつも戦争状態にあった。一六七四年まで、イングランドとオランダ共和国は、公然たる戦争になった。『イングランドの財宝』において、「オランダ人」についてマンが書いたことには、真実味があった。イングランドの読者にとって、「キリスト教世界に、国内外の海運業と貿易で、これほど日々われわれに傷をつけ、損害を与え、暗い影を落とした国民があっただろうか」(2)。

第二に、マンの主要作品の出版は、東インド会社の行為に対する批判が増加したことに対する反応とみなされるべきである。同社が地金を輸出していることに対する敵意に満ちた批判は、一七世紀初頭から多数寄せられていた(3)。だが、とくに一六二〇年代の深刻な貿易危機と、一六六〇年代からふたたび、より徹底的な批判が突如勃発した。どちらの時代においても、イングランドの毛織物工業内部での全般的不満が、このような批判が発生した背後にあるもっとも根本的な理由であったようだ。たとえば、一六六〇年代においては、パンフレットのなかで洪水のように不満がどっと溢れた。失業と不況を救済するためには、安価なインドキャラコからの保護しかないと書かれたのである(4)。

第三に、そして最後に、マンのテキストは、王政復古期の主要な政治問題であった地金輸出を自由にすることに対する支持をえるためには、有益であった。一六六三年には、貨幣を自由に輸出したい人びとが、最終的勝利を獲得した(5)。貿易委員会は、地金を自由に輸出するよう勧めた。その論拠としては、「貨幣と地金は、いくつかの法を強引に破って常に介入した。世界の貿易は、強制されることなく、利益が出そうなことを実行」すべきだということがあった(6)。委員会がさらに述べたのは、いくつかの貿易、とりわけ東インドとの貿易では、貨幣を運ぶことが必要だということであった。この文脈においては、マンの最初の著書である『貿易論』(一六二一)とその後に出た『外国貿易によるイングランドの財宝』(一六六四)が重要であった。どちらの作品においても、マンは、場合よっては、貨幣の輸出を弁護した。彼は、「全般的」貿易差額と「個別的」貿易差額を区別したのである。

マンの宣言は、一六六〇年代の政治的論争で使われたために、間違いなく、広範におよぶいくつかの影響をおよぼした。その結果、グールドによれば、『外国貿易によるイングランドの財宝』は、主として政治的パンフレットだとみなされ、同書の分析的・原理的側面は、しばしば見逃されてしまった。しかも、主要な議論が全般的貿易差額と個別的貿易差額とを区別することだとみなされたのは、地金輸出に賛成するか反対するかということをめぐる一六六〇年代の政治的混乱があったときだけである。一六二〇年代の観点からは、主要なメッセージは、全く違ってみえた。この観点からは、論争の焦点は、当時の不況と貿易危機であった。より特定するなら、マリーンズらが提唱した危機を貨幣の観点から説明することに反対しようとすることが〔出版の〕目的であった。(7) マンは、その著書『外国貿易によるイングランドの財宝』において、徹頭徹尾東インド会社を擁護した。同書でマンが、一六二〇年代の深刻な貿易危機におけるなんらかの一般的説明を見出そうとしたことは明らかである。さらに、貿易と産業の危機に関する本当の解釈をみつけるために、マンは、ミッセルデンとともに、経済過程に関する新しい見方とヴィジョンを提供しようとした。マンの考えでは、この過程は、当時の状況が混乱し悲惨であったことを、もっと正確に説明することであった。

したがって、マンの有名な小冊子は、異なる言説の枠組みにおいては、テキストは違った意味を獲得することを明確に示した事例である。第一章で論じたように、テキストは、それが使われるようになった歴史的文脈と関連させて理解されなければならない。本章では、一六二〇年代の危機の同時代の論争が、どのようにして貿易差額と関係し、多くの人びとが「重商主義」と呼ぶようになった経済的問題を扱う特定の文献を生み出すようになったのかということを示したい。このような経済状況で重商主義が生まれたとしても、分析価値の境界が決まるわけではない。むしろ反対に、危機の救済策をより良く理解するために、マンのような人たちは、経済がどのように機能しているのかということについて、再考しなければならなかったのである。サプルが鋭くいったように、「経済的混乱と経済思想の発展のあいだには、確かに戦略上の関係がある」(8)。われわれが論じるように、このような再考の過程は、すでに存在している分析とは全く異なる種類の分析の出現を含意した。この論争の結果もあって、新しい言語と「経済」観が生まれた。

一六二〇年代の論争

リプソンは、『イングランド経済史』で、一六二〇年代を貿易と産業の危機の時代と特徴づけた。「イングランドの繊維産業の歴史のなかで、もっとも記憶に残る不況の一つが一六二〇年にはじまり、四—五年間続いた」(9)。毛織物の輸出貿易(なかでも広幅毛織物)は、劇的に低下し、多くの衣料商は破産の淵に追い込まれ、失業が蔓延した。貧苦がイングランド全体に蔓延し、当局は「騒動」と物乞いと盗みの広まりを恐れた。「失業者は、群れをなして富裕者の家に行き、食料と金を要求し、市場で食料を盗んだ」と、リプソンは書いた(10)。一六二〇年五月、枢密院はこう報告した。「われわれが最近気づいたのは……、多くの織工、紡績工、縮充工から、毛織物が衰退しているという不平が聞かれたことであり……、そのため、作業所が不足して大きな経済的困窮が彼らに降りかかっているということだ……」(11)。さらに、二年後、委員会は提出された請願書に対し遺憾に思った。

サフォーク州とエセックス州の衣服商が、商業を続けることができないという不平を漏らしています。大量の毛織物が彼らの手中に残っており、その販売先がないというのです。[12]

突然生じた危機のため、議会と王室の委員会が任命されることになった。[13] 危機の原因に関する議論があちこちでおこなわれた。マンによれば、一般民衆のあいだで、「われわれが追い払わなければならない諸悪の原因として」、とりわけ次のことが指摘された。(1)「外国による関係の不和」(外国鋳貨の悪鋳)、(2)「われわれと他国との為替の乱用」、(3) 鋳貨が溶かされ平皿になった、そして (4)「外国人との取引によるわれわれの損害」であった。一六二一年に書かれた備忘録では、危機は、主として貨幣が原因とみなされた。すなわち、「貨幣不足」が原因であった。[14] 備忘録は、このような不足は、以下の「原因」によると指摘した。

一　鋳造所の手数料が高く、貴金属の入手に不利になった。
二　使用法は、地金の輸出を防止するためには、適切に機能しなかった。
三　スペインからのタバコの大量輸入。
四　外国人がイングランドに入ることを制限。
五　アイルランド、スコットランド、東インドへの貨幣輸出。
六　貿易の「制限」。
七　「われわれの金銀の品質の不統一」
八　高すぎる(?)関税。

九 「金銀のスペインからの輸入不足」と

十 「イングランドにおける金銀の消費」と貨幣の平皿への転換(15)

ここにみることができるように、問題の原因として推測されているのは、確かに供給不足ではなかった。単に、これほど多数の原因がこの当時の人びとを驚かせただけのことである。混乱に輪をかけたのは、これらの要因が重なり、どのようにして「貨幣不足」が提唱されるようになったのかということに、何の手掛かりもなかったことである。しかしまた、この内輪のグループの外側では、危機の原因をめぐる激しい論争が続いていたようである。サプルは、このような論争に大勢の人びとが参加した点を概観して、一般的に受け入れられている貨幣不足以外に、この論争で強調された四つの説明を強調する。詐欺的な製造業者が低品質の製造品を生産した。ヨーロッパにおける競争力のある産業が出現した。三十年戦争が勃発した。貿易会社が、独占的地位を利用して毛織物価格を下げ、そのため衣服商と労働者が貧困化した(16)。

この劇的な産業危機の背景にある原因を理解するために、いくつかの提案が出された。以前の研究では、いわゆるコケイン企画の失敗が、主要な要因とみなされることが多かった。しかし、より最近の研究文献では、不成功に終わったこの企画の全般的重要性はあまり強いものではなかったとされる(17)。オランダ人に染色した完成毛織物だけを売ろうとした試みが失敗したことは危機を悪化させたが、一六二〇年代初頭に毛織物輸出量が急減した背後に、より重要な構造的・短期的原因があった。ヒントン、グールド、サプルのような経済史家は、一六二〇年代の一〇年間は、長期的な構造転換と突然のショックが重なり合ったのだと論じた。構造転換については、イングランドは、一六世紀末から、以前の古い広幅毛織物(旧毛織物)の製造をほぼ独占していた地位からの相対的な低下を経験していた。一六二〇年代に、毛織物の国際競争が激化し、その結果市場が衰退したことは、多くの観察者にとって明白なことであったに違いない。結局、この時代の多くの著述家は、ミッセルデンを含めて、「オランダ人がイギリスの毛織物なしでは生きていけない」という「間違った」前提に対し警鐘を鳴らした。(18) そのため、むしろ一六世紀後半は、ヨーロッパ大陸、とくに低地地方でこのような毛織物の製造が急速に発展した。この構造危機の長期的影響として、スペイン・地中海市場を狙って、より軽く、カラフルで、安価な新毛織物が出現した。しかし、この変化は、技術や技能の代替を必然化したわけではなく、産業のドラスティックな再局在化を意味した。そのため、伝統的な毛織物製造地域の多くで貧苦と失業が生じた。(19)

しかしながら、この構造的危機を悪化させたように思われるのは、すぐに生じたいくつかのショックであった。そのために、国際経済の通常の機能が麻痺したからである。グールドとサプルが強調したように、とりわけ三十年戦争の勃発に続いて、貨幣の大混乱が生じた。それが原因となり、イングランドの輸出貿易と製造業の状態を悪化させた。戦争用に貨幣を供給するために、ポーランドと神聖ローマ帝国の君主と国王は、鋳貨の額面価格を上昇 enhancement させたり、悪鋳 debasement したり、盗削 clipping して、貨幣操作を実行した。結局、ドイツ歴史学においては、この時代は剪貨《せんか》時代 Kipper- und Wipperzeit と呼ばれてきた。しかも、大陸における激しいまでの悪鋳が、イングランドの貿易差額を赤字に変えた。それは、輸出価格がより高くなった〔ポンド高〕のに対し、それと同時に、これらの地域からの輸入価格は、より低くなったからである。輸入については、主として、大陸における悪鋳の影響の結果であった。そして、ゆっくりと続いたのが、それにともなう地域の通貨の価値下落であった。全体として、この過程の全ては、イングランド通貨のドラスティックな平価切り上げを意味した。サプルが示したように、インフレーションによる物価の上昇は、物価が古い仕組みに拘束されており、制度の不変性、無知、混乱のため、通貨操作に遅れて生じた[20]。そのために、通貨操作と悪鋳が短期的な主要因となり、一六二〇年代初頭の不況がこれほど激しいものになったのである。グールドが指摘したように、この説明は、間違いなく「理論的可能性としては、圧倒的にそれが原因であった」。長期的には、それはイングランドの広幅毛織物を市場から追い出し、旧毛織物から新毛織物へと転換するスピードを速めた[21]。

すでに言及したように、貿易不況の重要な帰結として、いくつかの委員会が立ち上げられたことがあった。一六二二年四月、国王の枢密院が委員会を設けた（エドワード・スプリンヤクに指摘されたように、小委員会であった[22]）。それには、イーストランド会社、東インド会社、ロシア会社、マーチャント・アドヴェンチャラーズなどのさまざまな貿易会社からのメンバー、苦境にあって助言を求め、与えていた衣服商の地域と地方港からの代表が含まれていた。彼らのなかでは、トマス・マンが、グループの主要なスポークスマンとして目立った。次の数か月間に、このグループが作成したいくつかの備忘録を書いたのが彼であったことは間違いない[23]。ほぼ同時期に、「真の理由と目的を発見するため、彼らは次に、この王国に対するこれほど巨額の損失と不便が、以後どのようにして吸収され、避けられるのかということに対するもっとも適合的かつ適切な解決策を考える」という野心を抱いて、別の小委員会が立ち上げられたのである[24]。この集団内部では、もっとも重要なメンバーは、マリーンズ、ラルフ・マディソン、ロバート・コットン、ウィリアム・サンダーソンであった[25]。非常に早くから、二つの委員会が貿易危機の原因の解釈に関して、根本的に関与した。

マリーンズの委員会が一六二二年五月に報告書を提出したとき、国王の厳格な命令によって、それは論争している商人のグループに届けられた。われわれは、分析で大変批判的なことが書かれたことを確認することができる。さらに、一六二二年一〇月、より大規模で、今回は常設の委員会が激しい危機に対する適切な救済策を見出すという困難な問題に取り組みはじめた。少なくとも、枢密院の法律から判断すると、この委員会は、非常に活動的だったように思われる。よく知られているメンバーとして、商人のエドワード・ミッセルデンがいた。彼はマーチャント・アドヴェンチャラーズに属しており、一六二一年には、スペインとの貿易に関係していたようである。[26] マリーンズは常設委員会を辞任したが、マディソンは依然として残った。マディソンは、マリーンズと似た見解の持ち主だとみなされていた。[27]

為替と貿易差額に関する有名なパンフレット合戦がマリーンズ、ミッセルデン、マンのあいだではじまったとき、このように白熱した雰囲気があった。この崩壊に巻き込まれていた人には、多種の委員会に属する他のメンバーもいた。この議論で、危機とその救済の背後にある原因について二つの基本的に異なる見解があることが強調されたのは明らかである。これらの全く異なる意見を明確に説明していたのは、異なる委員会の代表であったマンとマリーンズが書いたが公表されなかった小冊子と、マリーンズ、ミッセルデン、マンにより出版された有名な小冊子であった。[28]

一方では、「マネタリスト」とでも呼べそうな人びとがいることがわかる。コットン、マディソン、サンダーソン、マリーンズを含むグループである。彼らがマリーンズと同じ考えを共有していたことは、明らかなように思われる。予想できないことではなかったが、それが全く確かなのはマディソンの場合であった。マディソンは、その後三〇年間にわたり、問題の中心は、「両替商」によって「一般にわれわれの貨幣が使い尽くされた」ということであったと、繰り返しいったからである。[29] われわれはあとで、マリーンズと彼のグループの思想をより徹底的に議論したいが、ここではマリーンズにとって、一六二〇年代初頭の状況は、みずからが二〇年間以上にわたり説教してきたことを証明した証であるように思われたといえば十分である。委員会に先んじて、マリーンズは以前に出版した作品である『イングランドの民富に関する害毒論』(一六〇一)と、寓話的な『イングランドの聖ジョージの寓話的描写』(一六〇一)について言及した。そのため、一六二二年五月、彼はさらに次の見解を提示した。「したがって、王国の損失と貨幣輸出の効果的な説明は、為替相場の不平等性にある」[30]、と。マリーンズの見解では、外国出身の為替ディーラーと銀行家が、イングランドの通貨の陰謀を企て、評価を下げたままにしておいた。彼の有名な平価 *par pro par* よりもはるかに額面価格が低かった。それについては、すぐあとで論じたい。結局、そのために貨幣と地金が「海外に」輸出された。それが、イングランドにおける「貨幣不足」を説明したのである。このような銀行家によるトリックないし「妙技」は、より悲劇的な結果をもたらした。というのも、貨幣不足が、国内物価を低下させ、イングランド商人は、利益を獲得するために、それまでよりも多い商品を提供し、少ない商品と交換するしかなくなったのである。マリーンズとマディソンの両者によって、これは「不均等な交換」と呼ばれ、結局貿易差額は悪化した。したがって、為替相場の下落を埋め合わせるために、イングランド商人は、商品を海外にダンピングして売るほかなかった。マディソンが一六二二年に書いたように、イングランド商人は、海を越えて商品を急いで売って、為替手形で支払い、そうすることで、他の商人たちの市場を荒らし、商品を非常に安価に売るように仕向けた。それとは対照的に、「海を越えた貨幣の移転は……外国商品の価格を上昇させた[31]」。

マリーンズと彼が属するグループがみたように、唯一の救済手段は、為替相場を一五八六年の古い平価まで強引に戻すことであった。このような強制的な規制政策により「平価」を維持することで、貨幣は逆にイングランドに流れ、貿易条件が改善された。唯一の救済策は、為替相場は、以後、われわれの貨幣に内在する真の価値以外ではださない」ということであった[32]。この意味で、マリーンズは、確かにある種のマネタリストだと特徴づけられる。イングランドの貨幣は現在過大評価されており、そのために輸出されているという彼の視点はまた、後代の大半の研究者によって受け入れられてきた。このテーゼは、たとえばW・A・ショーが、イギリス貨幣の歴史に関する作品において、そして現代の研究者ではサプルがふたたび述べた。[33] マリーンズが「イングランドの害毒」は、貨幣を輸出している銀行家と為替ディーラーによって引き起こされたと信じていたとしても、彼を簡単に重金主義者だとする理由にはならない。だが、ジョーンズらの文献では、しばしばそのように扱われていた。[34] むしろ、マディソンと同様、マリーンズは、スコラ学者まで遡る路線の代表的人物とみなすべきである。彼がいう外国為替ディーラーは、高利貸しと同義語であった。銀行家と両替商の悪意ある行為が、全体的にみて、危機の原因となったというのが、マリーンズに深く根ざした確信であった。ミッセルデンが述べたように、この解釈は、一六二〇年代には時代遅れであった。マリーンズにとって、「……理論を完成させるには、二〇年間以上かかった」[35] のである。マディソンとサンダーソンの著述にみられるように、マリーンズの主張は、論争に参加した多くの人びとのうち、たぶん多数から支持された見解であった。

しかしながら、これとは違う考え方が、マネタリストの説明に挑戦する論争の結果として生じたのである。一六二三年、マリーンズは、いくつかの敵対的な見解が、商業委員会から出されたという報告をした（同委員会では、マンもメンバーであった。「人によっては、外国へのわが国の商品の販売は、輸入額を越えるという……」[36]）。すでに、一六二二年四月、マリーンズは以下のように観察した。「冒険商人は、持ち込まれる貨幣量に従って為替相場が上下することを確認しようとしたようである」。彼らの見解では、マリーンズはこう非難した。「鋳貨輸出の唯一の原因」は、「貿易のアンバランスであり、国内市場とは反対に外国市場で商品額が上昇すれば、差額は改善される」[37]、と。商業委員会のリーダーであったマンは、小冊子で、この考え方を発展させた。第一に、彼はこう述べた。「われわれの額面価格が低い貨幣が王国から運び出され、海を越えた原因は、ポンドの額面価格上昇でも悪鋳でもない」。またそのために、外国のポンドが持ち込まれたわけではない。それに対し、マンの考えは単純であり、為替相場が下落し、貨幣が輸出されるのは、貿易差額に「不均衡」が生じ、大幅な赤字になったからだ。あるいは、彼が表明したように、「わが国のこのように過剰な商品は……、現金によって持ち出されるに違いない」。原理的に、為替相場の水準は、単なる投機では説明できないと、彼は強調した。「明らかなのは、われわれの貨幣が持ち去される適切な理由として考えられるのは、単に投機のためではないということである。というのは、このように貿易差額赤字が、貨幣が輸出される原因に違いないからである(38)」。

マンがここで述べ、その後より包括的な形でその著書『外国貿易によるイングランドの財宝』で繰り返したことは、もし貿易差額が赤字であるなら——一国の輸入額が輸出額を上回る場合は常にそのような状況になる——、為替相場は低下するはずである。というのも、外国の貨幣ないし外国の為替手形への需要が大きくなるからである。貨幣と為替手形は、需要と供給のメカニズムを通じて、他の商品と同様に価格が規定される商品である。そのため、たとえば為替手形の額は、「貨幣の豊富さと稀少性」によって規定される。むろん、この結果、為替相場を規制するどんな試みも、ある程度までいくと無意味になるということになる。したがって、イングランドの貨幣を一五八六年の為替相場まで上昇させようと強制したことで生じた唯一の効果——マリーンズとそのグループが賛成していた——は、「そうすることで、イングランド商人はドイツ、低地地方で一〇〇のうち約一五を失うことになる。そして約一五の全てが、外国人の手に入ることになる……もし、イングランド商人が、これらの地域における毛織物価格をこのような為替相場の上昇に比例して上げられなければ、ということだが」。しかし、マン、R・ベル、G・ケンドリック、H・ウッド、T・ジェニングズ、J・スキナーが一六二二年五月に提出した報告書で述べたように、それは「不可能ではないにしても、困難なこと」[39]であろう。

明らかに、こうすることで、マンは経済に関して新しく、それまでとは違う概念化をした。それは、以前の解釈に挑戦するものであった。とりわけ新しい点は、経済を供給と需要の非人格的法則と考えたことである。彼は市場におけるプリンシパル・エージェント（依頼人―代理人）――銀行家と商人――を、このシステムによって構築された人びとだと考えた。もし経済的危機が発生するとしても、悪いことをしたからではなく、複雑な経済機構に何か問題が生じたことが理由であった。今回のような特殊な場合に間違っていたのは、貿易差額が、イングランド側の赤字になっていったということなのである。

確かに、長期的には、互いに関連する市場システムに関するこのようなヴィジョンが勝利した。われわれが指摘しておかなければならないのは、マンが貿易差額を強調したのは、マリーンズのグループとの激しい議論から生じたからであり、経済に関するこのような新しい見方の一般的含意は、当時はあまりよく理解されていなかったということである[40]。しかも、一六二〇年代の危機に関するマンの説明がマリーンズのそれよりも少しでもすぐれているかどうかは、むろん、別問題である。すでに言及したより最近の研究者は、マンのかなり一般的で抽象的な解釈ではなく、マリーンズのたぶんより短期的な貨幣面からの説明を選択する傾向がある。しかし、当時の経済問題について理解する手段として、貿易の「不均衡」〔赤字〕が重要な要因だという見解は、ますます一般的になった。このように一般的になったことを示す指標は、われわれがみたように、コットンは、マリーンズの委員会のメンバーであったので、ほぼ間違いなく、マリーンズと見解を共有していたことである。だが、一六二六年、コットンはつぎのように譲歩しようとしていた。

そうなったのは、物価が上昇したからではない。貿易差額のためである。われわれが商品を購入するほうが、販売するよりも多いからである。貨幣がそんなに高くならなかったなら、貨幣を手放すと、不均衡はなくなる。購入するより販売する方が多いなら、その反対のことが生じる。(41)

市場の過程

したがって、この議論の行程で、新しいアプローチが出現し、それが、貿易差額と支払い差額〔国際収支〕を焦点とするようになったのである。しかし、新しい経済領域のヴィジョンが誕生したのは、このような議論の最中のことであった。このヴィジョンは、その後の世代の重商主義者と古典派経済学者によってさらに精緻になっていった。なぜなら、明らかに、われわれはマリーンズ、マイルズ、マディソンのような著述家よりも、マンやミッセルデンが提起した分析をはるかに身近に感じるからである。これは、マンとミッセルデンの焦点が、悪鋳、盗削、ロンバード街の銀行家などによるイングランド通貨への陰謀ではなく、市場の「実体的」な経済要因に当てられていたからではなかった。これらの要因は、一六世紀から一七世紀初頭にかけての経済文献で言及されていた。たぶん、このような慣行が、当時は広がっていたことだろう。むしろ、経済的進歩に対する彼らのヴィジョンは、かなり独自のものがある。彼らは、定式化した経済像をシステムとして提示した。しかもそのシステムは、結局、約三〇〇年後のわれわれのシステムとあまり変わらないのである。

残念なことに、われわれは、エドワード・ミッセルデン（一六〇八―五四年頃に活動）について、あまり知らない。(42)けれども、われわれが実際に知っていることは、彼はマーチャント・アドヴェンチャラーズの有力なメンバーだったということである。そのため、おそらく彼は、この時代に激しい議論を巻き起こしたコケイン企画をめぐる論争に深く関与していた。一七世紀最初の一〇年間において、マーチャント・アドヴェンチャラーズは、低地地方に未完成で染色していない毛織物を販売していたために、激しく攻撃された。低地地方で、製造業者と労働者の利益のために、完成品となった。イングランド自身が毛織物を染色し、飾り立て、完成品だけを輸出する方がよいという見方は、遅くとも一六世紀から当然の前提であった(43)。すでに一六〇二年に、ジョン・ウィーラーは、次のような理由にもとづき同社を擁護した。会社を通じて、彼はこう指摘していた。

毎年……、少なくとも六万〔ヤード〕の漂白の毛織物が輸送されている。それに加えて、あらゆる種類の染色した毛織物、短いカージー、長いカージー、ベイ、綿があった……。これらの毛織物に加えて、さらにイングランドから低地地方へと、羊毛、獣皮、鉛、錫、サフラン……、革製品、獣脂が送られた……。これら全ての商品によって、多数の労働者が仕事をするようになり、たくさんの金を稼ぎ、さらに、商人の稼ぎは、決して少額ではなかった(44)。

ウィーラーは、標準的な経済政策の教義に対する経験を積んで、こう論じることが必要だとわかった。

私は、さもありなんという報告を聞いた。イングランド以外のあらゆる国から輸出された全ての商品は、低地地方の多数の労働者を働かせるつもりはなかったということである。多数の労働者を働かせたのは、イングランドからの輸出品であった(45)。

いずれにせよ、良かれ悪しかれ、一七世紀初頭には、この定式化はマーチャント・アドヴェンチャラーズの特権を廃止するために使われていた。有名なコケイン企画は、新しい毛織物輸出会社であるキングズ・マーチャント・アドヴェンチャラーズに排他的特権を付与することではじまった。その目的は、もとのマーチャント・アドヴェンチャラーズを廃止することにあるのは、間違いなかった。そのメンバーの多くは、当初は新会社に参加することを拒んでいたが、譲歩を余儀なくされた。ミッセルデンが、コケイン企画に対する激しい敵対者であったことは明らかなようである。そもそも、ミッセルデンは一六一三年の銅貨鋳造企画において、ウィリアム・コケインとパートナーであった。しかし、この企画が失敗したので、新しいプロジェクトがはじまった。一六一七年、キングズ・マーチャント・アドヴェンチャラーズが解散し、古いマーチャント・アドヴェンチャラーズの特権が復活した(46)。

アスリッド・フリースによれば、ミッセルデンは一六一六年、コケイン企画が開始されたとき、マーチャント・アドヴェンチャラーズのスポークスマンになった。それから数年後（われわれがみたように）、貿易危機の常設委員会にいた。この時代――一六二二年と二三年――に、二つの論考を出版した。あとでみるように、その内容と政治的メッセージは、逆説的と言えるほどに違っていた。マーチャント・アドヴェンチャラーズの代表であったミッセルデンは、一六二三年に東インド会社に加わった。性格的には、あまり褒められたものではなかったようだ。一六四九年、マーチャント・アドヴェンチャラーズの一団は、彼を「人生と会話においてスキャンダラスな男だ」と批判した(47)。

ミッセルデンが書いた『自由貿易ないし貿易を繁栄させる手段』（一六二二）では、われわれがみたように、この当時の貨幣と貿易問題を混合させた危機の一般的解釈と彼の解釈とのあいだに相違点は何もなかった。第一章のタイトルそのものが、それを非常によく表している。「イングランドの貨幣欠乏の理由について」がそれである。「欠乏」について説明しているときに、彼は「直接的」・「間接的」な理由を区別した。主要な「直接的」、理由として、彼は「国王陛下の鋳貨が近隣諸国と比べて過小評価されている」と考えた。[48] マリーンズと全く同様に、彼は、貨幣の「過小評価」のために、「この王国から貨幣が流出する」ことになると信じていた。[49] この当時の他の多くの人びとと同じ路線をとり、彼が提示した救済策は、「国王の鋳貨の額面価格を上げる」ということであった。[50] 物価上昇は、このような過小評価の必然的帰結であったと、彼は気がついていた。だが、彼はこういった。「王国にとって、貨幣がたくさんありすぎで物価が上がる方が……貨幣不足で物価が下がるよりはるかにましであり、物価の下落が、人びとに不満をいわせている」。[51]

しかし、銀貨がイングランドから流出する背景にある決定的原因を決定するときに、ミッセルデンはマリーンズとは違う見解を抱いた。マリーンズの平価に対してミッセルデンは実際に批判的言葉を浴びせた。そのためマリーンズは小冊子で反論を書き、有名な論争が起こったのである。ミッセルデンの意見では、「為替相場ではなく貨幣の額面価格がここでは低く別の場所では高いということが、貨幣輸出の原因となるのであり、そして為替相場ではなく、貨幣の豊富さと稀少性が、貨幣の額面価格を決定するのである」。[52] したがって、主要な問題は、貨幣輸出であり、ミッセルデンは、使用法をより厳格に実行する以外の救済策は考えられなかった。この法は、一五一―一六世紀において、外国商人を規定したとき、イングランドとの貿易は、彼らの貨幣を「使用」し、イングランドの製品を購入させ、母国である外国に持ち帰らせないようにするためのものであった。

しかもミッセルデンは、このように銀貨の排出は、危機の「間接的」ないし「遠い」原因を議論するときに有効な理由になることを発見した。ここで、彼がとくに指摘したのは、「この王国は膨大な量の外国商品の消費をしている」ということであった。[53] この政策を継続する共同社会《コモンウェルス》は、遅かれ早かれ、「貧乏になる」。この文脈において、ミッセルデンがとりわけ強調したのは、「東インド会社がキリスト教世界から外側へという貿易」を実行すれば、「貨幣は二度と戻らない」ということであった。[54] また別の「間接的」理由は、「キリスト教世界の商品」が、ドイツで貨幣量の上昇をもたらしたということであった。[55] そのため貨幣の流出は、貿易の低下の説明において所与の独立した役割を演じたというのである。ミッセルデンは、イタリアの為替ディーラーが高利をとって、「イタリア人の利益のために」イングランドの貨幣が低い相場でおさえられたという俗説を信じたのである。[56] ところが、これらの「直接的」そして「間接的な」原因がどのように関連しているのかということに対して、彼は何の手掛かりも与えていないのである。

しかし、この課題については、ミッセルデンの二冊目の小冊子である『商業の循環ないし貿易差額』（一六二三）によって意見が述べられた。同書は、マリーンズに向けられた鋭いポレミカルな語調のためにもっとも知られているように思われる。ミッセルデンは、マリーンズに対して非礼を顧みずにズケスゲと批判する。「この男は気狂いか」と、彼は問うのだった。マリーンズは、「失礼で無作法な書き方をする」意地の悪いオランダ人だと描写された。しかも、彼は「全く才能がない貧乏人」として描かれた。彼の著書の材料はほとんどマイルズやグレシャムらの著書からえられたものであり、盗作であったというのだ。[57] だからといって、ミッセルデンの小さな本は、単に奇妙な本だとみなされるべきではない。[58] 印刷されてはじめて、マンと商業委員会が到達した結論に近いものが危機の解釈として提示されたのである。たとえば、東インド会社や外国のマネーディーラーに対して批判の目が向けられることはなかった。全体として、彼は以前の分析を逆転させ、[59] 主要な意見を述べることからはじめた。

というのは、高かろうが低かろうが、商品価格を高くするのも低くするのも、マリーンズがここでおそらく推測したように、為替相場ではない。商品の豊富さと稀少さ、そして商品の使用と未使用によって、価格が上下することになるのだ(60)。

以前と同様、ミッセルデンはこう指摘した。「為替相場をいつも上下させるのは、貨幣の豊富さと稀少性であった(61)」。しかし、貨幣〔供給量〕のそのような上下は、輸出入市場の商品の需要と供給に関係していた。もし国内の輸出商品の額が外国から輸入される商品の額よりも大きかったなら、王国が成長して金持ちになり、財産とストックで繁栄することは間違いない法則である。なぜなら、差額が国内に流入し、国庫に入るからである。

もしそれと反対のことが起これば、「差額は、国庫から外に出されなければならない(62)」。これは、現実に、有名な貿易差額説がはじめて英語で印刷されて世に出たものである(63)。ミッセルデンはこの教義を、非常に高く評価し、「一国の商業と他国の商業と比較して、どれほどの相違があるのかを示すための素晴らしい政治的な発明だ」といった(64)。この「発明 invention」という言葉を用いて、ミッセルデンは、一六二〇年代の危機の主な原因とみなしたものを再構築した。「われわれは、他国との貿易で大きな赤字を出している(65)」。貨幣の交換には、「神秘的な」余地などない。

一六二二年と二三年のあいだに発生したことに対して、ミッセルデンがこのように別方向の意見を述べた理由については、推測することしかできない。確かに、われわれがみたように、彼は東インド会社とかかわり合いがあるようになっていた。そのため、地金輸出に対してあまり批判的ではなくなり、マンと彼のグループと同じような意見を述べるようになったのかもしれない。にもかかわらず、明らかなこととして、ミッセルデンは、このときには、商業小委員会に先んじて、マンの作品を知っていたということがある。一六二三年に、彼は、マンに対して大きな賛意を示した。「彼の貿易全般に対する判断、国内での勤勉さ、海外での経験は、あらゆる人びとにあるというわけではなく、商人のあいだには見出しやすい才能である」(66)。ほぼ間違いなく、ミッセルデンは、マンが危機について何を書いたのかを知っていた。しかも、ミッセルデンは、マンの定式化を受け入れ、それをマリーンズに対する厳しい批判のために使った。かといって、ミッセルデンが現代の意味での「自由貿易主義者」であったわけではない。よく知られているように、この時代の「自由貿易」は、こんにちのそれとは意味がかなり違っていた。「自由貿易」に賛成することとは、古い特許会社と排他的独占権に批判的だということであった。しかし、貿易と商業は、なお秩序立ち、公共の目的に奉仕しなければならなかった(67)。

トマス・マン(一五七一―一六四一)が、危機のマネタリスト的解釈に対して代替案を構築した中心的人物であることは明らかである。残念ながら、われわれは、マンについてはミッセルデンと同様、ほとんど何も知らないようである。マンの息子によれば、マンは、「生きていたときには、商業経験があり、貿易で活躍していたので、商人のあいだでかなり有名であり、事業に従事する人びとによく知られていた」(68)。しかも、マン自身のペンから、マンがイタリアの商人として経験を積んだということがわかる。イタリアに滞在したとき、トスカナのフェルナンド公のもとで勤め、しばらくのあいだ、リヴォルノに滞在した(69)。その後、一六一五年に東インド会社の役員になり、その後、いくつかの委員会と委員として任命された(70)。このような地位についていたとき、多数の報告書と備忘録を書いた。

しかし、マンは生前に自分の名前で出版したのは、短い論考だけであった。東インド会社に関する小冊子であり、そのタイトルは、『イングランドから東インドまでの貿易論』（一六二一）であった。東インド会社に対して何も触れておらず、この数年前に書かれていたものかもしれなかった。当時の危機についてはむしろ、ふつうは東インド会社に対して出されるさまざまな反対に対して、同社を党派的に擁護するものだとみなされるべきである。(71)そのため、彼の主張はマーチャント・アドヴェンチャラーズを擁護しようとして一六〇一年にウィーラーが介入したことと、根本的には変わらなかった。(72)マンは、外国貿易の役割を認めて、小冊子の謝辞を書いた。「商品の貿易は諸国家の交流が非常に充実し、賞賛に値する実践例であるばかりか……、王国の繁栄の試金石であった」。(73)その後、彼が描いたのは、最終的に初期の貿易差額説となった事柄であった。

だから、外国の商品を輸入しそれを使用するよりも、非常に注意深く慎重な方法を用いて、国内の商品をますます輸出するようになると、間違いなく、差額が王国の国庫に入るはずである。だが、その反対のことが生じると、商品不足と騒乱が勃発するので、外国と国内の商品の両方に浪費が生じるようになる。そうすると、必然的に貨幣を輸出しなければならなくなる。(74)

東インド会社が「金、銀、鋳貨を……キリスト教世界から」輸出しているという非難に対するマンの擁護はよく知られる。輸出入額を提示することで、彼は読者に、同社はむしろ、「この王国の他の貿易を……足したものよりも、多くの財宝をもたらしている」と説得しようとした。(75)したがって、送られる地金よりも、戻ってくる商品額の方がはるかに多かったというのである。しかも、輸入品の多くは、その後、別の国々に再輸出されたと、マンは指摘した。そのため、彼らはイングランドに、「この王国の財宝を増加させるだけの余剰を供給した」のである。(76)

マンがこの小冊子で「東インド会社の汚名を雪ぐことが私の仕事だった」ということには満足したであろうが、(77)死後に出版された『外国貿易によるイングランドの財宝』（一六六四）の語調は全く違っていた。もっとも重要なこととして、おそらく一六二〇年代に書かれたこの「重商主義宣言」を、死後に公刊されたため、論駁することができない人物が自発的に書いた現実の描写だと描き出すのは完全な間違いだ。むしろ、同書は、叙述の明瞭さと、著者が原則にもとづいて議論する能力を際立たせている。同社のいくつかの成功を擁護する別の党派的な史料と安易に定義づけることもできない。確かに、マンは党派的な商人であった。だが、商人集団を擁護する際に、彼は、より多くの貿易と製造業をもたらすことが、共同社会《コモンウェルス》全体の利益につながると指摘する。特定の利益を擁護することなく、一国を富と国力において繁栄させることができる要因に関する一般的分析を発展させた。公共善に奉仕しようとする点において、マンは「モラリスト」にかなり近かったとは、A・フィンケルステインの論評であった。(78)しかしながら、それは、彼が抱いた貿易差額、ないし供給と需要のバランスの経済的秩序に関する新しい見解とは矛盾していない。それとは反対に、彼はこのような「自然の」秩序は、本質的に道徳的だと信じていた。これは、彼が一八世紀のスコットランド人と、後代の経済学者と共有していた見方であった。(79)

したがって、同書でマンが提供しようと野心的に思っていたのは、「王国が豊かになるような」一般的方法であった。(80)その達成のための規則は単純であり、「毎年、われわれが外国人からものを消費する額よりも、外国人により多くの額を輸出すること」であった。(81)鉱山がない国にとって、より多くの財宝を獲得する唯一の可能性は、外国貿易にある。物々交換が可能なので、貨幣は「貿易の生命」ではないが、財宝の純流入は、良い影響をもたらしたことは間違いない、と彼はいう(82)。このように貨幣が流入するなら、貿易は促進され、土地の価格は上昇する。そのため、「国王の金庫により多くの財産が提供される」。貨幣が過剰であることは、物価上昇を意味するかもしれない。そのため今度は、輸出が減少し、「消費が少なくなる」かもしれないことをマンは認識していた。しかし、われわれが貯蔵し、「われわれの貨幣で貿易をすること」をやめてはじめてその影響が生じると、マンはいう(83)。われわれは、このように間違いなく中心となる箇所はどのようにして理解されるべきかということにたち戻る。

しかしながら、この小冊子は、新しい原理を提示するだけではなく、別の重要な目的は、一六二〇年代の危機に関するマリーンズの解釈に反対することであった。それゆえ、ミッセルデンのように、マンは、為替相場は、貨幣と為替手形の流出入によって調節されると論じる。このような流出入は、今度は、「現実の」貿易差額によって引き起こされる。そこで、彼はこう論じる。為替相場によって貨幣の額面価格の上下を生じさせるのは、交換される場所で貨幣が豊富か稀少かということによる。彼は、実例を提示する。

> アムステルダムに送られる豊富な貨幣がここにあるときには、われわれの貨幣は、交換の際に、額面価格が低下する。なぜなら、貨幣を交換しようとした人は、貨幣があまりに豊富なので、額面価格を下げ、利益を獲得することができるからである(84)。

さらに、一六二二年から二三年にかけての手書きのテキストとほとんど同じ言葉を繰り返している箇所で、マンはこういう。「われわれの財宝を運ぶのは、交換の際のわれわれの貨幣の額面価格が高いことではなく、貿易差額の不均衡〔赤字〕があることが原因となる[85]」。

確かに、非常に多くの人が指摘してきたように、マンの「貿易差額」は、むしろ「支払い差額〔国際収支〕」balance of payments と解釈されるべきである。マンは、ミッセルデンと同様、地代、請求金などの「隠れた」収入も、有名な差額 balance に含んでいたことは明らかである[86]。だから実際に、ここで述べられたことは、単なる外国為替関係の近代理論の萌芽ではない。たとえば、ジョージ・ゴシェンが指摘したのは、根本的に、「問題となる為替とは、請求と負債の交換である[87]」ということだ。これまでみてきたように、これは、原理的には、マンとミッセルデンもいったことである。しかし、われわれがなすべきことは、近代理論の観点から、マンが提示した為替関係の良いと点と悪い点を議論することではない。より重要なのは、彼が、おおむね「古典的」理論を使って、マリーンズと彼の支持者に対する批判をしたことを記すのである。

こうすることで、明確にわかるのは、富裕な君主がもっている財宝を増額させるのは、為替の力ではないが、上述の貨幣の豊富さと稀少性に従って、君主に為替取引を強要し、価格の上下を決めさせるのは、外国貿易の商品がもととなって生じる貨幣だということである[88]。

後代になってスミスが「重商主義システム」と名づけたものを、マンは、『イングランドの財宝』で提示した。マンは、繁栄するには、国は輸入するよりも多くの額を輸出しなければならないと主張する。それは貨幣の流入をもたらし、もしわれわれがその貨幣で取引するなら、共同社会《コモンウェルス》の富の増大をもたらす。さらに、国は、貿易で製造品を輸出し、完成品にするための原材料を輸入する方向に向かわなければならない。彼がいうに、「もし技術と自然、われわれの労働を自然な手段に加えるなら、われわれの富は、全てのキリスト教世界に賞賛と恐怖をもたらす証拠となる、滅多にみられない言説になるかもしれない」(89)。明確にイングランド国民をめざして出されたこのメッセージは、とくにオランダ人に対しては攻撃的な口調になる。「ニシン・白タラ・タラの漁のような重要な貿易の管理は……、言葉よりも武器ですぐに決定されるだろう」と、彼は予測した(90)。

国家は、繁栄するために、輸入よりも多額の輸出をしなければならず、さらに輸出品はできるだけ完成品に近づけなければならないというメッセージは、確実に、当時の正統派の観点と完全に合致していた。われわれがみたように、このように政策は、すでに一六世紀のうちにもっとも賢明なものだとみなされていたのである。たとえばミッセルデンは、この点について明確な立場をとった。「この王国の貿易差額黒字は、独断でも目新しいものでもなく、昔からの英知ある政策である」(91)。この見解と一致して、この国にとってただ戦略的に重要な原材料（軍艦のための丸太材など）、あるいは国内の産業で完成品となりえるものだけは、輸入されなければならない。さらに、原材料の輸出は、やめさせなければならない。しかし、この政策が古いものであっても、マンとミッセルデンに倣って、「貿易差額黒字」の教義により、その正当性が立証された。貿易差額は、ある国が、外国貿易で成功しているかどうかの物差しになった。マンが強調したように、貿易差額は「われわれの為替の真のルール」になり、その成功は、国家の「ストック」が上昇することで明確に判明する。

われわれはすでに、貿易差額説がどのように解釈され、マンと他の重商主義者が、「富」や「ストック」などの概念に関してどのように理解していたのかを論じてきた。だが、マンとミッセルデンの役割を、貿易差額説の

「教義」を一般化したという点にのみ求めるとすれば、それは間違いである。すでに言及したように。一六六〇年代の激しい議論において、彼らの主要な目的は、一六二〇年代の危機をより一般的用語を使って説明することであったことが、大きく見逃されていた。この点からみてはるかに重要なことに、彼らの努力が、何か新しいものをもたらしたのかということがある。

サプルにとって、マンこそ、「競争時代の経済学者」であった。[92] マンとミッセルデンのどちらも、明らかに市場メカニズムの重要性を認識していた。したがって、ミッセルデンによれば、「経験ある商人であれば、一般的に、ある商品の価格が上昇すれば、別の商品の価格が低下し、商品価格が上下するのは、要求と使用に応じているからだと知っている」。[93] 確かに、市場は、「全ての人が自分自身にもっとも近づく場所」である。[94] けれども、マンとミッセルデンは、このような利己主義が、市場の諸力によって和らげられることを熱心に指摘しようとした。したがって、銀行家や為替ディーラーは、人びとを被害を与えるために、ランダムに活動をすることはできなかった。不確実性という特徴はあるが、市場とは、秩序ある場所であった。非個人的な市場の諸力が、さまざまな仲介者の行動の決まりごとを構造化した。この秩序は、適切に機能するためには、「自然な事柄」だと認識され、したがって、自由に「自分の進路を決め」られなければならない。[95]

マンとミッセルデンは、二人とも、この市場メカニズムを価格形成一般に適用した。供給と需要の力は、商品価格を上下させた。「食料と衣料」の現実の価格を決定することで、供給と需要の力は、同時に、貧民の賃金の割合を決めた。[96] マンとミッセルデンによれば、われわれがみてきたように、需要と供給も、他国との為替手形と貨幣の交換を決めた。「商人の手形による交換比率」は、「貨幣の豊富さと稀少性によって決まる」という思想は、すでに一六二二年五月、マンが書いた「小報告書」に現れていた。[97] しかも、彼らはどちらも、需要と供給の条件が、為替手形を送るのではなく貨幣を輸出することでいつ利益がもたらされるのかどうか、すなわち、いわゆる現実の金輸出点の水準を決定すると推測していた。この文脈において、ミッセルデンはこう書いた。

今、もしわれわれの貨幣を運ぶことによる利益の一〇―一五パーセントが外国人に流れるとすれば、いわれていた利益に達するためには、外国人自身の支配による為替はこれまでよりはるかに高くなるため、輸出をさまたげるはずだ。(98)

なかでもマンは、市場の法則は、商人、独占者、銀行家や国王によって簡単に操作できると考えた人びとを軽蔑した。そのため、『外国貿易によるイングランドの財宝』の「道徳的」結論では、激しい口調で非難している。

だが、商人に高い利率ないし低い利率、または平価で交換するか、全体的に下げさせよう。外国の君主に鋳貨の品質を上げるか、悪鋳させよう。国王陛下に同じようなことを許すか、ずっと同じように維持させよう。外国の鋳貨を、この国の貨幣鋳造所による支払いの際にはいつでも、本来あるべき量よりも流通させよう。外国人により使用法に最悪のことをさせよう。君主たちに圧政をさせ、法律家から金品をゆすり取り、高利貸しに騙させ、放蕩家に浪費させ、ついに、商人に輸送するときに利用する機会がある貨幣を運ばせよう。だが、このような行動の全ては、この言説において描写される以上の影響を、貿易の過程でおよぼすことはできない。というのは、非常に多くの財宝が、共同社会《コモンウェルス》の内部にもち込まれるか、あるいは共同社会《コモンウェルス》からも ち出されるだけだったのは、外国貿易が、本来の価格以上ないし以下で実行されたからである。(99)

市場の過程の役割に関して、彼らが強調したさらに重要な結果が認められなければならなかった。どちらの著者も、価格が上昇すれば、需要が低下することを含意することに十分に気づいていた。しかも、この規則は、外国貿易にも当てはまることを知っていた。したがって、輸出品の需要は、原理的には、弾力的だった。たとえば、マンがいうに、国家は、むろん、製品をできるだけ高く売らなければならなかった。「ただし高価格であるからといって、今後、販売量が低下しないかぎりにおいてである」[100]。

このことを考慮して、バーボンのあとで、ジェルヴェーズとヒュームが正貨流出入機構として認識した外見上理論的な結論を、マンとミッセルデンが引き出さなかった理由が何度も議論された。ヴァイナーが指摘したように、外国貿易が弾力的であると認識しており、貨幣数量説の原理を認めていたからだというのが、大きな理由であった。では、第三のステップをとって、ここから、貨幣の流入は物価を上昇させ、輸出量を低下させることにつながるという結論を出さなかったのは、どういう理由からであったのだろうか。ヴァイナーによれば、マンとミッセルデンは、この二つの事象を「国際的な通貨用金属の流通の自己調節についての一貫した理論に統合することができなかった」のである。もしそうでなければ、これは間違いなく、貿易差額説の基盤を破壊することになっただろうと、ヴァイナーは確信している[101]。しかし、グールドが提案したように、実際には、マンは、貨幣数量説を何らかの理由で無視していたが、この理論について十分に知っていなかったかどうかはかなり疑わしい[102]。マンによれば、

全ての人が同意したのは、王国に貨幣がたくさんあるということは、国内の商品を高価にし、私人のなかには、それで利益をえる人もいるが、直接的には、貿易量において政府の利益には直接的には反することで

あったということである。というのは、貨幣が多いと商品が高くなり、高くなった商品は、使われず、消費されない……。これは、土地を所有する人が知らなければならない厳しい教訓であるが、全ての地主が認めなければならない真の教訓だと私は確信している。もし、貨幣が貿易によっていくらか貯蔵されなければ、われわれの貨幣で取引できないので、貨幣をふたたび失うことになる。(103)

したがって、供給―需要のメカニズムを価格理論一般に当てはめることで、マンとミッセルデンは、間違いなく、永続的な影響力をもつ新しい原理を提供したのである。これは、彼らが日々市場《いちば》での言い争いに関係していた実際的商人としての経験から獲得した洞察であったかもしれない。(104)確かに、彼らは経済的探究のために必要な経験的観察の役割について明確に言及した。それゆえ、彼らの「手法」は、この頃に発展し、ベーコンに関係する一種の経験主義にきわめて密接に関連していたように思われる。(105)すでに一六二〇年代において、ベーコンは、彼の有名な『随想集』の初版で、幅広い読者に対し彼の一般的観点を提示した。

確かに、ベーコンがマンとミッセルデンに与えた直接の影響を発見することは困難である。(106)ミッセルデンが哲学の作品に引用と言及をするのは、ほぼ全て、アリストテレスおよび他の古典的な思想家である。彼がアリストテレスから引用するのは、どの程度、貿易が自然に生まれる現象であり、そのために、「創造主」にとってどれほどの喜びになるかということを強調するためであった。さらに、『商業の循環』において、因果関係、物事、形態、エッセンスに関するミッセルデンの議論は、間違いなくアリストテレス的である。(107)しかしながら、アリストテレスへの言及は、この当時はよくおこなわれていたので、著者の真の立場が何であるかということについては、あまりわからない。同時に、ミッセルデンが論争的な「フランスの有名な論理学者」であるラムスに言及したことから、彼がアリストテレス主義への根本的な反対意見に対してもよく知っていたことが示される。(108) さらに、初期の段階で、ベーコンはラムスに影響されており、自分の作品がこの年上の師匠と同じ路線を歩んでいることを知っていた。(109) そのために、ミッセルデンがラムスについて述べたことは、はるかに興味深い。「われわれは、分配についてあまり知りたがるべきではなかったのは、方法論を確立しようと努力するときに、内容を失ったからである」。(110) この引用文は、ミッセルデンがマリーンズの中傷に対して二分法を利用することを擁護した文脈から取られている。確かに、アリストテレス学派を利用する形式主義と無意味な定義、さらにそのためにベーコンの精神を批判しているものとして読むことができる。ベーコンはその著作『ノヴムオルガズム』で、アリストテレスは、「物事の性質に対する無数の独断的な区分を課し、物事の究極的な真実よりも、教育と彼の提案の表現の正確性について気にかけている」というからである。(111)

したがって、これをベースとして考えてほぼ確かなこととして、マンとミッセルデンは、演繹法よりも帰納法に賛意を示した。彼らは、健全な実証的基盤にもとづいて、経済的過程のヴィジョンを確立したかった。そのために、自分たちについて、学識ある思想家でも重要な思想家でもないといったのである。「この問題は、私の手に負えない」と、マンが、あるときにいう。(112) しかも、一六二二年に論考を王室の上司に捧げたとき、ミッセルデンは、彼の主題を非常に控えめなものだと書いた。彼がいうに、国王がその時間を費やすには重要ではなさすぎるかもしれない。(113) 東インド会社を擁護する最初の小冊子で、マンは、みずからの任務を遂行していることへの許しを乞う。「学識不足のために……、言葉の多様性も雄弁さもなかった。だが、どんな特異なことも、真実の高潔さのために実行される。それは、提供されるどんな場合に対しても証拠を出そうとするからである」。(114)

このような事例は、単なる謙遜の実例ではなく、実証的方法論を提示した発言だと明確に心に描くべきである。

それと同時に、われわれは騙されてはならないのは、彼らは、簡単で個々バラバラな経験的事実にもとづいて、経済世界に対する概念化をしたというのは、あまりに単純だからである。マンの『外国貿易によるイングランドの財宝』を、そのようなやり方で解釈するのは、大きな間違いである。むしろ、市場関係が支配する均衡がとれた諸力からなる抽象的な経済世界を提示している。たとえば、貨幣がもたらす混乱のような短期的要因が、供給と需要の自己調節をする秩序をどの程度破壊する可能性があるのかということについて、マンは全く考慮に入れていない。それは、近代的な新古典派経済学の世界ではないかもしれない。だが、市場の過程に関するマンのヴィジョンがどの程度道徳的提案を含むかということについていうなら、これは彼の時代にとって目新しいことではなく、近代経済学にとっても、それはあてはまる。

しかしながら、マン、ミッセルデンとベーコン主義者のあいだには、別に明確な関係があった[115]。第一に、とくにマンにとって、ベーコンに由来するいわゆる「パノプテス Panoptes」――全ては数値で計測されるべきであることを含意する――が、明確に見て取れる。それゆえ、『貿易論』は、東インド会社がもつ有益な影響を示すために、たくさんの数値を示している。しかも、一般的に、経済と社会の研究に対するこのような新しい態度は、「バランス」という用語の使用頻度の増加と関係している。この用語が最初に現れるのは、一六〇一年のマリーンズの経済的テキストであった。「不均衡」の特定の形態として使われたのである[116]。だが、ベールが示したように、「貿易差額」は、明らかに、一六一五年にサー・ライオネル・クランフィールドとサー・ジョン・ウォステンホルムが書いたが出版されなかった報告書のなかで概念化されて使われた[117]。同年、この語は、ベーコンによって、「サー・ジョージ・ヴィリアーズへの助言」という文書で使われた[118]。われわれが言及したように、この語がはじめて印刷されたのは、一六二三年にミッセルデンの書いたものであった[119]。ようやく一六二五年になって、

「貿易差額」は、ベーコンの『随想集』の第三版に現れた。表題は、「扇動と厄介ごとについて」であった。

一般的な意味では、「バランス」という概念がますます使用されていったのは、社会過程を表すために、自然界の隠喩を借用語として使うことが増えていったことと関係していた。[120] とりわけ一七世紀中頃から悪名高くなっていったこのような借用語は、しばしば普遍科学に対するベーコン主義的なプログラムによる飛躍的進歩と関係づけられてきた。ベーコンにとって、科学的進歩としての立派な行程は、自然、人間、社会を巨大な学習計画のなかで関係させることであった。

「バランス」とは、この意味では、自然界での均衡状態を記述するために物理学者が発展させた用語であった。[121] そのため、自然界と社会の両方が、「機械的諸力」が相互に作用することから成り立つものとみなされた。[122] 原則として、自然界と同じ方法で経済的世界が研究できるという思想は、間違いなく広範な影響をおよぼした。[123] もっとも大きな影響として、この思想は、社会も経済も、人間によって探究可能な法則と一般的原理によって構成されるものだという見方を確立したのである。そこから、さらに新しい思想が生まれた。それは、これらの「自然な」機械的諸力は、自身の力にゆだねられた方がより適切に機能するというものであった。この思想の出現に、あまり時間はかからなかった。

したがって、マンとミッセルデンに「現実の」経済力の機械的システムという観点から経済について考えるように仕向けたのは、貿易から獲得された実践的経験だけではありえない。それに対するもっとも簡単な反論としては、当然、同時代に生きていた他の観察者は、まったく同じ経験から異なる結論を導き出しただけではないというものである、ド・ローファーが示したように、マンとミッセルデンと全く同じ競争的な世界でグレシャム、マリーンズ、ロビンソンとミッセルデンのようなマネタリストが生きていたということを信じることは間違っている。[124] あるいは、このような観点から、トマス・マイルズの奇妙な視点をどのように説明するかが必要だと、認めるべきである。これまでみてきたように、このような観察者は、トマス・マンやミッセルデンよりも、この時代の経済状態についてはるかに正確に記述していたとさえいわれる。そのため、マリーンズは、一六二〇年代のイングランドで為替関係が悪化した背景にある貨幣の混乱と外国の悪鋳の役割を指摘したとき、より現実的であったかもしれない。しかし、マンとミッセルデンは、抽象的な絵を描いた。ところが、それはおそらく、長期的にはより正確だったのである。

さらに、とりわけマンが、『外国貿易によるイングランドの財宝』で、実際に起こっていたことに関する正確な分析を提示しようという野心があったと推測することは、全く間違いであろう。むしろ、彼の目的は、ミッセルデンと同様、一連の新しい原理にもとづく枠組みを提供することであった。そして、もっとも重要なのは、市場の諸力の相互作用であった。この範囲内で彼らが書こうとしていたのは、これらの諸力が作用している状況であり、現実に、歴史的宣言をすることではなかったのである。[125]

『商業の循環』において、ミッセルデンは、経済を、「自然の」システムであり、それ自体がほぼ独立した法則を有する性質をもつものだとした。為替手形を入手して渡すということについて議論したとき、彼は、このシステムのミクロな基盤について、次のようなヴィジョンを提示した。

どの為替手形を入手して渡すのかということは、それが自発的な契約であるので、〔送る側と受け取る側の〕双方の同意が必要である。どちらの側でも、思いのままに為替手形を受け取って渡すのである。他の全ての契約と購買のための取引も同様である。貿易は、その行程において、この種の自然の自由をもつのである。

それは、誰かによって強制されるものではない。もしそうしようとすれば、間違いなく、当初よりも事態は悪くなる。

さらに、この箇所で、ミッセルデンは、「〔政府とは〕関係ない事柄において使用する自然な自由」と「政府による課題」とのあいだに明確な区別をした。最後に、彼は次の諺を引用することに賛同した。「自然が与えるものを、人は取り去ることができない」'Quod natura dedit tollere nemo potest'.[126] ほぼ同じようなことが、マンにはより当てはまる。彼が機械的な諸力が規定する市場経済の存在を信じていたことは、テキストのさまざまな箇所から完全に明らかである。マンは、たとえば、こう強調した。「ある方法で強制されたことに対しては、別の方法を用いてでもふたたび強制すべきである」[127]と。だが、マンの考えによれば、人がこれらの諸力に干渉することは不可能である。彼は指摘する。「裕福な君主は巨大な力を有しているが、自分の意のままに貨幣が集まる場所をつくることはできない」[128]。

間違いなく、これらは、この時代としては、過激な意見であった。われわれは、国王の絶対主義がヨーロッパのほとんどどこでも進展している時代を扱っていることを忘れるべきではない。その結果、スミスが提起した「重商主義システム」という標準的概念化を再考してはいけないのだろうか。明らかに、このように再評価をするいくつかの十分な理由がある。強調すべきもっとも重要な点は、一般的見解とは逆に、マンとミッセルデンは、政治形態と国家の外側に、独立した経済の領域があると信じていたことだ。しかも、彼らの道徳哲学は、人は自分勝手なものであり、私的悪徳に満ちているということを意味した。彼らは、人間を物質主義的に解釈した。実際、彼らにとって、人は因襲的な「経済人」に変貌し、これはそれ以降、われわれの周囲にまとわりついた。これらの事柄について、暴利だと批判すべきではないと、マンは教える。「一人の人間の必要性が、他の人間の機会に変わる」ということが、いつも当てはまる。[129] 高い利子率は、貨幣が不足していると必ず発生するという法則がある。高利とは、単に自然なことの反映でしかない。すなわち、市場経済における諸力のバランスのことである。さらに、われわれがみたように、ミッセルデンにとって、「全ての人は……自分自身にもっとも近い」ことは明らかであった。[130]

しかしながら、この基本的な「快楽主義」は、経済活動の究極的な目的である公共善には干渉しなかった。われわれは、みずからの道徳的任務と義務を意識しているキリスト教徒に完全な信頼を寄せることはできないが、良い秩序は、それでもなお達成できるのである。「わが国への愛と奉仕は、他の人びとがおこなうことになった義務についての知識ではなく、われわれ自身がおこなう巧みな実践にある」。したがって、彼はこう続ける。「私人が獲得するものは、公共善に付随するかもしれない」[131]、と。確かに、マンはここで、「付随するかもしれない」という言葉を、かなり意識して使っている。マンは、経済的自由のポジティヴな役割と市場の諸力の相互作用を強調したが、「私的悪徳と公益」のあいだのアイデンティティーが前提としていたのは、共同社会《コモンウェルス》は自然秩序の法則、すなわち貿易差額黒字を保持し続けたということであった。われわれが知るように、一八世紀の思想家は、これとは別の結論を導き出した。だが、より過激な教養のための土台が、マンとミッセルデンによって築かれたことは明らかである。[132]

一六二〇年代初頭のパンフレット合戦におけるミッセルデンの論敵は、ジェラルド・マリーンズ（一五八三―一六四一）であった。マリーンズはほぼ間違いなく、低地地方出身である。アントウェルペンに生まれ、最初の作品には *de* Malynes という名前であったが、その後、小辞の de を落とした。おそらく、イングランド人のように見せるためであろう。[133] この意味で良い評判がえられたことは、間違いなく重要であった。マリーンズは、この当時のほとんどの経済学者よりも、「レントシーカー」という描写にふさわしかったからである。彼は、コケインとともに、銅貨を発行する独占権を獲得しようとし、銀と鉛の鉱山に関係しており、王室の支援を前提とする多数の経済計画に参画していた。その前に、彼はさまざまな国家委員会に任命されていた。枢密院は、彼に貿易問題に関する助言を求めていた。すでに一六〇〇年、ミッセルデンは、枢密院によって、「真の法定平価」を確立するよう要請された。[134] その後、彼はまた鋳造所の分析官として奉職した。いうまでもなく、彼は、何よりもまず商人であった。したがって、ミッセルデンは、「彼がいくつかの胡散臭い商取引と投機的事業に関係しているかぎりは、汚れのない名声を享受することはできなかった」。[135] これらの冒険的事業の多くは、うまくいかなかった。しかも一五九八年、彼は借金を返済できなかったので、フリート監獄に投獄された。一六一九年に、銅貨の発行計画にかかわったために、ふたたびフリート監獄に戻った。しかし、このような経験は全て、貨幣・金融・貿易問題について、彼が大きな洞察力をえるための機会を提供することになったはずである。したがって、疑いの余地なく、一六二〇年代初頭の貿易危機の論争において、この問題の権威として話をすることができた。

ミッセルデンが伝えるように、一六二〇年代初頭には、「平価」という概念は、マリーンズがすでに考えていた計画となっていた。すでに、『イングランドの民富の害毒論』で、彼のアプローチの概要が提示されていた。イングランドの主要な問題点とは、「われわれの公共善が政治団体に蔓延する未知の病気のために不均衡な状態〔赤字〕になって」いたことである。さらに、

不均衡〔赤字〕は、適切にいえば、商品価格にあり、その量や質とは関係がない。不均衡に対抗するため、われわれの財宝は、必然的に空になるまで使用された。王国はきわめて貧しくなり、われわれの貨幣が輸出された。(136)

「外国製品の価格が国内製品よりも上昇した理由」として、マリーンズは、とりわけイングランドから貨幣が輸出されたことについて言及した。(137)マリーンズによれば、イングランドに不利になった貿易条件の展開の背後にある重要な要因は、「西インド諸島からキリスト教世界への」銀の流れがあり、その利益は、他のヨーロッパ諸国よりもイングランドの方が少なかったということであった。(138)この考えは、さらにボダン、さらに小冊子の『二つのパラドクスの解明におけるイングランドの見解』とその後の研究で出した貨幣数量説の議論で、繰り返された。(139)しかしながら、彼のここでの主要な説明は、いつものように、このような貨幣の輸送は、為替相場でイングランドの貨幣が低く評価されているからであり、そのために正貨輸出で利益が獲得できたというものである。すでに一六〇一年に、マリーンズは、低い為替相場は、主として独占的な立場の外国人銀行家と為替ディーラーがおこなった市場操作のためだと強調した。彼の結論によれば、根底には「貨幣のこの病気が広まる重要な原因と

なったのは、為替の乱用があった」ということであった。[140] そして、彼が提示した救済策は、こんにちでは、われわれに馴染み深いものである。すなわち、貨幣輸送を禁止し、貨幣を「真の額面価格にまで」上昇させることであった。

マリーンズは、のちの作品で、この思想をさらに精緻なものとしたが、基本的には変わらなかった。百科事典的な著作である『商業上の慣習』（一六二二）で、マリーンズは、外国為替を「精神」（商品と貨幣の価格と額面価格に完全に応じて方向づけと管理をおこなう）ないし「船舶のかじ」だとみなした。[141] 彼の見解では、「貨幣の代替としての外国為替」は、イングランドの「商品の不均衡」において主要な役割を演じたのである。したがって、イングランド貨幣が低く評価されると、イングランド商人が以前の価格での輸入を維持するために、より多くの商品を提供しなければならないということになってしまう。すでにみたように、イングランド商人は、「急いで売って」、しかも「安く売って」為替手形の支払いをしなければならなかった。というのも、負のスパイラルの過程をたどるために、貿易条件が悪くなるからであった。[142] 重要な帰結の一つに――マリーンズは、ミッセルデンへの批判のための論拠として使った――、低価格の商品がますます輸出されるようになると、「不均等な交換」がはるかに悪化したことがある。「われわれの製造品を増加させることは……、不均衡を緩和することとは似ていない」とマリーンズはいった。「判断をくだす全ての人びとがいうように、すでに言及した製造業の収益が外国製品という形態をとってわれわれのものになるのは、事例が示すように、貨幣と地金が国内に入らず失われてしまうからである」。[143]

マリーンズは、『商業上の慣習』において、銀行家や外国為替ディーラーの邪悪な慣行を非難した。しかしマリーンズがもつずる賢い「銀行家の行為」の長いリストは、一五六〇年頃におそらくグレシャムによって書かれた備忘録から借りてきたものである。[144] ともかく、彼が銀行家と外国為替ディーラーを非難したことのなかに、「海での冒険や労働をすることをせず、豊かになって生きることへの同意がなく」、とりわけ、為替操作のために、彼らが貨幣を輸出していることがあった。[145] 最後に、マリーンズのその後の作品の全てで、平価は、貨幣額の低評価や貿易の不均衡への唯一の真の救済策として出現する。『商業循環の中心』で、マリーンズは平価をこう定義する。

したがって……、ルールは絶対確実である。すなわち、為替は、われわれの貨幣の真の額面価格を、内的には重さと純度、外的には査定価格に合致させる。そして貨幣が決して輸出されることがないのは、収益額が為替によって支払い可能だからである。為替こそ、貨幣輸出の原因である。[146]

われわれが論じてきたように、一六二〇年代初頭の深刻な危機の真の原因を、当時の貨幣の混乱のなかに見つけようというマリーンズの試みは、現実にはミッセルデンが皮肉をいったほどの価値はなかった。とりわけマリーンズが為替ディーラーの銀行家を告発し、市場で買占めているという理由で避難したのは、「理由のないことではなかった」。[147] レイモンド・ド・ローファー、リヒャルト・エーレンベルク、R・H・トーニーの一六世紀末の商業慣行と外国為替の研究は、明らかに、マリーンズの観察と議論の多くが妥当であることを示す。[148] 同時に、より長期的な過程としては、投機と独占の役割に対するマリーンズの主張は、あまり説得力がないように思われる。現実とはるかにへだたっていたのは、イングランドの輸出品の問題点は、価格があまりに高いことではなく、低いことであるという彼の見解であった。したがって、マンとミッセルデンとは異なり、マリーンズは、需要の弾力性の役割をあまり認識していなかったように思われる。むしろ、彼の主要な関心は、イングランドの毛織物が安価に輸出されたということにあった。彼は、こう指摘した。「イングランドの毛織物が現在の価格の一・五倍で売られても、毛織物価格が高すぎるという不平は聞かれなかった」[149]。だから、「われわれは、毛織物価格を低下させることで、毛織物販売量が少ない国民」になることはありえない。「サタンは、サタンを追放できないからだ〔もしそうなれば、国内での争いになる〕」[150]。「貿易することが決してできない商品価格を中傷するのではなく、商品をもっと売れるようにするのでもなく」、彼が示唆したのは、貨幣の平価切り上げであった。しかし、マンとミッセルデンにとって、その結果、状況ははるかに悪くするだけだということを示すのは簡単であった。

トーニーが明らかにしたように、マリーンズの議論は、初期的な国際信用制度の出現を反映していた。為替と貨幣の交換は、一六世紀中頃から大きく発展した。それは、国際的な貨幣市場と国際貿易、とくに毛織物貿易の成長の結果であった[151]。当時の観察者にとっては、商品と商品を「自然に」交換するのではなく、為替を用いた交換貿易は、胡散臭くみられた。貨幣を交換することで利益をえる習慣は、シェークスピアの『ヴェニスの商人』で非難された「貨幣という金属の不妊性」を示す邪悪な慣行の適切な事例だとみなされなかったのだろうか。実際、一六世紀中頃からの国際的信用の流通が増大したため、「外国為替は、かなりの重要性をもつ公的な問題になった」[152]。ロンドンにおいて、為替ディーラーであるイタリア人居留区は、イングランドが経験した為替相場低下の煽動者だとみなされた。また、アントウェルペンの銀行家と富裕な商人は、イングランドの貨幣を意図的に低額にする陰謀を企てているとみなされた[153]。この観点からは、マリーンズは、長い経路において、貨幣の流れを、「自分たちの都合の良いようにしている」と大規模な為替ディーラーと銀行家を非難した、唯一の人物であった[154]。

しかしながら、マリーンズの為替と平価に対する強迫観念を理解するために、われわれは社会に対する彼の考えを少し詳細にみる必要がある。独占や高利などの問題に関する彼の見解では、彼はスコラ学派とずっと前からいる教会法の専門家にかなり影響されたことは確かである。[155] しかし、このときには、すぐにみるように、「高利の問題」が、激しく議論されていた。マリーンズが非常に激しく、この「邪悪な」慣行と闘っていたからといって、彼がこの時代において例外的なまでに保守的であったという誤った結論を導き出すことはできない。マリーンズによれば、外国為替と貨幣の交換形態がいくつか存在した。もっとも有害な形としては、為替手形（cambio sicco）ないし信用手段（cambio fictio）があった。[156] 彼がもっとも激しく非難し、アントウェルペンとロンドンの小さな外国人グループにゆだねていたのは、このような活動であった。彼の憤りの主要な理由は、独占的な投機と高利が、このような「乾燥」・「仮装」為替と関係していたからである。[157] 彼はこのような「非合法性」が存在することを何度も繰り返した。独占にあたるものを、彼は次のように定義した。

購入や購買、交換、物々交換という行為を用い、法によって、ときには個人によって、全ての人びとからみずからの利得のために買い占められ、他の全ての人びとを害し、損害を与えるある種の商業。[158]

『自由貿易の維持』において、マーチャント・アドヴェンチャラーズを、独占者だという理由で、マリーンズは激しく非難した。彼らについて、マリーンズはこういう。

「というのは、この種の会社は、結局、数名の商人が貿易の全てをおこなって、共同社会《コモンウェルス》に害を与えるか、他の多くの人びとが輸送をし、共通善のために交渉するときに、結局、独占的なものになるかもしれないからだ」[159]。

独占的な行動形態のなかに彼が含んでいるのは、小集団の為替ディーラーの実践である。彼らは、貨幣価値を低いままで維持しようとして、投機的活動をおこなった。「商人によっては、貨幣価値に関する知識が乏しい者がいる」ので、彼らは商人を誘惑し、貨幣を低い相場に変えさせた。これらの全ては商人と共同社会《コモンウェルス》自体に不利益となったと、彼は考えた。しかしながら、これは、現実に生じたことの全く不正確な説明というわけではなかったかもしれないが、何らかの邪悪な力によって、イ、ン、グ、ラ、ン、ド、商人とイングランド人だけが損害を被ったのはなぜかということを理解することはなお難しい。むろん、マンとミッセルデンの解決法は、貨幣の低評価は、貿易差額赤字と関係していたはずである、ということであった。けれども、貨幣の流通の背後で作用している「現実の」経済的諸力は、マリーンズによっては、決して認められなかった。彼は、頑固なまでに、敵対者に対して自分の意見を擁護した。

マリーンズにとって、「独占の乱用」は、高利の一形態であった[160]。彼の表現形式《ヴォキャブラリー》を使えば、それは「厳しいまでの高利」であった。したがって、現実に「乾燥」・「仮想」手形とは、高利の隠された形態であった。『イングランドの聖ジョージ』(一六〇一)では、マリーンズは、高利について、寓話の形態で、イングランドの貴重な全てのものを破壊する竜として描写した。竜は「諸国の反乱と敵対の筆頭であり、原因であった」。竜は、いく人かを非常に富裕にすることによって、そして、他の人びとに圧政を加え、貧しくすることによって、共同社会《コモンウェルス》の良き統治からなる調和の束を破壊する……本来そのときには、同じグループにいるメンバーの一人一人が、その職業に満足し、自身の職業に応じた義務を遂行しているべきなのだが(161)。

マリーンズは、あらゆる形態の高利を非難し、竜に対する神の怒りを議題にする(162)。「竜がつくる他のものは全て慈愛に欠ける。金を貸すことはなく、利得だけを求める(163)」。しかし、彼の主要な攻撃対象は、為替ディーラーであった。「彼らは、貨幣が抵当であったとか、人と人のあいだでの権利であったとか、契約と交渉において、単なる尺度と調和だったと規定している(164)」。そのために、これらの人びとは、貨幣を世界の綱領だとしているのだ」。さらに、彼らは、「わが国内部で、貨幣の性質と額面価格を変え、一〇〇ポンドをつくり、一一〇ポンドにし、慈愛を投げ出し、自由に貸すようになった(165)」。

マリーンズが非難した「厳しいまでの高利」が、為替手形の売買をするときに外国為替ディーラーが請求した利子であったことを知るのは困難ではない。確かに、手形の提供者として、外国為替ディーラーは常にある一定の期間のあいだ、受取人のために信用を与えた(166)。しかし、為替手形が、主として貨幣を貸したり借りたりするのに使われるときには、信用は悪化した。この時代のオーソドックスな道徳思想に従うなら、この種の手続きは、非合法的であった。貨幣と貨幣を交換することで利得がえられることを意味したからである。このような活動は、むろん、一六世紀には、ヨーロッパ全体で非難された。だが、とりわけイングランドの文献は、この点に関して厳しかったようである。そのため、ダラムの首席司祭かつ内務大臣、さらには（なかでも）ネーデルランド大使であったトマス・ウィルソンは、その著書『高利論』（一五七二）において、たとえば、一二世紀前のカトリックのパリのスコラ学者以上に、為替取引について厳格であった。彼らの大半は、利益が出るかどうかわからない場合には、必要な利子を受け取ることを認めていた。今や、影響力のある書物で、ウィルソンはこの論を退けた。

銀行家が利益をえるのは、ほぼ確実だからだという理由からである[167]。ウィルソンは、道徳に反する高利を非難しただけではなく、外国為替はしばしば利子を受け取ることを含むと、明確に例証した[168]。彼はたとえば、こういった。「したがって、乾燥手形のようなものは完全に忌み嫌われなければならない。それが、明確な病巣をともなう高利だからである」。高利をとることは、「完全に自然に反する」と、彼は指摘した。貨幣のために貨幣を売買する職業に従事している人びとがいる。しかし貨幣は、そのために発明されたものでも、注文されたものでもないのだ」。

とはいえ、これらの見解を根絶するのが困難であった。一七世紀まで反高利の小冊子が印刷され続けたことが、その証拠となる。一六三七年になっても、ボルトンは、「全ての高利は貪欲だ。そのようにして貸された貨幣は、空のままでは母国に帰らない。かじり取られ、離れさせられ、借り手の富と資産をもち帰る」のだ[169]。それとは別の事例は、サー・トマス・カルペパーの有名な『反高利論』（一六二一）である。同書は、一六六〇年代まで続く論争の引き金になった。この論争への参加者は、息子のカルペパーとチャイルドであった[170]。

それでもなお、マリーンズが、霊感の源泉として、とりわけ一六世紀を振り返ってみたというとすれば、まったくアンフェアだというわけではない。彼がこの世紀に共有していたと思われるのは、高利に対するネガティヴな態度だけではない。一般に、社会に関する彼の概念は、彼の反対者以上に旧式であったようにみえた。十分に組織化された共同社会《コモンウェルス》という観点については、アリストテレスとスコラ学の思想家が、大きな支えとなった。彼らと同様、マリーンズは、経済関係は、分配の正義によって統治されるべきだと感じていた。しかも、受け身であり原則として売ることができない貨幣という概念は、明らかに、一三―一四世紀パリのスコラ学者から受け継いだものである[171]。マリーンズは、商業は、原理的に危険をともなうという見解を彼らと共有していた。小集団の貪欲で利益を追求することは、道徳的秩序と知覚される共同社会《コモンウェルス》を脅かした。「厳しいまでの高利と耐えられない強奪」は、行動規範に背き、「無慈悲」であった(172)。「貧民と無自覚な人びとに必要なものと機会が提供されていたこと」を無視して、彼らの「心は無慈悲さでできた氷のために完全に凍結していた」と、マリーンズは述べた(173)。それでもなお、『商業上の習慣』において、高利の「竜」が、「共同社会《コモンウェルス》に不平等を持ち込んだ」という議論を繰り返した(174)。この竜の尻尾で、「同意が破られ、慈善が古くなり、不平等が侵入してきたのは、われわれの方策がねじ曲げられたからである。汝がなされていた一般的なルールが破られたのである」(175)。スコラ学者のキリスト教経済についてのヴィジョンから、あまり遠くなかったことは間違いない。

しかし、マリーンズのこのような見地は、この時代の他の人びとと共通していたことは、ほぼ確かである。われわれがみたように、マディソンは、一六二二年にマリーンズと同じ委員会のメンバーであった。そもそもこの委員会は、不況の打開策を提唱するために立ち上げられたものである。一六四一年において、彼はなお原理的に古い公式に固執していた。だからこそ、マディソンは、『イングランドの内と外』（一六四〇）で、「われわれの王国の商品が低下したこと、なかでも、近年、この王国の羊毛価格が大きく低下したこと」に不満の声を出した(176)。低下の主要な原因は、「貨幣が枯渇したか、他国に貨幣が漏れた」ことにあった(177)。マディソンによれば、貨幣不足は、貿易差額赤字ないし、「為替の商品化」によって生じた。だから、マリーンズの当初の解釈を保持して、マディソンはまた、マンとミッセルデンが提起した対立する解釈も認めていた。彼はこう書く。「貨幣不足は、二つの特別あるいは原理的な方法ないし手段により……すなわち、外国人との通商における貿易の不均衡〔赤字〕、そして、われわれと外国人のあいだでの手形を使った商品の交換により発生するのである」(178)。しかし、その少しあとで、彼らはこれらの原因のうち、最初の半分を忘れ去ってしまったようである。今や、彼はただ

「商人による為替は、一般にわれわれの貨幣を効率良く消費し尽くす原因となった」とだけいった[179]。理想は、「単に価値と価値とを」交換することであった。だが、この平価は、有害な銀行家が「貨幣発行量の上下を好きなように調節する」ことにより、妨害された。彼らは、為替相場が低いままで維持されたなら、「利得を求めて正貨の形態でわれわれの貨幣を輸出する[180]」ようにした。

一六五二年になってようやく、ヘンリ・ロビンソンは、「貿易と航海」の改善の提案をした。それは、ここで述べた立場に近かった。彼が提案したもっとも重要な救済策の一つは、新しい「銀行」を創設することであった。その目的として、「われわれの貨幣輸出」をさまたげることがあった。したがってこの銀行は、「為替の商品化を無効にすることができた。それは、為替手形の交換が実践されているときに、この国の商人が世界中のあちこちで騙されているにすぎなかったからである[181]」。だからこそ、「平価によって、われわれと他国のあいだの為替を確立する必要がある[182]」。しかしまたロビンソンは、新しい思想のいくつかに譲歩した。たとえば彼は、イングランドにおける物価上昇、ないし他地域における物価の下落は、王国の領域から貨幣を輸出する引き金となり、「貿易の不均衡」〔赤字〕を引き起こすかもしれないと信じていた[183]。

しかしながら、われわれが述べる最後の事例として、マイルズがいる。確かに彼は、一六世紀の人物である。マーチャント・アドヴェンチャラーズを、地金を輸出しているという理由で激しく批判したこの税関の官吏は、もったいぶった華麗なスタイルで、いくつかの小冊子を書いた。それは、当時の一般民衆にとってさえ、消化するのが大変であったに違いない[184]。しかしまた、彼を単なる風変わりな人物と批判することは安易すぎる。ド・ローファーが言及したように、マイルズは理論家としては大したことがなかったかもしれないが、かといってあまり興味がわかない人物だというわけでもないからだ。外国為替に対する彼の見解は、実際、当時としては当たり前のことをいっていたにすぎない。[185] 第一に、彼は、「為替手形のせいでロンドンの貿易は今や混乱している」が、それは現実には「利付為替手形」によって維持されていたという意見の持ち主であった。[186]「為替は……、王国全体を健康にしている」ので、「為替のミステリー」は、貨幣不足とわれわれが抱える問題全ての鍵だと、彼は考えた。マイルズは典型的な専門用語《ジャーゴン》を用いて、こう指摘した。

商品の交換と為替の商品化は、間違いの迷宮と私的実践をもたらした。国王は王冠をかぶり、強権を用いて支配しているようにみえるが、特定の銀行家、商人の私的結社、強欲な人びとの目的は、私的利得である。彼らは協議を延期し、政策を管理することができる。君主、国王、女王に贈物を提供し……、皇帝と国王に利子をとって貸し付ける……。このように汚れた行為の力が出現し、慈悲心はあるが、正義が軽蔑され、意見の相違が芽生え、商品の世界、魔法の技術、高利が生まれる。[187]

新たな転機か

本章では、一六二〇年代の危機に関する論争に焦点を当てた。貨幣の流出、貿易差額、一六二〇年代初頭のイングランドで発展していたような貿易危機の性質そのものをめぐり、さまざまな意見が衝突した。これらの問題をみていくうえで、二つの異なる方法のあいだに明確な境界線がある。一方では、マリーンズを代表とする一連の議論があり、他方では、マンとやミッセルデンのような人物によって発展させられた視点である。一六二二年と二三年に明確になったこの衝突は、有名なパンフレット合戦で終わりを告げた。マリーンズ、マディソン、ロビンソンのように有名な著述家は、一六二〇年代の経済危機について一気呵成に書いた。彼らは、貨幣が要因となったと考えた。すなわち、悪鋳と投機家によって引き起こされた低い為替相場が原因だとした。その一方で、マンとミッセルデンによって率いられたグループは、害悪は、イングランドのヨーロッパならびに東インドとの貿易差額赤字のせいだと信じた。後者の人びとはまた、諸国家間の貨幣の流通は、「現実の」経済諸力、すなわち、貿易差額によって決定されると考えた。為替相場を決定したのは、貿易差額が「黒字」か「赤字」かということであり、その逆ではなかった。われわれが議論したように、この路線に沿って、彼らは市場メカニズム全体の重要性――すなわち、供給と需要の差額――を認識していた。

これらの相違は、主としてさまざまの特別な利害集団の意見表明としてみなされることもある。そのために、マンとミッセルデンは、当時ヨーロッパとアジアで輸送業に従事していた二社の立場から話したのである。それは、マーチャント・アドヴェンチャラーズと東インド会社であった。批判に対して、彼らは、イングランドの外側に地金を輸出する権利を擁護するだけであった。しかし、マリーンズのグループは、貨幣輸出に対して、より保守的な見解に賛同した。そこには商人が含まれていたが、他のグループほどには、代表的とはいえなかった。

これがどれほど正しかろうと、双方が、のちの世代が「経済」と呼ぶ傾向があった事柄について、原則的に異なる概念化にもとづいた見解を発展させていたことがわかる。この問題は、パラクンネル・ジョセフ・トマスの大作である『重商主義と東インド貿易』（一九二六）で、熾烈になった。彼は、一七世紀にイギリスで生じた活発な経済論争に対して、フランス、アイルランド、とくに東インドとの貿易に関して政治的論争のもたらした重要な役割を強く強調した。これについては、次章で触れたい。トマスにとって、重商主義とは、主として経済政策のシステムであった。「物質面で国家を強化すること、それがナショナリズムの経済的側面を表した」(188)。この著者は、確かに経済政策の発展を経済的言説から切り離すことには慎重であった。とはいえ、それと同時に、このような政策に関する党派的な立場が、理論と思想の発展にとっても決定的な役割を果たしたことを、彼の主張から推測することは容易である。そのため、トマスは少なくとも、フランス人が強く主張した攻撃的な貿易政策を相殺するために、貿易差額説という考え方が発展させられたのだといったのである。とりわけ一六八〇―一七三〇年には、経済問題を扱った多くのパンフレット作者が、イギリスはフランスとの貿易で不均衡〔赤字〕であると感じていたのである。フランスの贅沢品とワインを「自由に」輸入していたが、そのためにイギリスはかなりの地金を流出していた。

しかし、トマスが絶えず論じていたように、東インド貿易への賛否を問う論争は、一六九〇年代にふたたび盛んになり、主として他の議論とともに論じられた。むしろ、保護主義の問題と、安価なインドキャラコの輸入が、どの程度イギリスの製造業と雇用に悪影響をおよぼすかということが、論争の前面に出てくるテーマであった。このような新しい状況で、貿易差額の教義のなかの「外国が支払う所得」の解釈は、貿易余剰の役割を強調する公式よりも、はるかに妥当性が高いように思われた(189)。それゆえ、少なくとも暗黙のうちに、トマスが示唆したのは、この頃、貿易差額説にとって代わって徐々に外国が支払う所得が現れてきたのは、東インド貿易をめぐる議論が盛んになっていったからである。この二つの教義のうち貿易差額説は、どのような理由であれ、国が地金ないし貨幣の形態で余剰を受け取る重要性を強調し、その一方で、外国が支払う所得は、国家の富にとって、国内生産、雇用、製造業の役割が重要だということを実証した(190)。

ある程度まで、トマスが描いた絵は確かに正確である。しかしながら、全てのことを語ってくれているわけではない。だからこそ、現実の政治的問題に関する経済学者の強い党派的な見解が存在するために、少なくともある程度はパロールの文脈から独立しているとみなされる経済学の分析的範疇ないし表現形式《ヴォキャブラリー》を使用することを排除して議論しようとするのは、全く間違いであろう。われわれが以前に論じたように、言説の実践と言語が果たす役割を忘れるという文脈上の要因にあまり注意を向けなかったことに大きく注目すべきである。それゆえ、知的発展を、言説の発展として理解することが大切なのだ。われわれが言及する経済学のテキストは、白紙の状態tabula rasaだとみなされるべきではない。テキストは、「外部世界」を、ある程度直接的に反映している。著述家は、彼らが過去から受け継いだ言葉、概念、一連の議論、さらにはいくつかのトピックさえも使用する。したがって、いくつかの点で、彼らはある種の用語、すなわち特別なラングに拘束されている。しかし、われわれが論じてきたように、長期的に、彼らはこのラングを多様な言説の文脈を考慮して使わなければならなかった。それゆえ異なった疑問に答えるためにラングが使われるので、彼らが発するパロールは、長期的には変化せざるをえない。最終的には、このように変化した文脈が重要な要因となり、長期的にはラング自体の構築方法に変化をおよぼすことになる。

最後に、われわれはマリーンズと一六二〇年代初頭のパンフレット論争に戻り、こう強調しなければならない。強い物質的・党派的利益が問題となっていたが、論争が触れたのは、商業と経済関係の基盤そのものを構成しているものについての異なる見解であった。マリーンズによれば、貨幣と商品を使う国際的貿易は、しばしば邪悪であり、利己的に行動する担い手が遂行した。彼らは投機をし、鋳貨を削り取り、「厳しいまでの高利」という宗教的罪に関与した。それとは別の立場で、マンとミッセルデンは、ほぼ確実にこのような慣行が存在したと同意した。だが、彼らは、貨幣が「不足」している国があれば、そんなことはない国もあった理由を説明することはできなかった。むしろ、彼らの議論は、このような悲惨な結果を招いたのは、貿易差額のためであったということであった。邪悪な人びとではなく、需要と供給という非個人的な力が、ときには国家を「貿易差額黒字」へと、別のときには「赤字」へと導いたのである。強調されたように、ここから、あるグループが他のグループより「道徳的」な見方をしているという結論を出すべきではない。倫理的ないし教会の規則によって市場を弱めることができるといったとしてもあまり信用できそうにないので、たぶんマンのグループは、市場が現実にどのように作用しているのかということにより大きな関心があったのである。経験的な自己認識を方法論として用い、彼らは「経済」を、一連の均衡状態ないし時計仕掛けとして働く諸力を構成するものだと考えはじめた。これらの機械的諸力は、市場で売り買いをする人びとによって結合された。同時に、ほぼ間違いなく、彼らは、当時のほとんどの人たちと同じ見解を共有していた。それは、人間は罪深い被造物であり、キリスト教の価値観と法の力によって服従させられる必要があるということであった。利己的な行動が、公的な目的に役立つという保証はなかった。市場の諸力のシステムを管理するために、規制は必要だった。市場は、そうしないと勝手な働きをするかもしれないからである。

第五章　新しい貿易の科学

前章で、われわれは騒乱の一六二〇年代における経済問題に関する新言説の高まりに気づいた。ジョイス・オルダム・アプルビーが指摘したように、一七世紀の大半の期間を通じてイングランドで発生していた活発な経済的議論は、何よりも「イングランドの革命の世紀において争っていた諸派間の激しい抗争」と関係していた(1)。しかし、これらの抗争の結果生まれた経済的・政治的・宗教的書物、パンフレット、小冊子が大量に溢れ出たことが、いくつかの決定的な制度的前提条件になった。もっとも重要な前提条件として、通常では考えられないほどの高い水準での出版の自由と、主としてロンドンに読者となる大衆がいることがあった。さらに、より開かれて活気に満ちたシステムが、大切であった。そして、一六八八年の名誉革命までイングランドでときには非常に激しい政治的闘争があり、それらは、権力を求めて対立する王室、議会、多様な利害集団のあいだでの闘いであった。しかも、このような論争が、人びとのあいだでますます知られるようになっていったのである(2)。

一六二〇年代以降、商業・市場関係を理解するこのような新しい方法を、短期的・長期的経済問題を論じるために、パンフレット作者と経済問題の論争者が利用するようになった。経済的領域は、供給と需要の諸力が調節するという意識は、さらに広まっていった。その意識は、需要と供給の力が非常に強力なので、貿易は細かな点までは〔政府には〕管理できないということを強調した。しかも、そのような意識は、十分に管理された、あるいは整理された貿易は、富と豊かさをもたらすが、あまり管理されていない貿易は、反対の結果をしかもたらさないと強調するために使われた。そのため、（一七五七年にポスルスウェイトが定式化した）[3]「政治的商業」のルールを作成することは、良き政府の任務であった。良き政府は、とくに、いくつかの保護政策を導入するか、より多くの貿易の自由を求めるべきであった。それには、新しくより純度の高い鋳貨の必要性をめぐる貨幣問題や、利子率を法律によって低下させるべきかどうかということを議論することも含まれていた。結果的に、マンとミッセルデンの土台のうえに築かれた特定のタイプの経済分析が、さらに発展した。

しかし、現実には一七世紀末になってようやく、より一貫した言説において、これらの細々とした出版物を関連づけることを目的として、より一般的な議論が確立されたのである。とりわけ一六九〇年代から「貿易の科学」と名づけられたものが出現し、市場の過程が一般にどのようにして機能し、なかでも外国貿易の増加が国民経済の富と力をどのようにして増大させられそうかということに関する定理を提起した。一六九〇年代に、多数の経済学者が、商業と貿易に基盤をおいた独立したシステムが構築される原理を確立しようとした。このような背景をもとに、われわれはまた、この時代のイングランドの主導的な数名の経済学者を取り上げることにしよう。

したがって、本章では、われわれは、おそらく、経済の思想と叙述全体をさらに発展させることになったイングランドに特有な「貿易の科学」を跡づける。時代錯誤の罠に陥らないように、われわれはシュンペーターの体系に従って、分析の発展について言及しよう（一二一—一二三頁をみよ）。しかし、そのことは、分析的な発展は、イングランドの外側でも起こっていたということを意味するわけではない。われわれはすでに、多数のヨーロッパ諸国で、行政顧問官などが新しいツールを発展させ、発展の過程と市場の未開発ないしミステリーについて理解しようとしてきたこともみてきた。だが、知的業績ないし経済的言説の発展という観点から、イングランドをそれ以外の場所で発生したことに対する物差しないし青写真とみなすべきではない。別の道がとられたことが歴史的文脈に照らして、そしてさまざまな制度的条件のバックグラウンドから理解されるべきである。(4)

一七世紀のイングランド

一六五二年、第一次英蘭戦争が勃発した。みたところ、直接的原因は、国家のプライドが傷つけられたことが原因となっていたようだった。そのため、ドーヴァー海峡の外側では、イギリス海軍に遭遇したとき、トロンプ提督に率いられたオランダ艦隊は、敬意を表すために旗を低めることを拒否した。だが、この戦争の直後にオランダ人との戦争が二度にわたって続き、一六七四年に終了したので、このような事件史以上の根本的要因があった違いない。さらに、戦争は一六七四年に終わったわけでは決してなかった。だからまず、スペインとの短期的戦争が続いて起こった。その後、一六八八年の「名誉革命」に続いて、フランスとの二つの長期にわたる戦争があった。九年戦争(一六八八―九七)と、スペイン継承戦争(一七〇一―一四)である。それゆえ、一六五一年の航海法の布告と一七一三年のユトレヒト条約のあいだ、イギリスはほとんどもっぱら戦争状態にあった。絶えず戦争が続いている状態は、ほぼ間違いなく、重要な経済的・政治的帰結をもたらした。もっとも重要なこととして、戦争一般にいえることだが、国家機構が強化された。たとえば、絶え間ない戦争は、税金と歳入に対する管理を強化することになった。国家の利益は、さらに人びと、産業、貿易に対する支配権を強めた。しかも、国家の利益を守るために、法案が提出され、新法がつくられた。そのために、アメリカ人の歴史家フィリップ・バックが「重商主義時代の政治」に内在する一部としてとらえたこのような権威主義は、実際、かなりの程度、絶え間ない戦争の帰結であった(5)。

戦争がもたらした経済的帰結のもつれを解き、明確な像を出すことは、より困難である。しかし、イングランドの貿易に関して、一六五二―一七一三年にたくさんのことが起こったのは確実である。一七世紀中頃、イングランドは、毛織物の輸出に頼っていた。それを受けて、たとえば一六四〇年代においては、レウェル・ロバーツとヘンリ・ロビンソンを含む数名の経済問題のパンフレット作者は、イギリス経済は、経済的に強化されるためには、より多様化すべきだと論じていた(6)。このような多様化は、おおむね半世紀後に達成された。製造業の生産増大、商品集散地の繁栄、インドからの安価なキャラコの輸入と再輸出、植民地との貿易増を通じて、イングランドの貿易関係ははるかに広がった。さらに、イングランドは、世界の主導的国家になり、オランダに取って代わる最初のステップをとった(7)。長期的観点からは、そのために、一八世紀に世界の工場としてのイギリスが確立されたのである(8)。

ここから、これらの戦争は、おおむね、貿易と商業関係を確保するか拡大するために戦われたと推測したとしても、あまり間違ってはいまい。ここから、ほぼ確実に、どれほど多くの観察者が、この状況をみていたのかということがわかる。そのために、一六九八年――フランス人との講和が結ばれた一年後――に、ダヴナントが、「貿易と戦争が両立しないという意見をもっている人たちがいるが」、という見解を嘲笑し、それは「明らかに間違っている」といったのである(9)。ダヴナントの意見は彼らとは反対であり、国家は「貿易を保護」するために必要だというものであった。そして、「十分に管理され保護された貿易を実行するためには、他国の利益を妨害するかもしれない多くのことがあるはずである」といったのである(10)。

しかしながら、戦争は、貨幣と特権的地位を求めた商人が共通の利害関係をもち、共謀して私的利益を獲得するために戦われたということではない。それとは反対に、ヒントンとウィルソンが強調したように、他国と開かれた攻撃的な競争をしながら貿易を増やすよう推進するために、イングランド政府は、このような私的利益集団の短期的利益に対して、少なくとも直接反対する政策を何度も遂行した。一六五一年の航海法にはじまり、政府の政策で共通の課題となり、貿易に対する私的管理に取って代わった。マーチャント・アドヴェンチャラーズ、イーストランド会社、一六八八年以降は東インド会社のような規制会社などによって、(11)政府の管理が弱められていたことから脱却しようとしたのである。(12)同時に、ロバート・ブレナーが指摘するように、商人のなかに、「古い」グループと「新しい」グループがあるということにも正当な理由がある。「新しい」グループの商人は、異なった政策を追求していた共同社会《コモンウェルス》時代の革命家に近かった。(13)そのため、新しい貿易委員会は、一六五〇年頃に機能しはじめ、その態度において極端なまでに攻撃的であった「新しい」商人を収容した。彼らは「古い」商人の特権に対してだけではなく、オランダ人に対してはさらに攻撃的であった。この委員会の仕事――いわゆる「ハートリブ・サークル」の主要な人物であるベンジャミン・ウルジーを含む――は、その少しあとではじまった有名な航海法の方向性を支持した。

国家的な経済拡張と国家のコントロールが増大した。それは、ほぼ間違いなく、裕福な商人の私的利益ではなく攻撃的で好戦的な「重商主義の政治学」（バック）の背後にあるより持続的な誘因であった。この時代の政治家は、国力には貿易が必要だという見解をもっていた。これまで、強力な経済基盤なしに国家が強力になったことはなかった。この文脈でとくに重要なのは、〔このときにえられた利益が〕、外国との貿易により流入してきた利益だとみなされたことである。このようなシナリオは、貿易差額説がこの時代に人口に膾炙したスローガンになった理由の理解に役立つのはもっとも確かなことだ。

一七世紀の大半を通じて、オランダ共和国の貿易は、イギリス人によって嫉妬された。ほぼ確かなこととして、一六五一年と一六六〇年の航海法、一六六二年のステープル法（貿易を促進する法）、そして一六五〇年代から続いたオランダ人との三度にわたる戦争に至らしめたのは、このような嫉妬心であった。オランダ人が、本来ならイングランドに属するはずの貿易を取っていったという感覚――われわれが示したように――は、この時代の経済文献における共通のテーマであった。現実の状況を考察するなら、これはとりわけ奇妙だというわけではなかった。たとえば、経済史家のチャールズ・ウィルソンが描出したように、

オランダ船隊は、毎年二月から九月まで、シェトランド島からテムズ川まで航海した。沿岸近くにいて、ニシン漁をした。ニシンは塩漬けされ、中身を取られ、国内の食料になっただけではなく、海外への価値ある輸出品であった。イングランド人がつくった毛織物は、アムステルダムで完成品となり、装飾され、染色された。ドイツのリネンはハールレムで漂白され、ノーフォークの大麦は蒸留され、カリブ海の砂糖は沸騰され、精製され、バルト海地方の木材は船舶、樽、合板へと転換した。この貿易のかなりの部分は、オランダ船が担いイングランドと原産地を行き来し、そのなかでは、安価な輸送のために建造され、比較的新しく設計されたフライト船がとりわけ重要であった[14]。

しかしながら、一七世紀後半において、オランダとは別の恐るべき敵が舞台に現れた。フランスである。一六七三年に出版された影響力のある小冊子で、サミュエル・フォートレーは、フランス国民との貿易で、イギリスがどれほど多くのものを失ったのかをとくに強調した。この著者はこう指摘した。フランスからの贅沢品と

ワインを大量に輸入していた結果、イングランドの貿易赤字が増加することになった、と。[15] それがとりわけあてはまるのが、ルイ一四世の財務総監のコルベールであった。イギリスの輸入品に対して効果的な保護システムを確立したからである。他の多くの人びとと同様、フォートレーは、それがイギリスのその当時の経済不況の背後にあるもっとも重要な原因だと考えた。また、この見解を共有していたのは、ロジャー・コークであった。[16] ダヴナント、バーボン、チャイルド、ノース、ジョン・ホートンのような著述家から挑戦を受けたが、フランスからの贅沢品輸入が増大したため、一六六〇年代から貿易はイギリスの赤字に変わったという見解が、フォートレー以降共通の了解事項になった。したがって、架空の「満足派」と「不平派」のあいだの対話において、ホートンは、「われわれは、神聖なる国王陛下の復古以前のどの時代よりも多くの富を今や有するようになった」という結論により、議論で前者が勝利をえたのである。[17] しかしまだ、ペシミズムは、一七一三年のユトレヒト講話以降出現した論争でもっとも取り上げられたテーマであった。この点をめぐって、イギリスで、フランスとの講和条約がイギリスにとってよかったのかどうかという白熱した議論がおこった。そのため、定期刊行物である『ブリティッシュ・マーチャント』では、反フランスの政治家と著述家が結集し、条約を廃棄しようとした。そして、あとでみるように、彼らはそれに成功したのである。[18]

貿易が重要な役割を果たしていたかもしれないが、フランスに対する反感が、ほぼ間違いなく、政治的理由によって大きくなった。一六六〇年の王政復古以後の二人の国王チャールズ二世とジェームズ二世は、明らかに、反フランスの感情を喚起した。さらに、九年戦争のときまでには、フランスは、ヨーロッパにおける勢力均衡に挑戦するのに十分なほど、軍事的・政治的な強国になった。この脅威は、スペイン継承戦争のときにはるかに強く感じられた。この戦争では、スペインと巨大なスペイン帝国が、フランス王の軍隊に敗北する可能性が生じたからである。

貿易と経済に関する論争

ここで述べた政治的・経済的状況は、一六二〇年代以後のイングランドで続いていた経済論争への一般的枠組みを提供した。この論争は経済学的用語を使って、国家権力の問題を論じた。すなわちそれは、富は、どのようにして獲得されるのか、オランダ人とフランス人は、富の形成のこのような一般的過程にどのようにして介入したのか、ということであった。さらに、著述家は、国家が豊かに強力になる最良の方法を論じた。それは、利子率を低下させれば達成可能なことだったのか。共同社会《コモンウェルス》により多くの貨幣と流動資本を提供する貿易差額黒字が必要だったのか。このような貿易差額黒字は、どうすれば獲得できたのか。古い使用法に従って、地金の輸出を禁止することが、最善の手段だったのか。あるいは、地金によって製品が輸入され、その製品が再輸出されるか、国内の製造所で完成品になった製品の輸出を地金が可能にするとすれば、むしろ地金の輸出が促進されるべきだったのか、ということが論じられたのである。しかも、このような疑問点から、さまざまな著述家が当時の政治的論争に参加した。その論争は、貨幣問題、戦争、平和、さらにオランダとフランス、東インド会社との条約の内容、インドからの輸入が制限されるべきかどうかなどを問題としていた。だから、ウィルソンが、こう指摘したのだ。

アダム・スミスが「重商主義システム」と呼ぶことになったもの、そしてのちの「重商主義」は、次の一連の請願から生じた。まず、これらのさまざまな国家の委員会に対する私的な支援団体の一団、国家の重商主義要素の構成分子の軋轢から生じた継続的な論争、そして、共同社会《コモンウェルス》全体の重商主義から派生したと考えられるニーズと国家の重商主義的な私的利害集団のあいだの要求にうまく折り合いをつけようという試みであった。(19)

しかし、すでに述べたように、これは、これらの著述家が現実にいったこと、そして彼らが使用したのはどのような論拠だったのかということを完全には説明していない。確かに、ここでの論拠は、たとえば東インド会社による安価なキャラコの輸入が有益であったかどうかということに焦点を当てた議論が、多くの論争を巻き起こし、著述家がそれを非難するか（ケアリ、ポレクスフェンら）、擁護する（チャイルド、ダヴナントなど）ことを余儀なくさせた問題であったことを否定することはない。実際、興奮したダヴナントがみずからの見解を取り下げ、われわれが手短に述べたように、一七一三年にフランス人が公表したユトレヒト講和条約後、『メルカトール』（ダニエル・デフォー編集）と『ブリティッシュ・マーチャント』（キング、ヤンセン、クック、ジーなど）の二雑誌による有名な大議論を誘発したのは、フランスの貿易をめぐる議論だったことはほぼ確実であった。さらに、われわれがいったように、イングランドの製造業の利害を代表するケアリやポレクスフェンが小冊子を出したのは、確かにインドからの安価な織物の輸入が原因であった。また、一六二〇年代も一六九〇年代も、とくに毛織物産業に打撃が加わった貿易不況の時代であったことに言及すべきである。

貿易をめぐる言説が展開したのは、おおむね、このような政治的論争の文脈のなかにおいてであった。そこで、とりわけ白熱したこの時代に、ほとんどの小冊子が書かれ、論争が先鋭化していったのである。一六三〇年以降ますます、経済文献のなかで、とりわけ商品価格、賃金、利子率、貨幣、為替相場に関する説明として、供給と需要に対する言及が増えていった。

論争のトピック　一六四〇—九〇年

規制会社と自由貿易

一七世紀イングランドの経済学者は、しばしば「自由貿易」について語った。だが、その場合、一八世紀、そしてとくに一九世紀に一般的になったものとはかなり違った事柄に言及していた。[20] 中世後期において、「自由貿易」は、いわゆる特許会社に付与されていた独占特権を批判するスローガンとして使われるようになった。これらの会社は、中世後期の多くのヨーロッパ諸都市で多数設立された。そのような都市は、ロンドン、アントウェルペン、ブルッヘ、アムステルダム、フィレンツェ、リスボン、マドリードなどである。バルト海においては、有名なハンザ同盟が、塩、穀物その他の商品の独占をしていた北方ヨーロッパのさまざまな都市からなる国際的な特許会社の事例として役立つ。イングランドにおいてもっともよく知られた事例は、東インド会社である。同社は、「東インドへの貿易をおこなうロンドンの統治者および商人の会社」という特許状によって一六〇〇年一二月三一日に設立された。あるいは、マーチャント・アドヴェンチャラーズがすでに一四〇七年に設立されており、羊毛をフランドルの港に輸出し、同地域から織物と毛織物を輸入する特権が付与されていた。[21]

一七世紀初頭から、とりわけイングランドで政治的論争を巻き起こしていたのは、これらの会社の現実の行為のためであった。そのため、「貿易の自由」ないし「自由貿易」に関する概念の再形成が起こった。さらに、マーチャント・アドヴェンチャラーズがイギリスから東インドに地金輸出をしていることに批判が向けられた。そのために、イングランドで金銀が不足することになるというのだ。この批判により、ジョン・ウィーラーは、すでに一六〇一年、同社を擁護する小冊子『商業論』を上梓していた。彼の議論は、イングランドは、東インドから貴金属商品を購入するために地金を輸出していたが、同社の商人は、その商品を他のヨーロッパ諸国に販売して利益をあげているというものであった。このような迂回的貿易によって、イングランドは利益をえたのである。この議論は、その後、トマス・マンが、『イングランドから東インドまでの交易論』（一六二一）で、はるかに強調した。基本的に、マンはウィーラーが二〇年前におこなったのと同じ議論を使った。したがって東インド会社は、再輸出によって、「この王国の他の貿易を……全て合わせたより多くの財宝を王国内に持ち込んだのである[22]」。

特許会社に対するこのような攻撃は、疑いなく、特権会社が蓄積した利益と富に嫉妬した商人ないし商人グループから発生したものであった。だから、「貿易の自由」が、次のようなことを扇動する人びとにとって、政治的キャッチフレーズになった。すなわち、マーチャント・アドヴェンチャラーズないし東インド会社は、「開かれた」会社であるべきだということに賛同したのである。この区別は、「閉ざされた」すなわち規制会社と開かれた、いわゆる「合本」会社のあいだに引かれることが多かった。したがって、一七世紀のうちに、二つの両極端な立場のあいだで、激しい議論が繰り広げられた。一つは、羊毛、香辛料、金銀の貿易をおこなう一部の商人グループの立場と特権を擁護した。別の立場に立っていたのは、資本を所有し、アジアやバルト海諸国との（利益を生む）貿易に参加したかった商人であれば、誰にでも貿易に「自由」に参加することができるようにすべきだと考える人びとであった。したがって、一七世紀のイングランドで、「自由貿易」を支持する発言をした人びとは、ある種の貿易ないし貿易ルートの事実上の独占を保持していた規制会社を、かなり何度も批判したのである。しかし、一六八九年に、匿名の著者（ペティトか？）が、マーチャント・アドヴェンチャラーズと他の貿易会社を批判した。それは、全てのイングランド人（彼らの権利によって）が自由にメンバーになることを許可していなかったからである。[23]だからこそ、本当に議論の対象となるべき点は、ある会社がある港で売買をする特権をもつべき（あるいは、たとえば中国との貿易において特権的地位にいる）であり、さらに、より多くの商人が同社のメンバーになれるべきだということだったのは明らかなように思われる。排他的な貿易会社の特権は、「独占」というラベルを貼られた。まったく規制がないことは、「多占」と呼ばれた。それは、かなりの頻度で、独占と同じくらいの損失を与える無政府国家を指した。したがって、一八世紀に至るまで、ほとんどの人びとは、貿易は、適切な方法で規制され、実行されなければならないことに同意していた。

しかしまた、近世ヨーロッパの領域を絶対主義的に支配しようとしている君主や国王は、「自由貿易」に賛同した。彼らの目的は、排他的特権を有する特別な商人集団と特権的地位にある自由都市の排他的特権を根絶やしにすることにあった。『重商主義』の末尾で、ヘクシャーは、しばしば、たぶん特異であるが、重要な経済統制国家におけるレッセフェールの要素に注目した。経済統制国家は、他の点では、この時代の政治経済の特徴を示していたのである。ヘクシャーは、一七世紀中頃、しばしば「貿易の自由」に賛同したフランスのコルベール、スウェーデンのアクセル・オクセンシェーナのような政治家について言及する。「自由が貿易の魂だ」[24]のようなフレーズほど、大量の書簡で何度も繰り返されるスローガンは、ほとんどない。現実に発生したと思われるのは、国王とコルベールのような政治家は、国家の利益を追求するために、「自由貿易」の旗印のもと、干からびた会社の自由という特権を攻撃したということである。これはまた、ヘクシャーが述べているように、本当に逆説的なまでに、重商主義が、一九世紀に使われた言葉の意味で「本当の」自由貿易の確立に寄与した理由である。したがって、一七世紀の「自由貿易」を、こんにちわれわれが使用する意味で使うのは間違いである。貿易のより大きな自由が国家の利益になるということは、たとえば、マンなら同意する立場であろう。(25) しかしながらそれは、貿易差額黒字を達成するために、彼が保護を要求することをさまたげはしなかった。同様の主張をした他の著述家たちが、フォートレー(26)とホートン(27)であった。フォートレーは一六七三年に、ジョサイア・タッカーやアダム・スミスが一世紀後にしたのとほぼ同じ主張をした。すなわち、貿易の自由は、より効率的な資源の配分に至るといったのである。(28) より大きな貿易の自由があったので、われわれは馬、羊、去勢牛をわれわれの牧場で育て、「全ての隣人を扶養」し、その代わりに穀物を輸入した。フォートレーは、実際、こういった。

われわれには、家畜を輸出する自由があるのだろうか……われわれには、穀物の輸出をさまたげる法は必要ない。なぜなら、穀物輸出で獲得される利益は、一エーカーの〔家畜飼育〕から稼げる利益をはるかに上回るので、今や穀物を販売するよりも購入するために現在よりはるかに多額の金を使えるほどに儲かっている。一エーカーあたりの牧草地、牛の肉、皮、脂肪の一エーカーあたりの利益は……、地上で産出される穀物のようなものより海外では非常に大きいのである。(29)

この文脈でフォートレーが触れている問題は、穀物輸出が許されるべきかどうかということである。何十年間にもわたり、これは、議論を巻き起こす問題であった。穀物の輸出に反対する人びとは、輸出すれば、〔国内の〕

供給量が不足すると論じた。フォートレーのような意見を持つ他の人びとは、利益があるなら、どんなものでも輸出は許されるべきだと論じる傾向があった。もしそうなら、輸出すればより多くの収入がえられる。その収入で、必要なものを海外から購入できるのである。

規制会社に対する激しい批判は、すでにマリーンズの著述のいたるところに現れていた。しかし、ある特定の観点からの見解であった。彼がとくに批判したのは、東インド会社であり、「いくつもの海を越えて」貨幣を輸出しているという理由のためであった。ときどき、彼はまた別の論拠を使う。この文脈において、彼はたとえば、「われわれ自身の原材料」で完成品にする方が、東洋から商品を輸入するよりも良いというオーソドックスな見解を提示した。(30)

しかしながら、一七世紀において、それ以外にも、独占的活動をしているという理由で、これらの会社に対する批判的な声が聞かれるようになった。一例として、一六四五年に、『貿易の拡大と自由の目的からなる論考』というパンフレットが出版された。ここで、匿名の著述家が、マーチャント・アドヴェンチャラーズに対し、激しい攻撃を加えた。(31)彼の目的は、明らかに、「明確で反駁の余地のない論拠によって、単に自分たちにマーチャント・アドヴェンチャラーズという名称をつけているにすぎない人びとの会社が、非合法であるということを示したかった」のである。(32)この苦境の例証を取り上げるために、理由がどのようなものであれ――党派心があることは確かである――、著者の主要な述語は使い方が洗練されている。「今や、共同体や自由ほどに貿易で有利なものも立派なものもない」と、匿名の著者は指摘した。(33)彼はとくに、オランダへの毛織物輸出でマーチャント・アドヴェンチャラーズが特権をもっていることを非難した。著者は、間違いなく、ロンドンの外側の製造業の利益について話していた。リプソンはこれを、「地方の嫉妬」と呼んだ。(34)そのとき著者は、マーチャント・アドヴェンチャラーズが、独占的活動をしていることに対して非難した。安く買って、高く売るといったのである。彼はさらに、どの王国や共同社会《コモンウェルス》にとっても、独占ほど有害で破壊的なものはないとまでいった。(35) ベーコンの貨幣に関する隠喩を使い、彼はさらにこう指摘した。「貿易は……、牛馬の糞のようなものだ。どっさりと身近にあり、悪臭を放つ。だが海外に広まったなら、土に肥料を撒き、より肥沃にするだろう(36)」。

原則として、これと同様の議論が規制会社に向けられ、彼らの独占的な行動について申し立てた小冊子がいくつか、次の数十年のあいだに現れた。たとえば、われわれは一六七〇年代のコークの諸論考に同様の批判を見出すことができる。彼は「豊かさと安さ」に対する批判的論陣を張った。(37) 別の事例は、注目すべき作品である『疲弊するブリテン』（一六八〇）であり、ほぼ間違いなく、ペティトによって書かれた。(38) 著者は、「われわれの貿易へのおもり木」、とりわけ独占に対して懐疑的であった。規制会社が貿易を独占する範囲、すなわち、「全てのイングランド人（彼らの権利によって）がメンバーになれるわけではない」ということが、著者によって強い語調で非難された。彼は、より近代的な「合本会社」までも、その独占的経営のために非難した。会社このような性質があったので、

規制会社は、わが国の原材料を用いて国内で生産する製造業と、他の輸出品にとって有害かもしれない。というのは、合本会社で貿易することで、彼らはただ一人の買手となり、輸出可能な商品の独占をすることになるからである。(39)

ときには、彼は明確に東インド会社を攻撃した。本来なら国内で生産できる商品を輸入しているというのが、

その主な理由であった。[40]

しかしながら、一七世紀を通じて、規制会社はまた、「むしろ十分に秩序だった貿易」（ロバーツ）ができるという利点があると考えた著述家たちからの支援もあった。すでに一六〇一年に、マーチャント・アドヴェンチャラーズの職員として働いていたウィーラーは、貿易と雇用がイングランドで増大したのは、マーチャント・アドヴェンチャラーズにもたらされた利点であったと論じた。とりわけ、同社の毛織物輸送のため、「商人が利益をえたのに加え、多数の労働者が雇用され、たくさんの金を獲得した」のである。[41] しかも、「上位に位置する政府の支配」があるからといって、購入者数が減ったり、販売価格が低下するというわけではない。それどころか、マーチャント・アドヴェンチャラーズの市場についての知識は、毛織物製造業者に、同社がなければありえなかったほどの顧客を提供したのである。それとは別の有益な影響として、同社が、小規模生産者に信用を提供したことがある。実際、彼はこういった。それらは、「全て供給されており、いくつかが不足しているからといって餓死するということはなく、一方他のものは大量にあって、膨れ上がったことがわかる」。[42] 規制会社を支持する同様の議論の多くは、次の数十年間に何度も起こった。一六四八年、ヘンリ・パーカーは、マーチャント・アドヴェンチャラーズの役人らしく、貿易の過度の「自由」についてかなり激しく論じた。自由と規制は決して正反対のものではなく、互いに調和させられると、彼は強調した。全体として、パーカーはウィーラーの議論を繰り返し、テキストで彼について明らかに言及している。[43]

さらに、ロバーツは、『輸送の財宝』（一六四一）で、彼の「王国」は、より多くの規制会社を設立しなければならないと勧告した。彼によれば、「概して、会社に入って、離れ離れにならず、自分で輸送するなら、貿易国家の力が強くなり、利益が最高額になる」のである。[44] そして、われわれがみたように、マンもミッセルデンも、一六二〇年代に、とりわけマリーンズからの東インド会社への攻撃に対して防戦した。しかし、とくにマンにとって、この擁護は主として、この会社の地金輸出が、貿易差額赤字の原因となっているという批判に向けられていた。

利子率

一七世紀の大半を通じて、われわれがみてきたように、富と国力を求めた商業と貿易の重要性に関する論争が、前面に出ていた。一連の小冊子の出版の引き金となった別のトピックは、利子の問題を含んでいた。イングランドにおけるこの種の問題の起源は、少なくとも一六世紀に遡る。トマス・ウィルソンが、有名な『高利に関する論考』を出版したのは、このような状況下であった。中世のスコラ学者がとった立場を反映して、高利の問題は、ある程度、マリーンズが一七世紀初頭に書いた主要なテーマでもあった。マリーンズが書いた文献の多くで、高利は邪悪な慣行として批判されたことはいうまでもない。マリーンズにとって、多様な外見を示した高利は、イングランドを苦しめた「害毒」であった。事実、一六三〇年代まで、「全ての高利の腐食作用」が、経済文献のなかで広まった(45)。

したがって、カルペパー父の『高利論』(一六二一)が出版されたことは、イングランドにおける高利と利子への批判の長い伝統の文脈のなかでみなければならない。トマス・カルペパー(一五七八—一六六二)は、オクスフォード大学で学んだが、学位を取らずに中退し、その後、リーズ城の領主になった。彼は、スコラ学の著述家として扱われることもあるが、それは疑わしい。この小冊子は、一六二三年の議会で提出された。彼は、道徳や地代の起源についてあまり頓着しなかった。カルペパーは、マリーンズとは異なり、高い利子率は邪悪な投機の帰結だとは主張しなかった。むしろ、彼は議論を逆転させ、たとえば、商人が貿易をやめ、高利を取るようになった理由は、「そこから利益をえる方が簡単だからだ」といった。[46] したがって、古いやり方で高利を非難する別の小冊子以上に、彼のテキストは、貿易危機を扱う一六二〇年代当時の論争の文脈に照らしてみなければならない。カルペパーは利子率を六パーセントまで低下させることに賛成したが、「高利について」というタイトルのエッセイを一六二五年に初版を出したベーコンは、利子率を五パーセントとまで下げるよう要求した。

ベーコンの主要な関心は、高利の一般的経済的帰結にあった。彼は、高利貸しは「楽園から追い出されて以来、人類のためにつくられた最初の法」を破ったものだとみなされていたので、高利貸しは、「ユダヤ人化したのか……彼らは、〔ユダヤ人がかぶる〕オレンジ色の帽子があるにちがいない」。だが、彼は少なくとも「高利」の慣行のいくつかは擁護した。「金を生じさせるようなこと」は、全く自然に反していない。彼は、思案する。「私がいうのは以下のことしかない。高利は、人びとの心の無慈悲な理性が許した事柄 concessum propter duritiem cordis である。というのは、貸し借りがあるはずであり、人は心が頑ななので無利子で貸そうということはない以上、高利は許されるべきだ」。彼の考えでは、通常の方法で、高利について話す人はほとんどいない。高利に関して、このとき、ベーコンは次のように分析する。

高利は商品ではないということは、第一に、商人をほとんどつくらないということである。なぜなら、高利というこの怠惰な職業がなければ、貨幣は一箇所にとどまることなく、商品によってかなりの人が雇用されることになろう。それは、国家の富の門脈である。第二に、高利は貧しい商人をつくる。というのは、農夫は、もし地代が高ければ土地を十分に耕すことができないように、商人は、もし高利で借りていたなら、商売をうまく営むことはできないからである。第三に、この二つに対する挿話がある。すなわち、国王ないし国家の関税収入の低下は、商品量の上下とともに生じる。第四に、高利は、王国ないし国家の財宝を少数の人の手にゆだねる。高利貸しにとって、確実なときもあれば、不確実なときもある。ゲームが終わるときに、ほとんどの金は箱の中にある。第五に、高利は、土地の価格を下げる。これまで、国家が繁栄したのは、金の使用は、富がより公平に配分されているときであったためであり、高利はどちらも妨害する。第六に、全ての産業、改良、新発明を弱体化させる。高利がなければ、金は活発に動くかもしれない。最後に、時間の経過とともに、人びとを貧しくするものは、多くの人の害毒となり、破壊につながるであろう。(47)

同じようなことは、一六二一年の小冊子で、カルペパーもいっていた。ここで中心となる問題は、オランダがこれほど富裕な国になったのに対し、イングランドは、はるかに遅れている理由である。主要な回答として、カルペパーが強調したのは、オランダ共和国よりもイングランドの方が利子率が高いということであった。カルペパーの提案は、現在の「高利では、貿易を衰退させる」ということであった。高い利子率の主要な帰結は、「一般に、全ての商人は、大きな財産を築いたときには、貿易をやめ、高利での貸付をするということであった。利益は簡単に獲得でき、確実で、巨額だったからである」(48)。この背景に照らして、彼は、利子率は法によって低くされるべきだと主張したのである。この小冊子で、カルペパーは、彼の計画に対して出された論拠に対し、慎重に扱った。最高の利子率が確立されているときには、金を「借りることは難しい」という明確な反対については、次のように反論した。「私はこう答える。もしそれが本当なら、高利がこの国で貨幣を増やすとしても、高利貸ししか豊かにせず、王国を貧しくする」[49]、と。

利子率上昇が、現実に借りることが可能な貨幣を増加させるかもしれないということを否定するなら、われわれは確実に、カルペパーに似た立場に立つように思われる。この点において、カルペパーは間違いなく（ベーコンと同様）、マンとミッセルデンよりもマリーンズの立場に近かった。カルペパーは、貨幣量が増加すると、利子率が低下するかもしれないと気づいていた。それと同時に、彼はそのために、貸し手の数が減るとは考えていなかった[50]。だが、これは現実に例外であり、このような外見上非論理的立場が、チャイルドを含む後代の著述家に共有されていたことに注目すると、興味深い結果となる。

一六六〇年代に、カルペパーの議論は、ふたたび繰り返され、彼のパンフレットが再発行された。一六六八年、この著者の息子のジョンとトマス・カルペパー、さらにチャイルドが、利子率を扱ったパンフレットを発行した。このときには、チャイルドはすでに東インド会社の代表であった（チャイルドについては、二六二頁をみよ）。しかし、チャイルドの『貿易と利子率に関する短い観察』（一六六八）は、明らかに新しく設立された貿易委員会で働いた結果生まれた作品であったが、同社の利害に介入する党派主義者の作品とみなすことはできない[51]。事実、彼の立論は、原理原則にもとづいた用語で書かれていた。そこでチャイルドは、イングランドにおけるその当時の貿易危機について、こう提示した。「オランダ人が国内外で貿易を驚異的に増加させたからだ」[52]、と。しかも、彼らの優越性のもっとも重要な原因の一つは、利子率が低かった点にある。平時には、［オランダの利子率は］年間三パーセントを越えることはなかった」。一方、イングランドの利子率は六パーセントであった[53]。チャイルドによれば、それは、貨幣はイングランドよりもオランダの方が豊富であり、借りるのもより簡単であったということを意味した。貿易は、利子率が高いためイギリスでは利益が出なくても、オランダでは実行可能であった。しかしまた、オランダの貿易は、イングランドよりも少ない利益率しか獲得できない状態が確立していた。このような視点から、ほぼ五〇年前の父のカルペパーと同様、チャイルドは、利子率を固定する法律が開始されるべきであり、今回は、四パーセントを越えるべきではないと論じた。

父とほぼ同じ意見をもつ息子のカルペパーは、チャイルドに同意し、法令で利子率を緊急に下げさせるべきだといった。そのために、彼が書いた小冊子は、利子率が低下した場合に発生する利益に関する鮮明な描写に満ちていた。そうすればたとえば、「土地の生産高はすぐにでも、三倍とはいかなくても二倍になり、死につつある製造業を蘇らせるであろう(54)」と、息子のカルペパーは保証した。しかし、彼は、チャイルドと同じく、父のカルペパーと比較すると、利子率の水準を管理する力について、あまり述べなかった。二人のどちらも、利子率を下げれば、貸し手になる可能性のある人が、自分が所有する金を貸付市場に提供する以外のことをするかもしれないとは考えなかった。チャイルドは、彼らは新しい状態に適合しなければならないといった(55)。ほぼ間違いなく、その論拠は、貨幣資本は、国家間、たとえばオランダからイングランドへと移転しないという前提にもとづいていた。確固とした証拠として、オランダでは、金貸しは三パーセントで満足していると指摘するだけで十分であった。明らかに、一六六〇年代の観点からは、このような前提に立つことは、非現実的ではなかった。これまでみてきたように、イングランドとオランダは、長期間にわたり交戦状態にあった。それは、交戦状態一般と同じく、国家間での貸付可能な資本の大規模なフローをまったく許さなかった。

チャイルドとカルペパーの小冊子——その後の二、三年間で、カルペパーのペンから数本の小冊子が生まれることになった——は、激しい批判を招いた。一六八八年、トマス・マンレイという人物が、それは、「自然に強制して」、法律により利子率を低下させることだと論じた。オランダでこれほど利子率が低い理由は、「自然な」原因による、と彼は論じた。マンレイは、マンとミッセルデンがマリーンズに対して使った論拠について直接言及した。

為替相場がわれわれにとってそうであるように、オランダだけではなく、他の全ての場所における貨幣も同じことがあてはまる（利子率という点で）。貨幣の量が多いほど、そして受取人が少ないほど、為替相場は低くなる。借り手より貸し手が多いと、利子率は、法律とは関係なく低くなる。(56)

したがって、息子のカルペパーとチャイルドは、利子率は独立変数であり、利子率の変動によって、富の水準が決定されると考えたようであるが、マンレイは、この議論に大反対した。彼は、「利子率の低さは、富の原因であること」を公然と否定した。むしろ、利子率は従属変数だと考えた。(57) ほとんどの同時代人と同じく、マンレイは、利子率はその国の貨幣の総量（あるいは貸付可能な資本）によって規定されると信じていた。(58) しかし、チャイルドは、この教義には納得できなかった。明らかに、たとえばチャイルドと息子のカルペパーは、この問題全般について、マンとマンレイとは全く違う立場に立っていた。バウレイのように、これが二つの異なる「学派」についての十分な話になるといえば、いいすぎかもしれない。だがこれは、重商主義が閉じられた静学的な教義ではなく、異なる目的のために共通の用語を用いた一連の論争だということを示す重要な対比である。

貨幣

貨幣問題は、一七世紀の経済論争で常に中心となるテーマであった(59)。しかも、この世紀の大半を通じて、イングランドは、常に地金不足に悩まされていたと、一般に信じられている。このように地金不足が想定されていたのは、イングランドから外国にほとんど絶え間なく貨幣流出が続いたことが原因だったと頻繁にいわれる。われわれがみたように、流出の原因は、イギリスの鋳貨の過大評価につながる投機の結果であるか、貿易差額赤字のためであると思われた(60)。

「鋳貨の流出」の理由が何であれ、一七世紀にイギリスの貨幣の供給量を増大させるために、主として一般に三つの方法が議論された。銀貨の悪鋳、法定平価の導入、そして貿易差額黒字（支払い差額黒字＝国際収支黒字）である(61)。

最初の方法は、一般に、不利益をもたらすという理由で受け入れられなかった。確かに、銀貨の悪鋳は、貨幣のストックを増大させるために、とくにヘンリ八世の治世においては、一般にみられた政策であった。しかしながら、一六世紀中頃から、この方法は激しく批判されるようになった。このような批判が、事実、小冊子『このイングランド王国の民富に関する論考』の主要なテーマであった。かつてはシェークスピアによって書かれたものだと信じられていたが、われわれがみたように、今では一般に、学者であり政治家でもあったトマス・スミス（一五一三—七七）のものだとされる。彼は、ケンブリッジ大学の副学長であり、サマーセット公の請願裁判所主事 Master of Requests であった。そして同書で、「悪鋳は、全ての人が抱くもっとも大きな悲しみ」だという見解を出した[62]。同書の著者は、確かに、量の原理に気づいていた。人びとの使用に必要な商品が、鋳貨の表面の名称と交換される。鋳貨の価格の高低を決めるのは、それが稀少か豊富かということである[63]。価格を上げる原因以外にも、鋳貨の悪鋳が生じ、その結果、「われわれの鋳貨は、すでに外国人のあいだで信用を落としている。しかし彼らは、全ての国民に優先して、われわれのために、われわれの必要性に、われわれの貨幣の優秀さのために奉仕しようとしていたのである[64]」。

しかも、これに続く時代においても、悪鋳の支持者が仮にいたとしても、きわめて稀であった[65]。だから、一六二〇年代に、マリーンズは、悪鋳に対して激しく反対したのである。悪鋳がふたたび喫緊の問題の解決策として提示された一六二〇年代中頃においても、コットンは、国王と枢密院を相手に、この手法に激しく反対した。悪鋳は、何の解決策にもならないと、彼は論じた。銀貨の名目価格が低下するということは、「交換の価値がより少なくなるこの種の商品を受領しなければならない」ということである[66]。しかも、コットンが指摘したように、国王は、悪鋳によって大きなものを失うのである。国王は土地の地代の収益、関税収入が減少し、兵士の給料が増大し、「イングランドの貿易の大きな部分を減らす」ことで、被害を受けることになった[67]。すでに言及したように、このような不賛成の態度は、一七世紀の著述家、論争家のあいだで明確に大多数の人びとによって共有された。それには、ヴォーン、ロビンソン、さらに後代にはロックが含まれる。

貨幣の供給量を増やす第二の方法は、むろん、マリーンズによって、とくに推奨された、悪名高き法定平価である。イングランドと外国との相対価格を決定する安定した平価を示唆し、その平価は、古い使用法を強制するよう助言することで、かなりの頻度で、地金輸出を禁止した。しかしながら、われわれがみてきたように、イングランド鋳貨の過小評価の原因となったのは、さまざまな銀行家と為替ディーラーが実行した為替操作であるという見解は、一七世紀のあいだに、マンとミッセルデンの思想に取って代わられた。しかし、鋳貨の額をその「内在価値」、すなわち、額面価格と銀の貨幣価値のあいだの関係を安定させておくことを強制する法が、一七世紀中頃に出された。たとえば、一六五二年に、ヘンリ・ロビンソンは、鋳貨輸出には完全に反対であり、交換は、決定した平価にしたがって実行されるべきだと提案した(68)。「為替の商品化」は、規制されなければならないと、彼は考えた。彼の見解によれば、それは、「貿易のもっとも神秘的な部分」であった(69)。

しかしながら、貨幣の供給量を増大させる第三の解決法が、この時代に普及した。マンと他の人びと（たとえば、われわれがみたように、ナポリのセッラ）によってますます論じられるようになったように(70)、国内に鉱山がない国にとって、唯一の効果的方法は、外国貿易による純余剰によって、貨幣の供給量を増大させることであったろう。しかし、それと同時に、別の意見が広まっていた。それは、ひとたび貨幣数量説が認められた以上、理論的なステップだといえた。長期的には、この理論は、多少とも経済統制的な手段で貨幣の供給量を拡大するという問題全体を時代遅れにした。それは、貨幣とは、価格が供給と需要で規定される商品だという見方であった。皮肉なことに、この見方は、ある意味で、マンとミッセルデンが提示した供給と需要の分析の類《たぐい》の理論的帰結であったが、貨幣については、彼らは完全に適用することがなかった見方でもある。彼らがそれを認識しなかった理由は、当然、一八世紀以来、いわゆる正貨流出入機構がすでに議論されてから、重商主義をめぐる論争でよく出てくることにあった。ほとんどの解釈者にとって、彼らが地金の純余剰を真剣に求めていた一方で、それと同時に、供給―需要のメカニズムの全体的な重要性を認識していた理由を理解することは難しい(71)。

一七世紀末には、貨幣価格は、需要と供給によって規定されるという見方が、おおむね受け入れられるようになった。さらなるステップにも到達した。すなわち、貨幣への需要は、現実の貿易量と関係していた。たとえば、この証拠となるのは、一六九〇年代に、新改鋳プロジェクトがはじまったときに出てきた大論争であった。あとでみるように、とくにロックが、貨幣には安定した「内在的な」価値があり、それは分母である金銀との関係における「共通の同意」が決定すると論じた。それと同時に、彼は確かに、この「内在的」貨幣価値(すなわち金銀)は、貿易可能な商品に準じた金銀の量によって規定されると合意したのである。(72)

ロックが主張した、貨幣価格ないし貨幣価値は貿易と関係した供給と需要が決めるという思想のもっとも重要な意味は、一国の貨幣が絶対的に不足するという問題自体が無意味だということであった。貨幣の流通量が比較的少ないなら、デフレになるだけだし、逆の自体が引き起こされたならインフレになる。インフレーションやデフレーションの影響については、さまざまな著述家が異なる立場を取っていたことはほぼ確かである。それはたとえば、改鋳プロジェクトが十二分に証明している。しかし明らかに、貨幣価格が供給と需要によって規定されるという思想への同意は、伝統的な貿易差額説の見解と相容れることは難しかったようだ。また確かに、このようなアプローチは、法定平価を確立する可能性を排除した。すなわち、交換の際の相対価格は、諸国間の貨幣のフローと、為替手形に対する需要と供給によって引き起こされるのである。これはさらに、一六世紀には、鋳造貨幣が不足した原因は、外国人の投機家が意識的に貨幣を操作した結果、イングランドの貨幣は国内よりも国外で高い価値があったためだという疑念が払拭されたことを意味する。(73)確かに、少量の鋳貨しか王立貨幣鋳造所によって発行されないのは、銀には貨幣としてよりも地金としての価値があったためだということであった。だが、国王の貨幣の額面価格が低いのは、主として、交換において鋳貨への需要を低下させる貿易差額赤字が原因であった。

このような新たな観点は、一六九〇年代になってようやく成熟したものであったが、すでに一六七五年に出版されたヴォーンの『鋳貨と硬貨鋳造論』に明確な形でみられた。しかし、同書は一六三〇年代にすでに書かれていた。[74] ヴォーンによれば、貨幣の価値はその「稀少性」によって規定される。「貨幣の稀少性」は、四つのことが原因となって生じると彼はいう。第一に、貨幣の素材を輸入する手段が不足している。第二に、「貨幣素材の輸出を促進する」ことが、それと同様の結果に至る。第三に、「王国の内部での貨幣の浪費」、第四に、金の価値が上がり、銀のそれが下がり、金銀によって評価されるものが増える。[75] さらに、諸外国が「貨幣を増やす」一方で、イングランドは、同じことができず、貨幣の純輸出により引き起こされた「貨幣不足」だけに大きく左右された。[76]

このような見方が、一七世紀中頃にはますます当たり前になっていったことは、きわめて明確であると思われる。一六六〇年、貿易委員会は、ふたたび、貨幣の問題と貨幣流出の背後にあると想定される原因について議論した。使用法が促進されるべきであり、地金は輸出されるべきではないという見解に対し、たとえば匿名の著者がこう書いた。「貨幣と地金は、いつも、いくつかの法に対立する道を突き進んだ。世界の貿易は強制されないが、利益が期待できそうなところを目指していくべきである」[77]、と。それに対し、似たような言い回しで、彼はこういった。「貿易差額は……地金の輸出ないし輸入の結果、または主要な原因であった」[78]。

新しい貿易の科学

貿易と商業、さらには国家に対するその利点をめぐる議論が、一七世紀イングランドの経済論争を覆い尽くしたことは、あまり驚くべきことではないかもしれない。これまでみてきたように、一六二〇年代の論争が提供した新しい土台の上に築かれたので、これが、ハッチンソンが一六九〇年代のイングランドにおける「経済思想のブーム」と名づけたもので頂点に達した新たな表現形式《ヴォキャブラリー》の使用が発展することになった。しかも、おおよそこの頃に、著述家たちは、以前の論争で使われていた思想、理論、概念をより一貫した「貿易の言説」に昇華させたのである。少なくともある人たちとって、その目的は、商業と貿易が制度化される多数の一般的な原理を提唱することであった。(79)

この解釈は、間違いなく、正鵠を射ている。このような野心は、たとえばチャイルドの『新交易論』(一六九三)に明確に読み取ることができる。したがって、この本は、この三年前に上梓されたチャイルド自身の『交易論』の単なる延長線で書かれたものでは全くない。一六九〇年のテキストは、主として、利子率は、法によって低くされるべきだという元来の主張が述べられていた。ところが新版は、多くの新素材を付け加え、拡大したものになった。チャイルドは、『新交易論』で、経済発展のため、多数の貿易と商業全般の原理を提示しようとした。この作品は次の世紀に多数の版を重ねることになったので、広く読まれたことは明らかである。他の人びとが書いた、たぶんこれほどの商業的成功には恵まれなかったが、同じように野心的な作品があった。そのうちいくつかは、本章でその内容を紹介する。ダヴナント、バーボン、サイモン・クレメント、ノースなどである。この時代には、彼以外にも重要な著述家がいた。ブリストル出身の商人であるケアリは、貿易に関する一般原理を提示しようとしたとき、「科学」という語さえ用いた。

一国が、貿易で得をするのか損をするのかということを発見するためには、まずそれがもとづく原理を探究しなければならない。というのも、貿易は他の科学と同様の原理をもち、科学と同様、理解することが困難であるからだ。[80]

一六九〇年代という特定の時期に、経済に関する叙述と経済思想がブームになった理由を理解することは、あまり難しくない。名誉革命によって、政治的な大転換が生じた。ステュアート家とともに、多くのお気に入りが不評になる一方で、他の人びとの運命が良くなっていった。たとえば、東インド会社にとって、未来は、以前ほどには輝かしいものではなくなったようにみえた。カニンガムが示したように、名誉革命のときに、東インド会社は、貿易独占権を握っていたばかりか、政治的・法的権力を有していた。[81]ところが、一六九〇年代になると、同社が有していた特権を妬んでいた競争相手となる商人、羊毛業者、さらにホイッグの政治家から激しい反対に遭遇した。その結果、特権の多くが破棄された。競争相手であった「ホイッグ」の東インド会社が設立された一七〇〇年は、新たな状況が生まれた明確な徴候があった。[82]

この一〇年間において多数の論争を引き起こした他の主要な問題は、新改鋳プロジェクトであった。われわれがみたように、一六二〇年代から、国王が悪鋳するということはなくなった。しかし、人びとのあいだでは、貨幣の流通が不足しているという恐れに近いものがあった。この不安は、一六六三年により顕著になった。この年に、地金輸出に対する古くからの禁止が取り消されたからである。[83]現実には、主張されている鋳貨の輸出より重大な問題は、おそらく、古い銀貨が流通しているうちに使えないほどに磨耗する傾向があったということであろう。そのために、現実の銀含有量は、長期的に減少傾向にあった。グレシャムの法則に従って、現実に、新しく鋳造された銀貨は決して流通しないということになるように思われた。新鋳貨はより多くの銀を含んでいたので、鋳潰して――少なくともある程度は外国人に――地金として売られるかもしれなかった。これに対応して、新改鋳プロジェクトが開始された。このプロジェクトが宣言したのは、古く擦り切れた鋳貨を回収し、新鋳貨の流通をすることとであった。ウィリアム・ラウンズが作成した当初の計画では、新鋳貨の導入は、〔同じ銀含有量の〕一クラウン銀貨を六〇ペンスから七五ペンスに引き下げることを含意した。しかし、とくにロックによる干渉は、この試みが停止になったことを意味した（以下をみよ）。その代わりに、古い基準が維持された。それから数年にわたり、激しいデフレが起こり、すでに存在していた貿易危機が悪化した。そのため、一六九四年のイングランド銀行創設にかかわる激しい論争も含んだ物議をかもす政治状況となったので、一六九〇年代は、経済の論争と思弁にとっては実りある一〇年間であったことに、何の不思議もない。

しかしながら、「一六九〇年代のブーム」を理解するためには、われわれは当時優勢であった知的環境を考慮に入れなければならない。さらにわれわれは、前章で述べたような一七世紀に続いていた論争のため、この一〇年間に、統合を目指した企てをベースとして形成された概念と思想が発展することになったことを認めなければならない。

第一に、一七世紀後半には、自然科学のアプローチが、元来、とくに一六二〇年代に生じた経済現象にまでおよんだことを指摘しておく必要がある。(84) 商業経済は、それ自身の運動法則をもつ独立した身体だとみなされるという考えは、このアプローチのもっとも重要な結果であった。文献のこの主要部分で、人体とその機能が隠喩として使われ、経済の過程を描いたかということが、驚くほど頻繁だということがわかる。(85) たとえば、血液の隠喩は、非常に頻繁に、貨幣や貿易に例えられていた。したがって、たとえば、ポレクスフェンは、「貿易が身体の政治に対する関係は、血液が自然な身体に対する関係と同じである」と強調した。(86) しかも、貿易規制に失敗したので貧しくなった国に言及することで、ケアリは次のように説明した。「というのは、自然な身体におけるように、もし血液を出す部分が供給するよりも、あなたが血液を速く引き出すことができるなら、必然的に浪費して衰退する」(87)、と。さらにまた、彼とは別の著者のエラスムス・フィリップスは、数十年後にこう書いた。「貿易が身体政治に対する関係は、血液の人体に対する関係とおなじである。貿易は、もっとも細かな運河によって国家のあらゆる場所に満ちわたり、国家全体に人生と活力を与える」(88)。ほとんど間違いなく、このような引用は、無限に増殖しうる。

ともあれ、こういう自然科学のアプローチを応用することで、数量化と実証的研究が普及した。商業社会の「法則」は、ある面で、自然界の法則と似ていた。そのために、商業の法則は、ある程度の限界までしか巧みに操作できないと考えられた。そうでなければ、微妙な機構が破壊され、適切には機能しなくなったかもしれない。この観点からは、一六九〇年代のもっとも重要な経済学者であったバーボン、ペティ、ロックらが物理学者として訓練を受け、当時の自然科学においても同程度に読まれるものを書いたことは、決して偶然ではなかったことがわかる。同時に、デカルトの原理とその後のアリストテレスの形式主義にもとづく哲学の論理から徐々に脱皮していたことが、この文脈では重要な役割を果たしていたに違いない(89)。

第二に、この自然科学的アプローチは、ときにはまた、自然法思想に基盤を置いた道徳哲学と一体化していった。この影響は、とくにロックに顕著であった。だが、このような傾向は、たとえば、ダヴナントとバーボンの叙述にもみることができる。とりわけポーコックは、とくに、ダヴナントとデフォーらを論じる際に、明らかにネオマキャヴェリズムの影響がある大西洋の共和主義の伝統に注意を向けた。彼らの市民的人文主義は、主として「共通善」対腐敗、富と不平等の関係、ないし長期的な自由が財産の平等性なしにどうやって生き延びられるのかというようなテーマでの論争に現れていた。また、たとえば、共和主義対帝国主義と王国に関するダヴナントの論争のありようは、紛れもなく、ネオマキャヴェリズムであったと、ポーコックは主張する(90)。

しかし、自然法を扱うより幅広い論争では、とりわけ一七世紀後半において、経済学者は、一般的な意味で、貿易関係の「自然法」「自然なシステム」が存在したと信じこまされていた。だが、この影響が明確になるのは、数名の著述家だけである。それゆえ、たとえば為替関係と価格に関するバーボンの主張の主観的基盤は、フーゴ・グロティウスと、とくにサミュエル・プーフェンドルフの路線と密接な関係があった。よく知られているように、プーフェンドルフは、価格(ないし価値)理論を、確固たる主観的基盤のもとにおいた。彼の価値に関する概念は、社交性に導かれた社会的被造物として人間をみる一般理論に由来した(91)。

一六九〇年代のブームの一部を形成したとみなしうる多数の経済学者のうち、われわれはここで、たぶんもっとも重要な――あるいは、少なくとも事例としてあげることができる――経済学者のうち五人に対して、やや詳しくみてみたい。チャイルド、ダヴナント、ロック、クレメント、ペティがその五人である。

ジョサイア・チャイルド(一六三〇―九九)

チャイルドは、東インド会社のよく知られた理事であり、のちには総裁になった。同社に関して、チャイルドは、「まるで自分が所有する会社のように絶対君主として統治した」といわれる(92)。そのため、死んだときには、チャイルドは二〇万ポンド近い財産を残すほど裕福な人物であった。政治的には、ホイッグとして出発したが、富と財産をえて、トーリーに転換した。とくに、ジェームズ二世の短い治世のあいだ、チャイルドと東インド会社は、大きな成功を収めた。けれども一六八八年以降、事態は悪い方に変化した。だがチャイルドは、同社が抱える問題が増加することで財政的な影響は受けなかったようである。

経済学者として、チャイルドは、多くの読者を獲得した。彼が最初に出版した小冊子『貿易と利子率に関する短い観察』（一六六八）で、利子率を法により四パーセントに「減少」させることを主唱した。チャイルドによれば、低い利子率は、「国家の繁栄と富の主要な要因」であった。[93] 彼は、主として貿易委員会での仕事のあいだに、実践的な政治的判断についての小冊子を書いた。一六九〇年に固定利子率の問題がふたたび前面に出ると、小冊子は、いくらか修正を加えて、『交易論』というタイトルで出版された。さらに、三年後に『新交易論』が上梓されたときには、ふたたび利子に関するチャイルドの見解と議論も扱われていた。だが、新しく書かれた多数の章は、会社の役割、航海法、貧民の雇用、外国の植民地、「貿易差額」などのトピックが追加されていた。

確かに、チャイルドはあまり系統だった思想家でも著述家でもなかった。だが、『新交易論』における彼の主要な目的が、なぜオランダ人が、「国内外の貿易、財宝、船舶数において桁外れに成長したのか」という理由を説明することであったことは、きわめて明確である。[94] そのために、彼は全部で一五の理由を提示した。オランダ人は利子率を下げた。彼らは経験を積んだ商人であり、北の海で巨大な漁業を作り上げ、新しい発明を促進し（列挙した）、傑出した造船業などを創設した。[95]

しかしながら、これらの特異な点以外に、彼は共同社会《コモンウェルス》を豊かで強力にすることができる一般原理のいくつかを探究した。チャイルドによれば、国家の富――人びとの物質的豊かさ――は、主として生産の結果である。とくに重要なのは、製造業における近代的な完成品であった。彼は指摘した。

原理的にわが国を豊かにするのは、たくさんの人口、人口増の原因となる良い法律である。もし、われわれが法によって国民の労働を減少させるなら、国民をわれわれのもとから、より高い利子率を提供する他国へと追いやってしまうことになる。(96)

それゆえ、チャイルドは、生産と貧民の雇用から議論を開始する。この点において、彼は確かに、たとえばマン、フォートレー、ペティトとは違っていた。彼らは、イングランドの「大きな幸せ」は、財宝をもたらす巨額の外国貿易にあると強調していたからである。しかも、外国貿易の余剰がもたらすこのような側面は、チャイルドの著作にはほとんど全くなかったことは注目に値する。けれども、外国貿易の問題は、確かに彼にとっても重要であった。適切に組織化されていたなら、外国貿易は生産と雇用を維持し、成長を加速化させるであろう。しかし、基本的には、製造業と貿易で雇用される人びとが、国民に物質的富を提供したのである。

われわれがみたように、チャイルドは雇用に加えて、良き法の必要性を強調した。労働について、チャイルドは当時の人びとの多くと同じ見解を共有していた。すなわち、労働者は怠惰であり、反転型供給曲線に従って行動し、待遇が良くなると、労働しなくなる。(97) したがって、生産的労働を促し、外国人の技能労働者が移住し、滞在することを促進するような法律が実行される必要があった。しかしまた、外国貿易は、利益をもたらす方法を用いて組織化されなければならなかった。このような有益な規制として、ほぼ一〇〇年後のアダム・スミスと同様、航海法を指摘した。

私の意見では、貿易、海運業、利益、国力に関しては、航海法は、イングランドで制定されたもっとも賢明かつ思慮深い法律の一つである。この法がなければ、われわれの海運業、貿易は半分になり、海に関連する

職場で働く人びとは、現在の半分になったであろう。(98)

われわれがみるように、チャイルドはとりわけ、海運業における雇用を維持するために保護が必要だという意見の持ち主であった。だが、彼の論拠は、このような狭い文脈をはるかに越えたものだった。事実、『新交易論』は、おおむね、より多くの製造業の設立と国内生産の増加のための議論として理解されるべきである。そのために、彼はときどき外国の競争からの保護を提案したが、国内においては、むしろ貿易をより自由にし、制限を緩和し、貿易・同業組合の規制を緩和することに賛意を示した。(99) しかし、この点において、チャイルドに一貫性はなかった。それゆえ、成長を促進するために、彼はいつも古い提案に立ち戻っていたようである。それは、〔イングランドの〕利子率は、オランダ共和国で一般的な利子率と同じか低くなるまで下げなければならないということであった。利子率を低くすることで、イングランド人は、オランダ人ともっと容易に競争することができると、彼は信じた。もし貸付可能な貨幣がもっと入手できるなら、イングランド人は、利子率が高ければ利益が出ないような貿易とプロジェクトに参加することができたはずだ。(100)

チャイルドがオーソドックスな貿易差額説の批判をしたことを確認しなければならないのは、彼が生産と雇用の選好に価値をおいて光を当てたからである。しかしながら、確かに、彼の主要な論拠は、実践的な理由から、貿易差額説を確立することは不可能であるということにあった。彼は、技術的な意味で、正確な差額を計算することは不可能だと感じていた。しかし、彼が指摘するように、貿易差額が見出されたとしても、国家が外国貿易を通じて勝利したかどうかということへの明確な証拠は提示されていなかった。ここでチャイルドが指摘するのは、ヴァージニアとバルバドスであった。どちらも貿易差額黒字だが、貿易に関しては敗北していた（それは主として、二つが、原材料を輸出し、製造品を輸入していたからだ)[101]。

それゆえ、貿易差額と支払い差額〔国際収支〕に積極的に発言するのではなく、貿易を規制して、製造業と雇用が促進されるようにすべきだと、チャイルドは論じた。それは、次の公式に従い続ければ、最良の結果をもたらして達成される。「貿易を最大限に促進するのは、われわれの製造品の大半の輸出先をつくるか、イングランドでさらに製造品をつくるための原材料を供給することによって可能になる」[102]。この観点から、チャイルドは東インド会社を、反対者から擁護するつもりであった。イングランドは、同社が実行する貿易から巨額の利益をえていると、彼は強調した。とりわけ、最終製品の再輸出と、イングランド国内の製造業が完成品を製造できるような商品輸入を通じて、雇用を促進したのである[103]。

したがって、チャイルドは、『新交易論』とのちの『貿易の性質・利用・利点』(一六九四)で、オーソドックスな貿易差額説を明確に批判した。貿易差額説が無意味だとわかったので、チャイルドは当局が気づくように、別の重要な「差額」について示唆した。これは、「外国が支払う所得」の理論にもとづき、すでに論じたいわゆる「労働差額」であった[104]。この「差額」に、われわれが少し立ち戻るのは、後代のいくつかのテキストでもっとも適した定式化がなされているからである。しかしながら、われわれのポイントは、チャイルドが、生産と雇用を、物質的な富と国力の主要な起源だと強調した範囲である。この目的を達成するために、良き法が制定されなければならなかった。したがって、ある程度まで、彼は確かに国家による経済統制の主張者であった。アシュレーのように、チャイルドを自由貿易主義者というのは、あまり有益ではない[105]。彼はトーリー党員であり、東インド会社の理事であったので、とくに一六九〇年代に大きくなった、保護を叫んで戦争を要求する世論に対しては、きわめていかがわしいと考えていた。けれども、富の獲得は、彼にとって国家とその権力装置の効率性の一部を構成した。そのため確実に、彼はより過激な自由貿易の福音から離脱することになった。

ニコラス・バーボン（一六四〇―九八）

右に述べた最後の意味で、バーボンにはかなり違った傾向があった。バーボンは、原則として経済統制に反対であった。彼が巻き込まれたロンドン大火災のあと、投機的な建築の巨頭になった。チャイルドのように、バーボンは貿易差額説にかなり批判的であった。われわれがまず「外国が支払う所得」の教義の全体の意味が最初にわかるのは、現実にはバーボンの作品による。

悪名高きバーボン議会という名称のもとになった、有名なプレイズグッド・バーボンの息子として、ニコラスはユトレヒトの医学博士として卒業し、一六六四年、同地で内科医のカレッジのフェローとなった[106]。一六六六年のロンドン大火災が提供した機会を利用して、彼は建築の投機家、巨額の資金がある銀行家、イングランドで最初に火災保険のシステムを導入した人物になった。彼は二つの小さいが注目すべき小冊子を書いた。『交易論』（一六九〇）と『新しい貨幣を軽くすることに関する議論』（一六九六）である。論考の最初の一般的な論調は、少なくともバーボンが建設業者と銀行家としての経験があったという説明ができる。それを出版しようとしたバーボンの目的は、ほぼ間違いなく、規制と闘う彼の意志がきっかけとなった。この規制は、バーボンによれば、貿易と生産の健康な成長をさまたげていた。二番目の論考は、結局、かなり内容が違っていた。一六九〇年代中頃の改鋳論争のあいだに、主としてロックを批判したものであった。

ロックに対して反論を向けた二番目の論考で、バーボンは、ロックの主要な間違いは、銀に「内在する」価値があると確固として信じていたことからはじまる。バーボンのいったことの意味は、内在的価値が「商業の手段と尺度」であるべきだという見解は、間違っているということであった。[107]バーボンによれば、むしろ、貨幣と銀は一般に、使用と量に応じて価格が変化する商品であった。銀に「内在する」価値はなかったし、貨幣と銀の名目価格のあいだに必然的関係はなかった。バーボンは「価値」を主として使用が決定する「モノの価格」と定義した。「全てのモノが価値をもつことにより、二つの一般的使用がなされる。身体ないし精神の欠乏ために供給することが有益である」。富について、彼は「大きな価値がある全ての物事と定義した」[108]。価値に関するこのような基盤にもとづき、貿易差額黒字説を批判するようになった。彼が論じたのは、金銀に「内在的な」価値があるという意見は、ミダス王にまとわりついたものと同じ混乱から生じたということだ。[109]この間違いは、「金銀だけが富である」という間違った前提にもとづいて与えられていた。[110]だからこそ、貿易差額黒字という思想は、単純な「間違い」であった。[111]バーボンは、二つの異なる論拠にもとづいて批判をした。第一に、バーボンはこのような差額を説明することはかなり現実的ではないというチャイルドの信念を繰り返した。外国為替は、「国家とは関係なく利用される」という事実さえ、貿易差額赤字の真の徴候ではない。とりわけ、為替手形は、「毎週上下し、一年の特定の時期には、国家に対して高値となる。[112]しかしながら、第二に、ここから、彼はより主要な点について強調することで議論を続けた。

だが、もし貿易差額から生まれる利益がありえたとしても、私はその利点がどこにあるのかわからない。それについてすでに述べられたように、余剰は地金で支払われ、国家が赤字でなく非常に金持ちになるのは、差額が地金で支払われるからだというのは、完全に間違いである。金銀は、商品でしかない。ある種類の商品は、他の商品と同じくらい品質が良いので、同価値である。一〇〇ポンドの価値がある銅は、もし商人が一〇〇ポンド相当の銀を輸入しているなら、商人にとってはそれと同じくらいの価値がある。商人は、それによって大きな利益をえるかもしれない……といった。というのは、国家が豊かになるほど、住民は豊かになるからだ(113)。

貿易差額の説明に取って代わる、国家が貿易で豊かになるか貧乏になるかを判断する方法を、バーボンは提起した。第一に、住民が「豊かになった」かどうかを観察することで判断できるかもしれない。第二に、国家が貿易で利益を獲得するか損失を出すかということを知るための方法は、「輸入と製造業によって、どのような種類の商品をもっとも多くの人びとを雇用するのか」について考察することかもしれなかった。十分に規制された貿易は、最大数の人びとが雇用されるよう、調整すべきである。というのは、「雇用される人びとが多いほど、その国は豊かになるからである(114)」。

さらに、貿易差額の「教義」に対する代替案を提示したことに加えて、バーボンは、貿易「不均衡」〔赤字〕のため、「貨幣が王国から出て行く」ことになるに違いないという一般的に認められていた見解に対する批判を発展させた。実際、ジェルヴェーズやヒュームらがのちに発展させた正貨流出入機構を先取りし、バーボンは、貿易差額赤字は、単にイングランドの為替手形の価格を下落させ、それとともに、輸出価格が低下するだけだと主張した。「為替手形による全ての書類の商品額ないし取引勘定残高」は、手形、取引勘定残高、貨幣の額と一致する(115)。それゆえ、貨幣の純流出は、少なくとも長期的には、ありそうになかった。しかし、彼はたとえばこのようにうまく長期的に帳尻を合わせるには、外国市場への需要が弾力的であり、輸出価格が低下することが外国における需要を高めるとは、明確には述べなかった。だが、それと同時に、彼は明らかに弾力性の原理に気づいていた。したがって、明確に述べてはいなかったにせよ、彼がこのような前提条件を考えていた可能性はかなり高い。

バーボンのそれ以前の作品である『交易論』は、もっと一般的な性格をしており、その後、とりわけロックに対する批判を浴びせる論考の枠組みを提供した。この作品で、バーボンはある程度、価値と富の概念について議論した。「使用できないものに価値はない」とも彼は指摘した(116)。しかも、バーボンが続けたように、「市場は価値を判断する最良の場所である。なぜなら、買い手と売り手が合流することで、商品の品質と商品自体を知るための最良の機会がわかるからである」(117)。バーボンは、貨幣に対しても同様の立場をとり、貨幣自体に「本質的な価値」があると考えるのは、大きな間違いだと指摘した。むしろ、他の全ての商品のように、価値は変化したのである(118)。

この論考で、バーボンはまた、貿易の一般的利益について論じた。外国貿易が多いと、土地の価格が上昇し、国の自然ストックが改良され、賃金と国家歳入が増加する。しかも、文明化の影響によって、貿易は富の増加だけではなく、平和ももたらす(119)。チャイルドとは反対に、バーボンは貿易を繁栄させるために、政府の見える手をあまり強調しなかった。むしろ、貿易は主として「貧民の勤勉性」と「富裕者の自由」によって促進された。富裕者階級の贅沢品の消費は、反対されるべきではなく、むしろ促進されるべきだと、バーボンは提唱した。彼は、個人的な観点からは悪徳かもしれないが、需要を増大させるので、社会には利益をもたらすという論拠によって、「浪費」を擁護した。

浪費は、人間にとって損害を与える悪徳である。だが、貿易にとってはそうではない。浪費は、ある速度で生きているのであり、一年間そのための費用をかけるだけではなく、生涯続けなければならない。貪欲は悪徳であり、人と貿易の両方に損害を与える。人を飢えさせ、貿易を破壊する。それと同様に、貪欲な人は、自分が裕福になり、貧乏になることを考える。[120]

イングランドにおいて貿易が広くおこなわれ、衰退が議論された背景にある理由として、バーボンは、「多くの禁止令と高い地代」があると、強く指摘した。[121] 全体として、このパンフレットのなかで、彼の語調はかなり「リベラル」であった。バーボンは、「もしわれわれのサージ、織物、毛織物が非製造品と交換されるなら……、製造品と非製造品では必要な人手がちがうので」イングランドにとって最良であると認めた。[122] しかし、ここからより多くの禁止令が導入されるべきだと結論づけるのは間違いだと、彼は指摘した。むしろ、より良い解決法として彼が強調したのは、イングランドの商品は、低利子率、食料の低価格、低賃金によってより競争力を増すということであった。そのために、とくに、貧民のあいだで「勤勉性の増加」が、もっとも必要とされた。

そのため、バーボンの思想は、重商主義の著述家の一般的な形態とはかなりちがっているように思われる。貿易余剰の利点ではなく、むしろ経済成長と富の増大を加速化するダイナミックな経済力として生産と需要の役割を強調した。この観点からは、金の貸付のために支払われる価格としての利子――それは、この時代のほとんどの経済パンフレット作者が使用した――と現実の利子率のあいだの関係について、バーボンが気づいていたことを示す典型例である。それゆえ、『交易論』において、バーボンは、利子を「ストックの地代」としてとらえ、土地から生まれる地代と比較した。[123] このような理論化の方向は、一八世紀においては、たとえばジョセフ・マッシー、タッカー、ヒュームによってさらに発展させられることになった。

しかし、もしバーボンの業績をずっと幅広い見地からみるとすれば、当時の自然権論争からの影響に気づかざるをえない。バーボンは、明確にこの種の研究を引用したわけではないので、彼が自然法に関する文献からどのような影響を受けたのかということについて、確信がもてるわけではない。だが、この時代の政治的・道徳的・法的事柄に関して議論された事柄のほとんどは、自然権の言説という文脈のなかで実行された。そして、バーボンにとって、このような自然権の影響は、プーフェンドルフの名がもっとも頻繁に結びつけられた主観的価値論に直接みられることがわかる。しかしそのために、この理論は、当然、中世のスコラ学者のあいだの道徳哲学の論争にまで遡るほど、さらに長い起源があった。[124]

バーボンの『交易論』は、貿易がもつ文明化の役割に関して言及するいくつかの事例を含んでいたことはきわめて明白である。それは、この伝統の典型的な特徴であった。しかも、バーボンは、一八世紀に一般化したのとほとんど同じ方法で、野蛮時代から近代文明までの成長の歴史的連続性——発展段階説にかなり似ている——を提示した。[125] したがってバーボンは、すでに気づいたように、一般的な「重商主義学派」にはあまり当てはまらないことがわかる。

チャールズ・ダヴナント（一六五六—一七一四）

ダヴナントは、かつて非常に有名であった高貴な詩人のサー・ウィリアム・ダヴナントの息子であった。チャールズはオクスフォード大学のベイリオル・カレッジを出たが、正式な学位は取っていなかったようである。彼は、政治家と著述家としての道を選んだ。コーンウォールのセント・アイヴズを選挙区として議員に選出され、一六八三―八九年には、内国消費税長官となった。ウィリアム三世に忠誠を誓っていたが、一六八八年のクーデタ〔名誉革命〕ののち、公職にはつかなかった。だが、アン女王が即位したのちに、ふたたび世に出て、一七〇五年には輸出入総監になった。(126)

ダヴナントは、多産な著述家であり、その著作集は、五巻に達した。そのため、彼は好戦的なトーリーとみなされており、ホイッグを非常に熱心に攻撃した。政治的小冊子においては、強い語調で、閣僚の浪費と腐敗を非難した。代表的な事例として、同書では公的な財宝を個人的利得のために利用しているとして、ホイッグを批判して混乱している『二部からなる近代ホイッグの真の姿』（一七〇一―〇二）がある。しかし、「経済」問題を扱った彼のもっとも重要な作品は、『戦争に供給する手段と方法に関する随想』（一六九五）、『東インド会社随想』（一六九七）と、『イングランドの公的歳入と貿易に関する議論』（一六九八）であった。彼はまた、「政治算術」に関する重要な小冊子を書いた。それは明らかに、ペティから刺激を受け、（スタイルと方法においては勝っていた）『貿易差額において国民を利得者とする方法の蓋然性をめぐる随想』（一六九九）を書いた。

たとえば、チャイルドやバーボンとは異なり、ダヴナントは貿易に関する一般的・原理的な作品を出版することはなかった。彼が、みずからを「純粋な」経済学者（当時はどんな意味にもとれたが）とみなしたと期待すべきではない。むしろ、貿易、富、そして貿易差額に関する彼のより一般的な見解は、具体的な経済問題、対仏戦争、政治問題などを扱うテキストのなかに散在している。しかも、経済学者として、ダヴナントは実際に、アシュレーが創出した「トーリーの自由主義者」の人物像にぴったりと当てはまる。彼は一六九〇年代のホイッグ党が促進した強固な反フランス感情に、とくに抵抗した。当時のフランスとの戦争を不可避的だと受け入れたようだが、同時に、フランスはワインと贅沢品の輸出でイングランドを破壊しており、一方で同時に、イングランドの毛織物がフランス市場に入ることを禁止するというドグマには反対していた。[127] だから、ある程度、ダヴナントは「リベラル」であった。彼はフランスのワイン、ヴィネガー、リネンなどをイングランドに自由に輸入することを禁じた一六七八年の禁止法に反対した。さらに、ダヴナントは、イングランドが、フランスとの貿易での赤字額がどの程度のものであったのかということをめぐって一六七三年にフォートレーが公表した計算に激しく反対した。イングランドはフランスとの貿易が赤字だという一六七〇年代からの論拠のほとんどは、現実にはフォートレーのパンフレットがもとになっていた。

しかも、ダヴナントはまた、過激な意味で、この当時の「自由貿易主義者」であったことは明らかである。貿易と富を増加させるための方法として、彼は「良き法と政府」の役割を除外しなかった。けれども、一般論として、彼はこういった。

貿易は、その本性において自由なものであり、みずからの販路と最良の道を指し示す。貿易に自由と方向性を付与する法律は……私人の特定の目的に役立つかもしれないが、大衆に有益であることは滅多にない。[128]

したがって、ダヴナントによれば、イングランドの毛織物産業を促進する最良の方法は、たとえば、保護という手段では決してなく、生産物が「安価に製造される」ことを確実にする良き法によるということであった。[129] さらに、「イングランドが毛織物製造の真の利益獲得者になるよう、われわれは商品を非常に安価に製造し、外国の市場に来る全ての人びとよりも安く販売することができなければならない[130]」。この基本的原理が健全であることを、ダヴナントは、少なくともバーボンと同程度に確信していたようである。ダヴナントは、「英知は、本性を方向付けようとするときに、悪くなるのがもっとも一般的だ[131]」とまで言い放った。

重商主義を扱った文献において、ダヴナントは、多くの人口、低賃金、製造業の増加が国家を富裕かつ強力にする原理だとして固執する「後期」重商主義者の学派の代表的人物として何度も繰り返して描かれている。これは、確かにある程度は本当のことである。しかし、それと同時に、そのために、彼は、ときにこの学派の代表的人物ではなくなってしまう。情け容赦なく獣性をもち、大衆の福祉を簡単に犠牲にし、国家ないし数名のレントシーカーの利益を満たすという一般的な見解とは全く異なり――ほぼ一世紀前に、エドガー・ファーニスがかなり詳細に輪郭を描いたように――、ダヴナントは、低賃金と貧しい労働者階級の存在自体には利点を見出さなかった[132]。事実、このような立場は、この時代の経済文献のどこにもほとんどみられない。ダヴナントが賃金は低くあるべきだという見解を伝えたとき、それと同時に、食品と他の糧食は、できるだけ安価に維持するという重要な前提に立っていた[133]。さらに、ファーニスの解釈は、ダヴナントがしばしば述べていた次の見解とはあまり一致しない。その見解とは、「われわれは、それを富と考える。それは、人びとの……主要な一団と全体を豊かに、安楽に、安全に維持するのである[134]」。

この解釈は、多くの製造業を有しこのように発展した国々と、たとえばスペインにつきまとったような低開発の状態にあった国々に関するダヴナントの比較に合致するわけではない。最初のカテゴリーに属する諸国には、安楽さのなかで豊かに生きる富裕な人びとがいた一方で、スペインは、金銀は豊富だったが、「臣民は貧しかった[135]」。最後に、このような見方は、ダヴナントの哲学的見解と一致することは難しかった。たぶんそのために、腐敗に対する激しい批判の多くは、ホイッグ党に対する嫌悪感によって彩られた。しかし、それと同時に、一七世紀における政治的議論で一般的であった市民的人文主義の言葉を用いて、腐敗に対する議論に磨きをかけた。これまでみてきたように、ポーコックは、マキャヴェリ以降の市民的人文主義は、腐敗を、市民的な徳に対する致命的ともいえる脅威とみなしていたことを強調した。政治的議論の多くは、どのような形態の政府――君主政であれ、共和政であれ、独裁政であれ――が、腐敗に対する公的な徳を最大限に防御するのかということを中心としていた。[136] ダヴナントは、みずからの政治的叙述において、しばしば「この偉大な人物」マキャヴェリと彼の腐敗に関する議論について言及した。この伝統にそくして、ダヴナントはまた、市民的徳を保持するために、支配者は「共通善」を追求し、「国民に奉仕」し、「国民への奉仕」のために働かなければならないと論じた。[137]

チャイルドとバーボンと同じ内容の議論を多数することで、ダヴナントはまた、貿易差額黒字の思想を批判した。真の差額は、実際的理由のために獲得できないと、彼は強調した。さらに、仮に獲得できたとしても、「非常に精密な調査が役に立つかどうかはわからなかった」[138]。むしろ、一国が外国貿易によって得をするか損をするかを知るための唯一の方法は、物質的な富が一般的にえられたかどうかを検証することであった。金銀は、価値の唯一の尺度であり、「その源泉でも起源でもなかった」ので、これらの貴金属を退蔵することに、あまりに意味はなかった。むしろ、物質的な富の増大を獲得するために、産業と製造業の発展が主導的役割を演じた。外国に輸出されたなら、完成品は「外国が支払う所得」とはるかに大きな規模の製造業部門を生みだす。しかし、数名のイングランドの経済学者が間違いなく共有していたのは、特異な見解をダヴナントが表明したこの文脈であった。すなわち、国内消費があまりに大きいと、外国への輸出がさまたげられるので、浪費となるということであった。したがって、彼がいうように、もし製造品が外国に販売され、国内であまり消費されないなら、その国家は利益を獲得する。「国内で消費することによって、他の人が獲得するものしか失わないからであり、国民は一般に豊かにはならないが、外国の消費は全て、明確にある程度の利益になる」ということであった。[139]

ダヴナントらがこのようにいうことで、何を意図したかを解釈するのは難しい。ヘクシャーにとって、それは重商主義者の「商品の恐怖」の直接の徴候であった。他の人びとにとって、「後期」重商主義者でさえ、貨幣だけが富であるという原理に固執していたことを例証するものであった。しかし、ここではわれわれがいわゆる外国が支払う差額「理論」に関してすでに学んだものに照らして、ダヴナントを解釈する方が容易である。国内のこのような原材料を消費すること――労働によって完成品となり、外国人に売られる――は、国家にとっての損失だとみなされた。そこで、このように価値を付加することで、親方と労働者により多くの賃金、利益、地代がもたらされた。したがって、ある程度、このような追加的な所得は、外国人が支払ったと論じることはできる。近代的な戦略的貿易理論にとって、これは、見当はずれというわけではなさそうである。だが、古い経済的言説のなかに「他者性（現在との相違）」を常に求めようとする人びとにとって、この解釈は、失望をもたらすものでありえたようである。

ジョン・ロック（一六三二―一七〇四）

この分野の権威者の一人によって、偉大な哲学者であるジョン・ロックは、理論においては「よりリベラル」で現実の政策形成においては「より重商主義的」だと記述された。[140] しかしながら、「重商主義」と「リベラリズム」の相違の程度など、何の役にも立たない。われわれはすでに、これは自明のことではないということをみてきた。ロックは、どちらの点でも、根本的に「重商主義者」であったというのが正解であろう。むろん、ロックが経済問題についてあまり書かなかったことは確かだが、その一方で、専門的見地から、経済問題に大変興味を抱いたようである。彼は結局、イングランド銀行の創設者の一人であり、一六九六―一七〇〇年に貿易植民地委員会の長官を、給料をもらって勤めた。しかも、すでに一六七〇年代に、以前の貿易委員会の問題に関与していた。(141)

経済学者として、ロックは一六九〇年代に二冊の小冊子を上梓した。それらは、扇動的な政治問題を扱っていた。最初は一六九一年に、チャイルドとサマー卿の「法によって統治する……貨幣の使用料金」提案に対する議論を出版した。(142)彼がいうように、利子とは、貨幣の供給と需要による「自然現象」であった。したがって、「全ての債権者がすぐに貨幣による支払いを求めたなら、貨幣は非常に不足するだろう」(143)。われわれがみてきたように、市場の諸力によって管理される経済的均衡という思想は、この当時は、決して異常ではなかった。ロックは、貿易差額については、とりたててオリジナリティがあったわけではない。むしろロックは、貿易差額に関するもっとも単純な話を繰り返したにすぎない。

われわれには鉱山はなく、貿易以外で財宝を獲得し維持する方法もない。われわれの貿易のかなりの部分が失われ、われわれの財宝の多くが、必然的に、それとともになくなる。われわれと隣国のあいだの貿易不均衡による赤字のために、われわれの貨幣は運び出され、たちまちのうちに、われわれは貧乏のまま残され、損失の危険がある状態のまま放置されざるをえない。(144)

この文脈で、ロックは、国民国家と、自分の金を使うか、ロッカーに金を蓄えておくかする個人について、マンがいった類似を利用した。(145) 実際、ロックは貨幣流通量が増加することは、急速に拡大しつつある貿易国家にとってとりわけ適切なことだと指摘したとき、マンの影響を大きく受けていた。(146) またロックの著作のなかに、イングランドは、国内に鉱山がない国だという言葉を何度も繰り返し現れていることがわかる。

そのために、一六九一年の小冊子で、ロックは主としてマンがずっと以前にいっていたことを繰り返すオーソドックスな「重商主義者」として登場した。ロックの次の小冊子である『貨幣価値を上昇させることに関するさらなる考察』において、ロックははるかに伝統的見解をとっているように思われた。その主張の要点は、ウィリアム・ラウンズの改鋳計画に賛成しなかったということであった。ロックはこれを、悪鋳の一形態だと考えたからである。ロックの主張によれば、名目貨幣と金銀の古い比率は、そのまま維持されるべきであった。ほぼ間違いなく、ロックが改鋳計画に不賛成だったのは、一七世紀に一般的にみられた悪鋳に対する敵意に起因する。というのは、実際、彼は、「当局によって以前に決定された基準」は、決して変更されてはならないとかたくなに信じていた理由を説明しなかったからである。(147) ロックの自然権が刺激を与えた所有権の解釈という観点からは、「貨幣の価値を上昇させる」ことは、非合法的だと感じたのかもしれない。そうすることで、ある人たち、主として債権者と地主の利益を害することは間違いないように思われたからである。しかし、彼は、その理由を明確にはしていない。さらに、貨幣と貴金属のあいだの基準を変えないということを主張したけれども、それは彼の商品価格に関する需要と供給の理論とはなかなか相容れないのである。それゆえ、貨幣価格について繰り返し論じたように、「貨幣に対する所与の量を価格すなわち一定量の貨幣（売買と呼ばれる）を他の商品（交換と呼ばれる）、と交換するのを規制するとすれば、流出量に比例した貨幣量があるということにすぎない(148)」のである。あるいは、利子率についていうなら、法によって利子率を削減することは現実には無意味である。それは、「貨幣を使って利子率を固定しようと考えることが、馬や船舶を使うのと同様に合理的だと考えることになるかもしれないからである(149)」。

この基盤にもとづいて、たとえばバーボンがおこなったように、貨幣と銀が絶対額でも相対的関係においても変化しうる商品とする方が、論理的に首尾一貫していることはまず間違いない。しかし、「悪鋳」が非合法的な理由に関する彼の議論の道徳的な骨子が間違っていることは、完全に明らかである。

そして、これが正義についての大衆の失敗かどうか、すなわち、被害者の側に落ち度なく、大衆には最小限の利益もないにもかかわらず、恣意的にある人の人権と所有権を別の人に与えるべきかということを、私は皆さんに考えてもらいたい(150)。

サイモン・クレメント（―一七二〇）

「ロンドン商人」のクレメントに関しては、あまり多くのことは知られていない。だが、一六九六年に、ベラモント卿から、「貿易に関する独創的な書物を書いた……商人」と評された。さらにクレメントは、「良い人物であり、事業というものを理解している」といわれた。クレメントは、ベラモント卿によって、「ニューイングランドへの国務長官」に任命された(151)。さらに、一七一二―一四年に、クレメントは、おそらく貿易に関するなんらかの委員会の代表として、ウィーンに居住したことがわかっている。

この文脈で「独創的な本」として言及されているのは、クレメントの『貨幣・貿易・為替手形の一般的な概念に関する考察』（一六九五）であった。われわれは、現在では、「貿易の科学」を統合しようと試みる際に表明された一般的な思想に非常に精通している。クレメントは、自然権の言説に明らかに影響を受けた歴史的スケッチから出発したのである。そしてこの言説は、貿易がもつ文明化の機能について強調していた。

だが、世界の人口がより増えると、さまざまな人びとは、より奇妙な管理にふけるようになった。それは、彼らの才能の横溢によるか、彼らの居住地となった場所の便利さと適性によった……。[152]

さらに、この種の外国貿易が「最大の利益を国にもたらすのは、最高額の貨幣をもって帰国したときである」[153]。貨幣を輸出することで、利益を獲得することができる、と彼はいった。「だが、そうなるのは、他国との貿易によって貨幣が流入するときだけである。すなわち、彼らが送り出す全体の商品額が、〔輸入額を〕上回るようになるのである」[154]。

クレメントによれば、貨幣は、貴重な「全ての商業の媒介」であった。金銀は、国際貿易においてそのような目的のために使われた。彼は地金を、「より素晴らしい種類の商品」とみなした。というのも、「価格が上下することができる」からである[155]。国のなかに多くの地金があることが富の証であり、「この法則に従うなら、私人の富が、その人が自由にできる地金の重さによって判断されるのと同様の方法で、一国の貧富が計算されるのである」[156]。ここから彼が引き出した結論は、「鋳貨の水準を下げることは」、一国の地金が本当に不足している真の徴候である。このような発言は、ロックが一年後におこなうのとほぼ同様の方法で、クレメントがラウンズを攻撃する機会を提供した。銀の貨幣価値の低下が二〇パーセントあったことは、貧困の証であり、さらなる貧困化の原因でもあった。だが、この行為が、われわれの貨幣をさらに輸出することをさまたげたわけではないのは、問題の根幹は、貿易差額赤字にあるからだと、彼はいう。このような「不均衡」（赤字）が残るかぎりは、われわれの地金は、まだ他国の貨幣よりも高くなる傾向にあると、クレメントは結論づけた。他の多くの人びとと同じく、クレメントはイングランドの貿易差額赤字は、主としてフランスとの「貿易」によると考えていた。しかし、クレメントは、東インド貿易は、帰港のときには、「より多くの貨幣と、われわれが最初にインドに向けて出発したときよりも大きな価値がある貨幣をもって帰ってくる」といって擁護した。[157]

したがって、クレメントはこの時代においてさえ、非常にオリジナリティがある著述家とはいい難い。むしろ、賞賛に値するとすれば、われわれの注意を引きつけるだけの議論をする彼のスタイルと文脈である。クレメントは、彼の意見を、ほとんど警句の形態をとる一般的提案として提示した。彼の目的が、格言の形態をとり、みずからの見解を示す点にあったことに、疑いの余地はない。その結果、クレメントは、彼の一般的格言を現実に適用したものを残した。彼が築き上げ、貢献したかった「科学」とは、「貿易一般」と呼びたかったものかもしれない。しかし、一般的な「自然科学的」原理にもとづいた貿易と為替のより科学的な言説を築こうとした点で、クレメントは、当然、一六九〇年代のきわめて典型的な申し子であった。

ウィリアム・ペティ（一六二三—八七）

クレメントとは対照的に、ペティは、オリジナリティのある思想家であり、典型的な「重商主義者」とはいい難い人物であった。ロックと同様、われわれはここでペティの業績の全てを提示することはできない。[158] しかし、それと同時に、このような文脈でさえ、ペティのことを無視することは不可能である。ペティは、学説史的には、通常、政治算術家だとされる。しかし、現実には、重商主義者と政治算術家の相違は完全にぼやけている。それゆえ、重商主義とは、われわれが本書でしているように、経済成長と近代化のための貿易と商業の役割を扱う一連の論争と描出することはできるが、政治算術は、かなり特定の手法を使って、経済的性質をもつある種の問題を解決ないし例証したのである。したがって、一例をあげると、ダヴナントは、たしかに「重商主義者」であり、「政治算術家」でもあった。しかし、第二に、ペティに注意を向けることも必要である。彼は、一六九〇年代のブームの著述家と思想家として非常に重要であったからだ。実際、書かれたのはもっと前だとしても、この一〇年間で、彼の作品の大半が死後出版された。たとえば、『政治算術』(一六九〇)、『アイルランドの政治解剖学』(一六九一)、『賢者は一言をもって足る』(一六九一)、そして、『貨幣小論』(一六九五)である。その結果、ペティがその思想と提案に対するより多くの読者を獲得したのは、一六九〇年代であった。しかし、これ以前には、ペティは知的な役割を果たしていなかったということではない。ペティに関する伝記を著したテド・マコーミックによってうまく書かれたように、ペティは、すでに述べたハートリーブ・サークルの主導的なメンバーであった。この範囲において、彼は、一七世紀中頃のイングランドに生じた科学における一般的革命に、確かに寄与したのである[159]。

労働と土地を価値の源泉とみなす彼の思想の複雑さについて、ここでわれわれが煩う必要はない。疑いなく、ペティが示唆した「価値の理論」は、マルクスのような後代の経済学者に対し、同時代のどの経済学者に対するよりも大きな衝撃を与えた[160]。したがって、われわれは、経済問題に対する彼の一般的態度と、当時の一般的経済的議論における彼の立場について、ある程度のことしかいえない。この文脈において、ペティは、「リベラル」

派でも「保護」派でもありえないということが、一般に認められる。ペティ自身がトマス・ホッブスに影響されたと明確に認識しているので、ペティがかなりの統制経済のスタンスを取っていたことは全く不思議ではない。しかし、彼が国家による干渉主義を是としたことを、過大評価すべきではない。彼の処女作である『税金と寄贈論』（一六六二）は、公的負担、宗教、くじ、自由港、税金を、ベーコンのスタイルに倣って、小さなエッセイをまとめたものだといわれるが、その後に出版された作品は、別の方向で議論をしている。二人は、はるかに一体化され、経済を全体として体系的なものとして明確にとらえたある一人の著者の特徴を帯びている。そのために、『貨幣小論』で、彼は自然科学の方法論の観点から貨幣問題を論じた。かなりの明確さをもって、他の事情が同じならば ceteris paribus ということにもとづき、彼は体系的な影響があることを例証した。たとえば、もし貨幣の額面価格が上昇すると、その影響が蓄積された。このような背景に対して、ペティは地金の輸出禁止ないし利子率の低下を目指した法律を、「非現実的」で「自然の法則に反している」とみなした[161]。そのため、良き政府は、時計仕掛けの経済の自然法則に従って統治するのであり、それに反してではなかったのである。

確かに、当時最大の衝撃をもたらしたのは、ペティが提起した手法であった。『政治算術』（一六九〇年に印刷）において、ペティはベーコンに非常に似た実証的な方法論を提示した。「私の方法は、あまり通常のものではない。というのは、むしろ、単なる比較と最高の用語と知的議論に対して、私がとる道筋は……数、重量、計量法を用いて私自身がいいたいことを表すことである[162]」。それゆえ、彼がいうに、「国民、土地、ストック、貿易などの状態」を知ることによってはじめて、真の原理を提示し現在の問題に対する正しい解決法を発見することが可能になった[163]。

しかしながら、現実の提案に対して、ペティは、かなり因習的であった。事実、この時代のほとんどの著者と同じく、ペティは、イングランドが貿易、漁業、製造業を発展させてはじめて、オランダと比較して多くの人口をもつにすぎないと指摘した。さらに、ペティは、国内製品だけではなく、輸入された外国の原材料を使用した製造業の重要性を強調した。さらに、他の多くの人びとと同様に、経済の成長と改善は、より多くの雇用の結果だと仮定していた。この観点からは、人口の多さは、アプリオリに、利点になるわけでは全くなかった。「今やもし、無数の予備群となる人びとがいたとしても、そのための雇用がなければ意味がない」[164]。このような背景に照らして、ペティは、貿易差額説に対しては、かなりアンビヴァレントであった。ペティはまだ、貨幣が国家にとってとりわけ重要なのは、金銀と宝石は、「腐敗せず、他の商品とは異なり変化するわけではない」からだと認めていた[165]。しかし他の場面では、彼はこう考えた。「貨幣は、身体の政治では、脂肪分にすぎない。あまりにたくさんのものがあると、機敏には動けず、むしろ少なすぎる方が、速く動けるからである」[166]。彼の見解がこの点で首尾一貫していなかったかどうかを決定するのは、たぶんあまり重要ではない。明らかに、他のほとんどの人たちと同じく、ペティは貿易差額説とそれが外国貿易から地金の純余剰に与える重要性によって影響を受けた。しかしながら、彼の二番目の発言の方が、彼の経済問題に対する一般的アプローチにより適合する。また明らかに、価値と富の源泉としての土地と労働という彼の概念にはるかに適合する[167]。

連続性と変化

われわれはこれまで、共通の用語をもち、共通の一連の問題を取り扱う一七世紀の経済文献の出現をはっきりとみてきた。それは確かにジャッジズがずいぶん昔に指摘したように、唯一の理論的信条をもつ「学派」は形成していなかった。「重商主義」の著述家は、われわれがみてきたように、必ずしも政治的問題には同意しなかった。彼らのなかには、保護主義政策を擁護するものもいれば、原則として、ないしある程度の自由貿易を強調するものもいた。第三のグループは、この問題について、決定を下すことはできなかった。コークが強調したのは、「利益をもたらす貿易は全て、自由にすべきだ」という自明の事柄であった。(168)

このような背景に照らして、イングランドの経済問題に関する文献を、一連の論争が続いたものとしてとらえる方が実りがある。これまでみてきたように、彼らは異なった問題を扱い、保護主義対自由貿易一般は、決して重要な問題ではなかった。利子率が法によって固定されるべきかどうか、さらに東インド会社の問題などを論じながら、これらの著述家は、共通の言語ないし表現形式《ヴォキャブラリー》を発展させた。経済の成長と発展にとっての外国貿易の役割について詳述した。貨幣に関するいくつかの共通の見解、供給と需要の役割、そしてたぶん、独自の法則を有する独立した経済領域の概念までも発達させた。長期的には、このような経済論争は、一八世紀のあいだに発展した共通の言語を創出した。

したがって、ある程度まで、一八世紀は、一七世紀から受け継いだ経済言語が徐々に発展する過程を意味したにすぎない。長期的には、少しずつではあったが、概念と理論的主張がますます明快かつ一貫性をもつようになっていった。価値と価格の理論については、リカードが現れるまで、これといった進展はなかった。貨幣理論においては、一六三〇年代のヴォーンから一七五〇年代の「古典派」のハリスまで、明確な連続性がみられた。(169)またゆっくりとではあったが、実質利潤率に依存する利子に関する古典的概念が普及していった、われわれは、すでにそれを一六九〇年代のバーボンに関して跡づけていった。一八世紀のあいだに、利子論は成熟し、たとえばジョセフ・マッシーやヒュームが取り扱うようになった。

また、他の点においては、われわれは確かに転換と変化ではなく、連続性を強調しなければならない。「経済」とは、それ自体で均衡していく「システム」だという見方は、むろん、一八世紀のあいだに発展していったが、われわれがみたように、それは一六二〇年代の「重商主義者が経験した飛躍」の一部であったことは確かである。だが、すでに一六九〇年代に、この思想はチャイルド、ダヴナント、バーボンらの著述家によって激しく攻撃された。彼らはむしろ、成長の過程にとっての雇用と製造業の役割を強調した。この観点は消えることなく、タッカー、ヒューム、スミスのような著述家によってはるかに強調された。このような製造業がどのようにして創設され改善されるかということについては、むろん、いくつかの意見の相違いがあったようである。しかし、原理として、自由貿易の立場は、少なくとも一八世紀初頭にみられたのである。スミスが、このような問題について、彼の「重商主義的な」先駆者の一部よりもどの程度過激な主張をしていたのかということについては、なお検討を要する問題である。

第六章　重商主義とは何か

歴史家と経済学者のどちらにとっても、「重商主義」という概念は、伝統的に一七―一八世紀の経済思想の発展において、経済政策のシステムと経済的に画期的な出来事のどちらか、ないし両方を示している。よく知られているように、「重商主義」という概念が最初に印刷して「重商主義システム」として現れたのは、ミラボーの『農村社会』であり、一七六三年のことであった。ミラボーと他の多くの人びとによってこの概念は使用され、国家による直接的な介入が特徴となった。そして、国内の商人と製造業者を、ルイ一四世の財務総監コルベールの規制政策に従って保護したのである。しかし、「重商主義」そのものの主要な創始者は、現実にはアダム・スミスであった。スミスの有名な定義によれば、彼が「商業システム」と呼んだ中核は、富と貨幣を同一視する人びとのあいだにみられた愚行から成り立っていた。重商主義の著述家一般の現実的方向性は多様ではあったが、にもかかわらず、彼らは、ある原理を提案していた。すなわち、国家は、輸入する以上に輸出しなければならず、そうすることが、地金の純流入につながるということであった。これは、しばしば議論されたいわゆる貿易差額黒字説である。

本書で示してきたように、思想と実践の一貫したシステムとしてこのように様式化された重商主義の見方は、さまざまな理由から支持できない。第一に、「重商主義」は、決して、経済的行動を記述し、適切な政策を処方する完全に解決済みの多数の原理にもとづいて、きちんと構造化された教義ではなかった。しかも、重商主義を、近世の大半の時期を通じて多数の国に現れた全てを包摂するような現象だととらえることは、あまり有益ではない。それとは反対に、われわれがみてきたように、スペイン、イタリア、フランスにおける初期の経済的・政治的論争において、さらにまた、ドイツ語を話す諸国において、このような思想のいくつかが利用されるようになった。しかしながら、政治的・経済的・制度的文脈は全く異なっていた。

第二に、スミスから一九三〇年代のヴァイナーまで、重商主義の著述家は貨幣と富を混同していたというオーソドックスの見方は、何度も繰り返し述べられた。しかし、より最近の研究は、このような詳細な説明はミスリーディングであり、この時代の現実のテキストからは、ほとんど支持できないということで一致している。たとえば、一六九九年に、イングランドの経済的・政治的著述家であるチャールズ・ダヴナントは、こう書いた。「金銀は現実には貿易の尺度であるが、どの国でも、貿易の起源は、その国の自然ないし人口の生産物である。すなわち、この国やこの労働と勤勉が生み出すものである」[1]。著述家の多数は、イングランドだけではなくどこでも、おおむね同じ観点をもっていた。彼らのなかには、貨幣が豊富にあることは、経済の進展と国富にとって非常に重要であったと付け加えた者がいたかもしれない。だが、それは、貨幣が富と同じだということとは全く意味しなかった。むしろ、多くの人びとが、貨幣の純流入は、国家は他国との貿易で利益をえるか失うかを知らせるバロメーターであるということに同意した。豊富な貨幣は、市場での交流のスピードアップを促進するという人もいた。それゆえ、貨幣の純流入は、富（ないし豊かさ）を獲得する手段でありえたが、富（ないし豊かさ）それ自体が、常に政策と消費の帰結であった。

第三に、いわゆる貿易差額「説」は、決して完成された教義ではなく、むしろ、差額という隠喩が結合できた多様な提案のことであった。その隠喩とは、「考える対象として良い」商業および貿易が、国力と豊かさという点でとりわけ重要だという決定的な見解と結合しているということであった。いくつかの提案が出されたのは、この「教義」のもつれをほどくためであった。重商主義者は、君主の財源を地金で満たすための努力をしているという人もいた。しかしこれは、実証的にはほとんど受け入れられなかったように思われる見解である。あるいは、彼らは価格インフレをそれ自体良いものだとみなし、のちにヒュームらによって定式化された正貨流出入機構をかなり理解しているといわれてきた。だが、こう示唆した人たちもいた。この「教義」のポイントは、流通するより多くの貨幣が必要だという思想であった。すなわち、「流動資産のための闘争」である、と。それゆえ、たとえば一七―一八世紀イングランドの経済学者が一番心配したのは、貨幣不足が、経済発展をさまたげることであった。また、ナポリのセッラは、金銀の鉱山がない国が、商業経済を運営するために十分な地金をどうやって入手できるのかということに関心があった。

ところが、どのような解釈を選ぼうとも、貿易差額「説」は、すでに単純な形態では、一七世紀末に捨て去られていたことは明らかである。実際、イタリア、スペイン、フランス、ドイツなどいくつかの国では、一七七六年にスミスが「教義」と激しく批判したようなものの痕跡はほとんどなかった。むしろ、自国の製造業と付加価値のある生産が促進され、拡大されるべきだという思想が、一六世紀から支配的であった。イングランドでは、とくに一六九〇年代において、チャイルド、ダヴナント、バーボンのような著述家は、〔貿易差額の〕代わりに、「外国が支払う所得」理論ないし「労働の貿易差額説」と呼ばれてきた思想を発展させた。これらの著述家は、国家は貿易差額により流入する地金を受け取るべきだというドグマにしがみつくのではなく、国家は、できるだけ多くの付加価値のある製品を輸出し、そのような商品の輸入は最小限にすべきだと強調した。より多くの製造品が輸出されるほど、より多くの所得がイングランドに入ってくると、彼らは考えた。利益は、スペイン、ポルトガルなどの国から買い手を通じて発生し、原材料だけではなく労働者に支払いをする。これはナポリのセッラとスペインのオルティスがずっと以前に提案したものとそっくりであり、それを少し洗練させたものであった。

したがって、次に問題となるのは、重商主義とは何だったのか、ということである。私は、われわれはこの概念を使うのをやめる必要はないが、適用するときに、より慎重になるべきかもしれないと提案したことがある。(2) まず第一に、それは書物、手引、小冊子、パンフレット、年鑑などの形態をとり、政治的な議論をもたらす問題から、商業、貿易、海運業、国内の製造業による利益がもたらす役割、外国からの熟練労働者の移住、事業に刺激を与えるために利子率を低く維持すること、国家をはるかに豊かにすることといった現実的な事柄に至るまでを扱った文献である。重商主義とは、国王、君主、政治家や他の政策立案者、委員会、官僚が政治声明の形態で定式化したものでもあった。しかも、このような文献は、法令と同様、一六世紀から一八世紀中頃に至る多数のヨーロッパ諸国に現れた。

このようなテキストと提案をまとめ上げる共通の糸――それを重商主義と名づけるのかもしれない――の範囲内で、われわれは教義ではなく、言説として、テキストと提案を取り扱いはじめなければならない。すなわち、われわれが発見しようとしているのは、長期間にわたって出現してきた一連の共通の問題、概念、表現形式《ヴォキャブラリー》、解釈の枠組みだということである。共通の一連の概念ツールと、共有された表現形式《ヴォキャブラリー》が存在するということは、経済がどのように機能しているのかというある種の概念を、経済問題のパンフレット作者と著述家が少なくとある程度共有していたということを示唆する。しかも、このような言説の内容を明らかにするために、われわれは、歴史にもとづいたテキストリーディングをしなければならない。歴史を遡求して解釈するのではなく、むしろ、適切な歴史的文脈のなかで、思想と概念を理解しようとしなければならない。われわれの関心は、この点で、近代経済学の学問的な発展をたどるのではなく、むしろ、このような古い小冊子の著述家がその当時いいたかったことと、彼らの発言の文脈を理解することにある。われわれがみたように、偉大な経済分析史家であるヨーゼフ・シュンペーターは、このような著述家を、「行政顧問官」と呼ぶのを好んだ。確かに、彼らのなかにはそういう人もいたが、商人、銀行家、詐欺師、政治家、アカデミックな学者もいた。

しかも、彼らを結びつけていたのは——彼らの全てではなくても、ほとんどである——、豊かさはどうすれば獲得でき、国力の増加とどう関係しているのかという問題であった。重商主義とは「現実には何だったのか」という問題についての論争において、何度も、国力と豊かさの目的は、正反対であるとみなされた。あれかこれか、である。だが、これが実り豊かな出発点であるとは、ほとんどいえない。少なくとも重商主義の著述家にとって、国力は、経済的繁栄を前提としているということは、明らかなようだ。この文脈における国力とは、必ずしも国家(state)そのもの〔の力〕を指しているわけではない。ドイツ歴史学派経済学者のシュモラーは、彼の時代の状況を表すために、「近代国家と国民経済の誕生時」といういい方をした。だから、「国家」は、われわれがこんにち帰着させている一貫した権力装置ではなかった。(3) むしろ、国家とはなお争いの場所であり、競合する利害関係、団体、構成要素からなっていた。にもかかわらず、このような権力が国王や君主とともに認識していたのは、国力と豊かさが、関係した現象であるということであった。彼らの世界は、商業と貿易が豊かさの提供者でもあり破壊者である世界でもあった。ナポリにおいては、〔イタリア南部の〕カンブリア州のセッラが、国は非常に貧しいのに、ヴェネツィアがあれほど豊かなのはなぜかと、不思議に思った。イングランドでは、商人で著述家のトマス・マンが、イングランド人の網を使って、オランダ人が北海の魚を強奪していると非難した。一七世紀のあいだに、多くの人びとが、オランダはなぜこれほど豊かなのか不思議がり、真似をして学びたいと思った。イングランドにおいては、同世紀の最後の数十年間に、フランス人がワインと製造品によって、イングランド人を打ち負かすのではないかという恐れが出てきた。一八世紀になると、スコットランド人のヒュームが「貿易の嫉妬」と呼んだものが、国際政策を支配するようになり、さまざまな保護政策、海外で建設中の植民地《プランテーション》が定着するようになった。この「近代国家の誕生時」は、ふたたびシュモラーの言を借りるなら、過酷で非礼な類《たぐい》の利己的な国家の商業政策によって特徴づけられた(4)。

さらに、われわれは経済史家バリー・サプルとともに、「重商主義」の言説は、とくに一六二〇年代のイングランドにおける「競争時代のイデオロギーだった」という結論を導き出すべきなのか(5)。間違いなく、それはある程度真実である。だが、われわれが論じたように、このような解釈は、たぶん嫌というほど繰り返されたので、言語と言説が果たす独立した役割が過小評価される。それらは、経済的・歴史的事件の単に反映したものであるはずがない。そのため、長期間にわたり、私が経済学の新しい「言語」という表現形式《ヴォキャブラリー》を選択した事象が発達した。この過程が進むにつれ、ある一連の概念と表現形式《ヴォキャブラリー》が進展し、使われるようになった。その目的としては、近世のヨーロッパにおいて出現していた通商関係からなり、このように勇敢で新しく、さらに人びとを当惑させる世界の意味を理解することがあった。ある程度、言語は自己を反映する。かといって、言語は、外部の慣習的世界によって内実が暴露されるというわけではない。むしろ、言語と慣習の関係は、ラングとパロールの関係と同じく、相互的である。すなわち、言語は、コミュニケーションという行為によって変化させられるのである。現実に言語を使うことで、言語自体〔の意味〕は徐々に変化する。

このような事例が生じたのは、一六二〇年頃にイングランドで発生していた貿易危機に対処するために生まれた新言語のためであった。何が起こっているのかを理解するために、古いやり方には満足できなかったので、王国の統治者たちは、目の前で生じている危機に対処する有効な手段をみつけるために、真の貿易差額を見出すべきだと主張した。そうすることで、われわれが論じたように、彼らは、市場経済を分析し理解する新しい方法も探究しはじめた。徐々に、経済それ自体が、「法則」をもつシステムないし過程だとみなす態度が発展した。それを大いに刺激したのは、こんにちのわれわれがフランシス・ベーコンという名前と関係づける新しい方法論を使用して自然界をみるという方法であった。イングランドにおいては、一七世紀末に、市場経済を把握するこの新しい方法は、「貿易の科学」として賞賛され、多数の「格言」に要約された。それゆえ、市場とは、交換可能な諸力がある場所であった。それは、供給と需要からなる双子の力で維持されるバランスを構成していた。したがって、一六二〇年代初頭のマリーンズとの有名なパンフレット合戦で、マンとミッセルデンが提唱したように、もし貿易差額が赤字なら、為替相場は下落するはずである。それは、外国の貨幣あるいは為替手形により大きな需要があるからだ。貨幣額と外国為替における為替手形は、供給と需要を通じて他の商品と同じように調節された。このような「自然の」諸力は調整できたが、それはある範囲にとどまった。そのために、この種の文献に対する一般の見解とは反対に、この問題について論じた著述家の大半は、貿易の制限を多くするのではなく、少なくすることに進んで賛同した。(6)

けれども、良い統治は、国家ないし王国が、外国貿易、すなわち「政治的商業」からとりわけ利得をえることを保証することから成り立っていた。たとえば、しばしば「典型的な重商主義者」と描出されるポスルスウェイトが、それを要求したのである。こういった商業は、より多く輸出し、より少なく輸入することを意味した。しかし、より適切にいうなら、それが含意するのは、より付加価値の高い生産品が海外に送られるように、政治家が有益な規制を導入しなければならないということであった。しかしながら、このような提起が、貧しい人びとが国家のもっとも多くの富を所有しているとする見解と常に一致していると信じるのは、誤りである。実際には、このような見解は、一七世紀には滅多にみられなかった。むしろ、低賃金を求める背後にあった理論的根拠は、低賃金は、しばしば確かに低コストと、より多くの雇用と食料価格の低下を意味したことにあるように思われる。

最後に、連続性と変化について、いくつか述べておこう。われわれがみたように、重商主義に関して、スミスは、「他者性」と記述した。これは、彼自身の見解とは対照的であったかもしれない。だが、より適切なのは、連続性かもしれない。本書で分析してきた文献とテキストは、むしろのちの時代をどれほど先取りしていたかということである。あえていうなら、重商主義者が扱った問題は、こんにちもなおわれわれが直面する問題であるかもしれない。確かにそれは、経済のグローバリゼーションがもたらす近代的形態に結びつけられ、それによる影響を受けたのである。だが、われわれはまた、市場経済の働きに関する理論とわれわれの概念化という観点から、連続性をみることができる。それは、一七世紀について取り組むには非常に複雑であるが、現在に関しては、なおさらそれが当てはまる。

第一に、富と国力が関係しているという見方は、一七世紀の著述家と、その後の経済の思想と叙述の「学派」との差異をなくしてしまうことは明らかである。それゆえわれわれは、一九世紀におけるいわゆるアメリカンシステムに言及することができる。そのときに出てくる名前は、アレグザンダー・ハミルトンないしマシュー・ケアリとヘンリ・ケアリ、さらにフリードリヒ・リストである。彼らが発展させた思想は、国家的な産業保護を探究することに基盤があった(7)。気質、スタイル、思想はまったく違っていたが、彼らは、農業経済がいつも産業経済よりも劣っているという見解を共有していた。たとえば、一七九一年、ハミルトンは、アメリカ議会に「製造業に関する報告書」を提出した。この報告書のなかで、ハミルトンは、幼稚産業を保護するさまざまな論拠を提示した。この意見は、それ以降、常識となった。「労働差額理論」の以前の支持者と似ていたことは、明瞭に読み取れる。

しかも、有名な『政治経済学における国家システム』（一八四六）において、リストは、経済発展の段階論を構築した。国家は、農業段階の自由貿易からはじまり、工業化の時代に保護主義になり、そして、成熟した段階になると、自由貿易に戻る。リストは、イギリス人の間違い、すなわち「空想的なコスモポリタニズム」を激しく批判した。彼は、それを、自己利益をごまかす口実だとみなし、国家の「個人主義」の特異な説明だとした。むしろ、それぞれの国家は、自分自身の「生産力」の形成に専念し、現在のために未来を忘れるべきではない。さらに、国家による生産力の形成によってはじめて、真のコスモポリタニズムが将来達成されると、リストは論じた(8)。

われわれはまた、同じような見解を求めて、二〇世紀に目を向けることができる。ただし、かなり違う文脈であることは、間違いない。一九七〇年代末から、レスター・サロー、ジェームス・ブランダー、バーバラ・スペンサー、ポール・クルーグマンらの戦略的貿易の理論家は、トレンスとリカードの比較優位説を、ポーターが「競争優位」と呼ぼうとしたもので置き換えようとした(9)。彼らの論拠は、国際貿易のパターンは比較優位説をベースとしたり、単純なヘクシャー–オリーンモデルにもとづいて説明することはできないということであった。むしろ、国際貿易のフローは、規模と範囲、経済力 economic muscle、規模の経済の結果として生じたのである。それゆえ、ブランダー–スペンサーモデルのベースとする「戦略的貿易政策」を提示する際の口実は、初期的投資によって、ある種の輸出市場において特定の財が強力になる国家には、主導的な地位を維持し続ける傾向があるということであった。完全競争がない場合には（実際、誰か完全競争などみつけられるものだろうか）、落ち込んだ投資は、参入障壁となり――少なくとも、高い付加価値があるかハイテク産業においては――、それはさらに、競争優位となった。その政治的な意味合いは、全く簡単である。政府の支援は、ある種の産業には、特定の国家に長期的な利益となる競争優位をもたらしうる。確かに、これは、貿易政策に明確な意味合いを与え、幼稚産業保護の論拠を提供する方法の一つである。また、二〇世紀の輸入代替において、われわれは以前の観点を、遠く離れた場所からの反響音として聞くことができる。完全に政治的な意味合いがあるこの理論によれば、産業の確立は、付加価値がある生産と雇用増をもたらす。よって、ラウル・プレビシュやグンナー・ミュルダールのような自由貿易の批判者たちは、一九六〇年代と七〇年代にこう強調した。国際貿易を特徴づけるのは、関係する人びとの不平等な利益であり、それは、交換される商品の使用価値、別の言い方をすると、使用価値の多様な生産の潜在力に依存する。(10) また、われわれが重商主義者と呼ぶ人びとのなかには、数百年前に、付加価値がある産業形態により高い生産的な潜在力が付与するなら、より発展した国に、豊かさを生み出すために使われる技術的優位を提供すると気づいていた人たちがいた。

第二に、たとえば一七世紀初頭のイングランドの論争から出現した新しい見解において強調されるべきは、消費者と要素市場の両方で、供給と需要の諸力が、価格の高さと低さの原因となることであった。間違いなく、価格形成一般に供給‐需要メカニズムをより多く適合させることは、本来、きわめて重要なステップである。さらに、経済は、相互作用のある「機械的な諸力」が形成するシステムとして知覚されるべきだという見解は、経済社会もまた、法に似た方法で構造化され、検出可能な多数の原理に依存することを意味した。システム的な規則性をこのように強調することは、社会が、予測可能な方法で機能していることを暗示する。市場の過程は、価格、賃金、利子率、貨幣価値、為替相場などの変数と関連していた。たとえば、ミッセルデンが「どちらが購入して、運ぶかということは、両者の合意によってなされた自発的な契約であるので、他の全ての契約と売買の取引のように、自分たちの喜びのために、自由に購入し配達することに似ている」と主張したことは、明らかに、それ以降われわれが取り入れてきた観点である。それと同じことが、ミッセルデンが発言して追求し、一六二二年からホットな議論の対象となってきたことにもあてはまるのだ。

そして、貿易は、それに従事し利用する行程で、この種の当然の自由がある。だからこそ、われわれは購入することを誰からも強制されない。まず間違いなく、購入を強制しようとするより、強制をやめる方が事態は良くなる。(11)

訳者あとがき

本書は、Lars Magnusson, *The Political Economy of Mercantilisms*, London and New York, Routledge, 2015 の全訳である。

訳注や玉木個人が補った文章については、〔 〕を挿入した。また、本文でイタリックになっている欧文で、通常ならイタリックにしないと考えたものについては、傍点をつけた。

本書はまた、すでに上梓されている *Mercantilism: The Shaping of Economic Language*, London and New York Routledge, 1994（熊谷次郎・大倉正雄訳『重商主義――近世ヨーロッパと経済的言語の形成』知泉書館、二〇〇九年）の内容を継承しつつも、さらに深くし、新たな観点を付け加えたものである。

ラース・マグヌソンは、スウェーデン・ウプサラ大学の経済史講座の教授であるが、スウェーデン本国よりも、むしろ国外で有名かもしれない。重商主義の研究者として著名であるばかりか、プロト工業化の研究者としても知られる。さらにいくつもの経済学の分野、とりわけ進化経済学での業績が目立つ。

ところで、ここではまず、前著との共通点について述べよう。マグヌソンは、「重商主義」という言語を使って経済思想史や経済史について論じる意義はなおあると主張する。そして、重商主義に関するイメージは、こんにちにおいても誤ったままであると考える。

マグヌソンによれば、そもそも、重商主義とは、貨幣を富と同一視した思想であるというのは、完全に間違っている。重商主義の定義とは、「一六―一八世紀の近世に出現した一連の言説」だという。さらに、「この言説は、国家の力は、どのようにすれば経済的豊穣性によって獲得可能であったのかというばかりか、豊かさとは、どれほど国力に依存していたかということを論じていたのである」ともいう。

このような立脚点に立ち、本書ではどのような叙述がなされているのだろうか。

重商主義が、さまざまな経済事象と深く関連していることはいうまでもない。しかし言説は、その経済事象を完全に反映しているわけではなく、言説独自の領域もある。重要なことは、事実と言説とをある程度分けて考えることであろう。

本書では、おおむねこのような角度から分析がなされる。そして重商主義を、当時のヨーロッパ経済の変貌のなかでとらえようとしている。また、時代をへるにつれ、「重商主義」という言葉が表す内容が変貌していった。

重商主義研究として、賛成するにせよ反対するにせよ、もっとも重要な研究がヘクシャーの『重商主義』であることは間違いない。ヘクシャーは、さらにケインズ、そしてヴァイナーの重商主義研究を紹介しながら、論を展開する。彼らのような経済学者の研究に対して、マグヌソンがより重視するのは、経済史家の研究であった。より正確にいうなら、本書は経済学説史と経済史の両方を扱った著作である。

叙述の対象となる中心の国はイギリスである。しかし、イギリスだけではなく、ナポリ王国、スペイン、ドイツ諸邦、フランスなどで、似たような発想が誕生した。その思想の背景は地域によって異なるものの、ドイツの官房学にみられるように、重商主義に類似した思想がヨーロッパのあちこちで誕生したのも事実なのである。

重商主義思想がもっとも発展したのは、むろん、イギリスであった。ただしそれは、いわゆる重金主義とは全く異なる。重商主義とは、こんにちにまでつながる、新たな経済思想を生み出した根幹になる思想であった。

重商主義思想は、イギリスにおいて、とくに一六二〇年代と九〇年代に大きく発展した。前者は、毛織物輸出不況の影響で、後者は、フランスとの貿易差額が赤字ではないかという考え方が広まったためであった。

一六二〇年代の輸出不況は、ヨーロッパ大陸における悪鋳により、イングランドの輸出品であった毛織物が売れず、イングランドの貿易差額が赤字になったために生じた。この理由の分析において、マリーンズは正しかった。しかし、トマス・マンとエドワード・ミッセルデン――とくにマン――は、現実の政治・経済の問題の領域の外側に、より抽象的な経済学の分野があることを発見した。そして、毛織物輸出が伸びないのは、輸出価格が高いからだという理由を提示した。これは、マンが「価格弾力性」の概念を理解していたことの現れである。商品の売れ行きは、需要と供給によって決定されるということが、一六二〇年代の毛織物輸出不況によって理解されたのである。これこそ、近代経済学の誕生だと、マグヌソンは考えるのである。

重商主義研究は、少なくとも日本においては、マルクス主義経済学の枠組みを用いた研究が主流であったが、マグヌソンは、近代経済学の立場から、重商主義こそが、近代経済学の礎《いしずえ》を築いたというのである。これは、重商主義を専門とする経済学説史家は別として、他分野の研究者には、かなり新しい視点であろう。

またマグヌソンは、デイヴィッド・ヒュームが提唱した「貿易の嫉妬」という言葉をキーワードの一つとして使用する。一七世紀初頭において、オランダがその対象となった。オランダは、ヨーロッパ第一の貿易国だったからである。しかし、その嫉妬の対象国は、フランスへと変わった。繊維品などの競争で、フランスに負けてしまわないかという恐れが生じたのである。

このような現象は、オランダがヨーロッパ経済の中心であった時代から、英仏の抗争へという変化をそのまま表す。しかも、ダヴナントのように、イギリスの将来の植民地《プランテーション》からの安価な商品を再輸出し、海運業と国際金融業の発展にあると考える重商主義者もいた。これは、イギリス帝国の形成と、オランダとの海運業と金融業の競争を意識したものであろう。

イギリス経済の変貌は、重商主義者の言説からもうかがうことができる。海外からの原材料を加工して製造品にするという考え方が、「労働差額」や「外国が支払う所得」という用語に現れている。これは、イギリスが、貿易だけではなく、製造業が発達したことを意味するものと思われる。

イギリスにかぎらず、重商主義者の文献に出てくる思想は、結局、「豊かさはどうすれば獲得でき、国力の増加とどう関係しているのかという問題であった」。したがって重商主義と国家は、切っても切れない関係にあった。

本書の内容をまとめれば、このようになろう。しかし当然ながら、ここに書ききれていない内容も大変多く、読者には本書をじっくりと読んでいただくほかない。本書は、決して速読できる本ではない。さまざまな知見がちりばめられており、その内容は非常に濃く、ゆっくりと、かみしめながら読んではじめて理解できる本だと思われる。現代の経済理論、さらには言語論的転換の影響を受けており、経済学説史の知識も経済史の知識も必要とされる——またその程度が半端ではない——書物である。

前著を読んでいただいた方は、本書を読んでいただくことにより、マグヌソン教授がこの二〇年ほどでいかに重商主義に関する考察を深めていったかがわかっていただけよう。また前著を読んでいない方には、ぜひとも二冊の本を比較して読んでいただきたい。それは、この二〇年間の、重商主義研究の国際的な進展を、そのまま理解するだけではなく、実感することにもなるからである。

本書の翻訳は、原著が出てすぐに、マグヌソンとの電話の際に直接本人から依頼があったことで決心した。私自身は経済学説史の専門家ではないので躊躇したが、マグヌソン自身の説得と、前著を参考にしながらなら訳せるのではないかという気がしたからである。それでも、決して翻訳が簡単にできたわけではない。本書は、決して大部の書物ではない。しかしその翻訳には、大きな労力が必要であった。それは、この書物のなかに、信じられないほど該博なマグヌソンの知識がぎゅうぎゅうに詰め込まれているからである。その一つ一つを解きほぐしながら、この翻訳は進められた。その過程で、きわめて多くの事柄を学習することができた。それは、翻訳者としての幸せである。

マグヌソンのこれまでの業績、さらに前著の内容については、訳者の一人である熊谷次郎の「訳者あとがき」をお読みいただきたい。前著の翻訳からたくさんのことを学ばせていただいた。深謝したい。

翻訳にあたっては、日本の重商主義研究で使われている訳語のうち、いくつかは採用せず、より一般的な用語に置き換えた。たとえば、favourable balance of trade は、「順調貿易差額」ではなく、「貿易差額黒字」に、「unfavourable balance of trade は、「逆調貿易差額」ではなく、「貿易差額赤字」とした。さらに、balance of payments は、「支払い差額」とも記したが、「国際収支」の語も補った。

本書にはいくつもの文献からの引用があるが、英文からの引用に関しては、訳書がある場合でも、玉木個人の訳を使った。翻訳されている文献の多くはずいぶん前に上梓されているので、こんにちの日本語にはそぐわないと感じた場合が少なくなかったからである。

また、フランス語については、京都産業大学の深沢克己教授に、スペイン語については、同大学の井尻香代子教授に、イタリア語については同大学の森口京子非常勤講師に、ドイツ語については立教大学の菊池雄太准教授に、ラテン語については徳山工業高等専門学校の柏倉知秀准教授にアドバイスいただいた。とくに深沢先生は、いくつものフランス語の長い引用文を訳していただいた。皆様に厚くお礼申し上げる。

本書は、典型的なSwedish-Englishというべきものであり、英語の表現としては、不適切と思われる箇所が目立った。事実関係の誤認、スペルミス、引用ミスがいくつかあった。それらはできるだけ訂正して翻訳したつもりであるが、訳者の能力不足のために、なお誤りが残されていないかと恐れている。

最後に、いつもながら、知泉書館の小山社長には、何から何までいろいろとお世話になった。この場を借りて感謝する次第である。

玉木俊明

二〇一七年一月　上賀茂本山の研究室にて

玉木 俊明（たまき・としあき）

1964 年生まれ。1993 年同志社大学大学院文化史学専攻博士後期課程単位取得退学，1993-96 年日本学術振興会特別研究員，1996 年京都産業大学経済学部専任講師，助教授をへて現在京都産業大学経済学部教授

〔主要業績〕『〈情報〉帝国の興亡―ソフトパワーの 500 年史』（講談社現代新書，2016 年），『歴史の見方―西洋史のリバイバル』（創元社，2016 年），『ヨーロッパ覇権史』（ちくま新書，2015 年），『海洋帝国興隆史―ヨーロッパ・海・近代世界システム』（講談社選書メチエ，2014 年），『近代ヨーロッパの形成―商人と国家の世界システム』（創元社，2012 年），『近代ヨーロッパの誕生―オランダからイギリスへ』（講談社選書メチエ，2009 年）『北方ヨーロッパの経済と商業― 1550-1815 年』（知泉書館，2008 年），『北海・バルト海の商業世界』（悠書館，2015 年，共編著），*Comparing Post-War Japanese and Finnish Economies and Societies: Longitudinal Perspectives,* Routledge, 2014（共編著），*The Rise of the Atlantic Economy and the North Sea / Baltic Trades, 1500–1800,* Steiner Verlag, 2011（共編著），ラース・マグヌソン著『産業革命と政府―国家の見える手』（知泉書館，2012 年），セイヤ - リータ・ラークソ著『情報の世界史―事業通信の発達 1815-1875』（知泉書館，2014 年）

〔重商主義の経済学〕 ISBN978-4-86285-257-1

2017 年 5 月 5 日 第 1 刷印刷
2017 年 5 月 10 日 第 1 刷発行

訳 者 玉 木 俊 明
発行者 小 山 光 夫
製 版 ジ ャ ッ ト

発行所 〒113-0033 東京都文京区本郷1-13-2
電話03（3814）6161 振替00120-6-117170
http://www.chisen.co.jp
株式会社 知泉書館

Printed in Japan 印刷・製本／藤原印刷

人名索引

アシュレー（Ashley, Sir William James） 14, 25, 32–34, 49, 89, 107, 266, 273
アプルビー，ジョイス・オルダム（Appleby, Joyce Oldham） 26, 231
アリストテレス（Aristotélēs） 73, 109, 117, 124, 207, 208, 222, 261
アレクサンドロス大王（Alexander the Great） 84
アン女王（Anne） 273
聖アントニウス（San Antoninus de Firenzee） 119
アンリ四世（Henri IV） 99, 103–05
イーグレイ，ロバート（Eagley, Robert E.） 28
ヴァイナー，ジェイコブ（Viner, Jacob） 5, 25, 27, 28, 36, 37, 44–47, 59, 138, 139, 145, 150, 152, 206, 290, 302
ヴァンダーリント，ジェイコブ（Vanderlint, Jacob） 153, 159, 160, 172, 175
ヴィッカーズ，ダグラス（Vickers, Duglas） 62
ウィーラー，ジョン（Wheeler, John） 193, 199, 241, 246
ウィリアム三世（William III） 273
ウィルソン，チャールズ（Wilson, Charles Henry） 26, 53, 54, 59, 60, 160, 235, 236, 238, 247
ウィルソン，トマス（Wilson, Thomas） 221, 222
ウェイクフィールド，アンドレ（Wakefield, André） 115
ヴェッリ，ピエトロ（Verri, Pietro） 119
ヴェントゥーリ，フランコ（Venturi, Franco） 94
ヴォーバン，セヴァスティアン・ル・プレストル（Vauban, Sébastien Le Prestre, Seigneur de） 112
エケルンド，ロバート（Ekelund, Robert） 27, 64–67, 77
エーレンベルク，リヒャルト（Ehrenberg, Richard） 217
オースティン，ジョン・ラングショー（Austin, John Langshaw） 15
オリーン，ベルティル・ゴットハード（Ohlin, Bertil Gotthard） 37, 297
オルティス，ルイス（Ortiz, Luis） 97, 98, 292

カニンガム，ウィリアム（Cunningham, William） 25, 32–37, 40, 41, 47, 49, 259
ガリアーニ，フェルディナンド（Galiani, Ferdinando） 11, 95, 119
カルペパー，ジョン（カルペパー息子）（Culpepper, John） 222, 247, 248–52
カルペパー，トマス（カルペパー父）（Culpepper, Thomas） 222, 247–51
カンティロン，リチャード（Cantillon, Richard） 112, 113
ギデンズ，アンソニー（Giddens, Anthony） 16
キング，チャールズ（King, Charles） 167, 194, 239
グィッチャルディーニ，フランチェスコ（Guicciardini, Francesco） 92
クセノフォン（Xenophon） 109
クラーク，ジョージ（Clark, Sir George Norman） 53
クランフィールド，ライオネル（Cranfield, Lionel） 148, 209
グランプ，ウィリアム（Grampp, William D.） 63, 64
クルーグマン，ポール（Krugman, Paul Robin） 297

グールド，J・D（Gould, J. D.）　54–56, 179 181, 184–186, 206
グレシャム，トマス（Gresham, Thomas）　55, 196, 211, 216, 259
クレメント，サイモン（Clement, Simon）　258, 262, 280–82
グロティウス，フーゴ（Grotius, Hugo）　262
ケアリ，ジョン（Cary, John）　94, 144, 165, 166, 239, 258, 260, 296
ケインズ，ジョン・メイナード（Keynes, John Maynard）　14, 25, 48, 58–64, 302
ケネー，フランソワ（Quesney, François）　11
コーク，ロジャー（Coke, Roger）　138, 171, 237, 245, 286
コケイン，ウィリアム（Cockayne, William）　184, 193, 194, 214
コーツ，ボブ（Coats, Bob）　51, 52, 57
コットン，ロバート（Cotton, Sir Robert Bruce）　186, 187, 191, 254
コブデン，リチャード（Cobden, Richard）　6
コペルニクス，ニコラウス（Copernicus, Nicolaus）　96
コール，C・W（Cole, Charles Woolsey）　104
コルベール，ジャン・バティスト（Colbert, Jean-Baptiste Colbert）　6, 87, 99–101, 109, 110–12, 121, 123, 129, 131, 132, 237, 242, 289
コールマン，D・C（Coleman, Donald Cuthbert）　3, 16, 26, 49, 50, 52, 53, 56

サプル，バリー（Supple, Barry Emanuel）　26, 55, 56, 182, 184, 185, 189, 204, 294
サミュエルソン，ポール・アンソニー（Samuelson, Paul Anthony）　28
サーリンズ，マーシャル（Sahlins, Marshall）　16
サロー，レスター（Thurow, Lester Carl）　297
サンダーソン，ウィリアム（Sanderson, William）　186, 187, 189
ジー，ジョシュア（Gee, Joshua）　66, 84, 146, 147, 148, 162, 167, 169, 171, 193, 235, 239
ジェヴォンズ，ウィリアム・スタンレー（Jevons, William Stanley）　95, 119
シェーファー，ロバート（Schaefer, Robert K）　27
ジェームズ二世（James II）　237
シェルヴェーズ，アイザック（Gervaise, Isaac）　175–176, 206, 269
シャルル九世（Charles IX）　102
シュモラー，グスタフ・フォン（Schmoller, Gustav von）　4, 5, 19, 24, 25, 30, 31, 34, 35, 37, 38, 40, 41, 43, 46, 70–72, 74, 76, 114, 293, 294
シュリー，マクシミリアン（Sully, Maximilien de Béthune）　105
シュレーダー，ヴィルヘルム・フォン（Schröder, Wilhelm von）　128, 132–34
シュンペーター，ヨーゼフ・アロイス（Schumpeter, Joseph Alois）　7, 13, 17, 27–29, 50, 51, 56, 75, 90, 92, 98, 103, 119, 139, 141, 145, 232, 293
ショー，ウィリアム，アーサー（Shaw, William Arthur）　189
ジョーンズ，リチャード（jones, Richard）　5, 10
ジョンソン，E. A. J.（Johnson, E. A. J.）　5, 50, 69, 164
スヴィランタ，BR（Suviranta, BR）　137, 138, 148
スキナー，クウェンティン（Skinner, Quentin）　15, 190
スターン，ポール（Stern, Paul）　72, 73
ステュアート，ジェームズ（Steuart, James）　8, 62, 63, 169, 170, 177, 259
スペンサー，バーバラ（Spencer, Barbara）　297
スミス，アダム（Smith, Adam）　5–9, 11, 12, 14, 19, 24, 25, 27–30, 32, 34, 35, 37, 39–41, 43–46, 50, 51, 53, 58, 64, 67, 90, 91, 119, 122, 137, 138, 170,

177, 179, 202, 212, 238, 243, 253, 264, 287, 289–91, 296
スミス，トマス（Smith, Thomas） 120, 148, 253
スモール，アルビオン（Small, Albion Woodbury） 115, 122, 123
ゼッケンドルフ，ファイト・ルートヴィヒ・フォン（Seckendorf, Veit Lutwig von） 122–25, 127, 131, 133
セッラ，アントニオ（Serra, Antonio） 71, 90–97, 120, 163, 255, 291–93
ソロモン王（Solomon） 84, 123
ゾンバルト，ヴェルナー（Sonbart, Werner） 25

タウチャー，アントン（Tauscher, Anton） 118
ダヴナント，チャールズ（Davenant, Charles） 12, 16, 82, 83, 86, 88, 89, 111, 139, 144, 146, 152, 165, 173, 174, 177, 234, 237, 239, 258, 261, 262, 272–77, 283, 287, 290, 291, 304
タッカー，ジョサイア（Tucker, Josiah） 90, 243, 272, 287
タリー，ジェームズ（Tully, James） 15
チェンバレン，ジョゼフ（Chamberlain, Joseph） 32, 33, 141
チャイルド，ジョサイア（Child, Sir Joshiah） 16, 20, 79, 81, 82, 86, 144, 165, 171, 173, 174, 177, 222, 237, 239, 250–52, 258, 262–64, 265–68, 270, 273, 276, 278, 287, 291
チャールズ二世（Charles II） 237
ディトマー，ユスティス・クリストフ（Dithmar, Justus Christoph） 117
デカルト，ルネ（Descartes, René） 261
デッカー，マシュー（Decker, Matthew） 79, 144, 153, 156, 170–72
デフォー，ダニエル（Defoe, Daniel） 166, 239, 261
デ・モンクレティアン（De Montchrétien, Antoine） 101, 102, 106–09, 120, 129–31
デュト，シャルル（Dutot, Charles） 111
テンプル，ウィリアム（Temple, Sir William） 79–81, 90, 140, 144
トインビー，アーノルド（Toynbee, Arnold） 33, 34
トーニー，リチャード・ヘンリ（Tawney, Richard Henry） 217, 218
トマス，パラクネル，ジョセフ（Thomas, Parakunnel Joseph） 226,
トライブ，トライブ（Tribe, Keith） 115, 116
トリソン，ロバート（Tollison, Robert, D.） 27, 64–68, 77
トレンズ，ロバート（Torrens, Robert） 90
ド・ローファー，レイモンド（De Roover, Raymond） 55, 211, 217, 224

ノース，ダドリー（North, Sir Dudley） 16, 144, 145, 173–75, 177, 237, 258

ハッチンソン，テレンス・W（Hutchinson, Terrence W.） 51, 258
ハートリブ，サミュエル（Hertlib, Samuel 72, 73
バーボン，ニコラス（Barbon, Nicholas） 16, 20, 79, 86, 140, 144, 173–75, 177, 206, 237, 258, 261, 262, 267–73, 275, 276, 280, 286, 287, 291
ハミルトン，アレグザンダー（Hamilton, Alexander） 296, 297
ハリス，ジョセフ（Harris, Joseph） 12, 175, 286
ヒートン，ハーバート（Heaton, Herbert） 36, 44
ヒュインズ，ウィリアム（Hewins, William Albert Samuel） 32–34
ヒューム，デイヴィッド（Hume, David） 4, 12, 77, 87, 90, 144, 152, 175, 176, 206, 269, 272, 286, 287, 291, 294, 303
ピョートル大帝（Peter the Great） 84
ヒルデブラント，ブルーノ（Hildebrand, Bruno） 32

ヒントン，R・W・K（Hinton, R. W. K.）
56, 184, 235
ファーガソン，アダム（Ferguson, Adam）
118
ファーニス，エドガー（Furniss, Edgar）
275
フェリペ五世（Felipe V） 98
フォートレー，サミュエル（Fortrey, Samuel） 87, 138, 140, 153, 236, 237, 243, 244, 264, 274
フォン・ハイキング，エドムンド（von Heyking Edmund Friedrich Gustav）
31
プーフェンドルフ，サミュエル（Pufendorf, Samuel） 112, 121, 262, 272
ブラディク，マイケル（Braddick, Michael Jonathan） 72
ブランキ，ルイ・オーギュスト（Blanqui, Louis Auguste） 8, 105
フリース，アストリッド（Friis, Astrid）
194
フリードリヒ・ヴィルヘルム一世（Friedrich Wilhelm I） 116
フリードリヒ大王（二世） （Friedrich II）
ブレナー，ロバート（Brenner, Robert）
72, 235
プレビシュ，ラウル（Prebisch, Raul）
60, 298
ブローグ，マーク（Blaug, Mark） 13
ブロック，マルク（Bloch, Marc Léopold Benjamin） 36
ヘクシャー，エリィ（Heckscher, Eli F.）
4, 5, 17, 19, 25, 26, 35–44, 46–49, 51–54, 60, 68, 70, 73, 86, 100, 139, 160, 161, 242, 243, 277, 297, 302
ヘーゲル，ゲオルク・ヴィルヘルム・フリードリヒ（Hegel, Georg Wilhelm Friedrich） 38, 49
ベーコン，フランシス（Bacon, Francis）
73, 148, 155, 207–10, 245, 248, 250, 284, 295
ベッカリーア，チェーザレ（Beccaria, Cesare Bonesana） 119, 120
ペティ，ウィリアム（Petty, Sir William）
14, 67, 78, 132, 144, 157, 261, 262, 273, 282–85
ペティト，ウィリアム（Petyt, William）
20, 80, 84, 141, 242, 245, 264
ベラモント卿（Lord Bellamont） 280
聖ベルナルディーノ（San Bernadino de Siena） 119
ヘルニク，フィリップ・ヴィルヘルム・フォン（Hörnick, Philipp Wilhelm von）
129, 130, 131
ベール，マックス（Beer, Max） 155, 156, 209
ペロッタ，コジモ（Perotta, Cosimo）
69–71, 97
ヘンリ八世（Henry VIII） 253
ボイル，ロバート（Boyle, Robert） 132, 284
ポーコック，ジョン（Pocock, John G. A.）
15, 261, 262, 276
ボダン，ジャン（Bodin, Jean） 101–04, 107, 108, 154, 215
ボッテーロ，ジョヴァンニ（Botero, Giovanni） 76, 92, 120, 164
ホッブス，トマス（Hobbes, Thomas）
132, 284
ホートン，ジョン（Houghton, John）
237, 243
ボルトン（Bolton） 222
ポレクスフェン，ジョン（Pollexfen, John）
88, 138, 144, 165, 239, 260
ボワギルベール，ピエール（Boisguilbert, Pierre le Pesant de） 112–13
ホント，イシュトファン（Hont, Istvan）
71, 88, 89

マイルズ，トマス（Milles, Thomas）
192, 196, 211, 224, 225
マカロック，ジョン・ラムゼイ（McCulloch, John Ramsay） 5, 8, 9, 14, 20, 29
マキャヴェリ，ニコロ（Machiavelli, Niccolò） 76, 84, 91, 92, 276

マコーミック，テド（Mccormick, Ted）　283
マーシャル，アルフレッド（Marshall, Alfred）　16, 32, 33, 36, 39
マタ，フランシスコ・マルティネス・デ（Mata, Francisco Martinez de）　98
マッシー，ジョゼフ（Massie, Joseph）　11, 12, 29, 32, 45, 189, 271, 286
マディソン，ラルフ（Maddison, Sir Ralph）　186–89, 192, 223, 225
マーティン，ヘンリ（Martin, Henry）　88, 90, 167
マリーンズ，ジェラード（Malynes, Gerald）　26, 55–57, 93, 138, 148, 152, 153, 159, 181, 186–92, 195–98, 201, 202, 208, 209, 211, 214–23, 225, 226, 228, 244, 247, 248, 250, 252, 254, 295, 303
マルクス，カール（Marx, Karl）　14, 38, 67, 68, 113, 283, 303
マン，トマス（Mun, Thomas）　9, 11, 16, 17, 20, 26, 50, 53–57, 77, 81, 85, 92, 93, 138, 140–42, 144, 148, 150, 152, 154, 156, 158, 159, 162, 164, 179–83, 186, 187, 189–92, 196, 198–213, 217, 218, 220, 223, 225
マンデヴィル，バーナード・デ（Mandeville, Bernard de）　111, 113
ミッセルデン，エドワード（Misselden, Edward）　16, 26, 53, 55, 56, 93, 138, 148, 152, 153, 164, 181, 185, 187, 189, 192, 194–98, 201–18, 220, 223, 225, 226, 228, 232, 246, 250, 252, 255, 295, 299, 303
ミュルダール，グンナー（Myrdal, Karl Gunnar）　69, 298
ミラボー，ヴィクトール（Mirabeau, Victor）　6, 289
ミル，ジョン・ステュアート（Mill, John Stuart）　8, 14, 24, 169, 296, 297
ムロン，ジャン・フランソワ（Melon, Jean François）　111
メンガー，カール（Menger, Carl）　32
モンタガ，サンチョ・デ・（Moncada, Sancho, de）　98,

ヤンセン，テオドール（Jansen, Sir Theodor）　167, 168, 239
ユスティ，ヨハン・ハインリヒ・フォン・ゴットロープ（Justi, Johan Heinrich van Gottlob von）　118, 119, 128

ラヴジョイ，アーサー（Lovejoy, Arthur Oncken）　27
ラウンズ，ウィリアム（Lowndes, William）　260, 279, 281
ラフマ，バルテルミ（Laffemas Barthélemy, de）　103–09
ラムス，ペトルス（Ramus, Petrus; Pierre de La Ramée）　208
ラングホルム，オッド（Langholm, Odd）　119
リカード，デイヴィッド（Ricard, David）　14, 24, 32, 90, 286, 297
リシュリュー，アルマン（Richelieu, Armand Jean du）　110
リスト，フリードリヒ（List, Friedrich）　24, 32, 226, 228, 229, 232, 241, 243, 246, 247, 250, 252, 255, 279, 293, 295, 303
リプソン，エフライム（Lipson, Ephraim）　182, 244
ルイ一四世（Louis XIV）　84, 99, 129, 132, 237, 289
レイナート，エリック（Reinert, Erik S.）　70–71
レイナート，ソフス（Reinert, Sophus）　71, 94
レオポルト１世（Leopold I）　125, 129
レトウィン，ウィリアム（Letwin, William）　28
ロー，ジョン（Law, John）　111,
ロジャーズ，ソロルド（Rogers, James Edwin Thorold）　32
ロック，ジョン（Locke, John）　5, 8, 9, 14, 20, 29, 36, 95, 153, 154, 156, 162, 171, 254, 256, 260–62, 267, 270, 277–

79, 281, 282
ロッシャー，ヴィルヘルム（Roscher, Georg Friedrich Wilhelm）　5, 24, 25, 31, 114, 116, 120–23, 125, 128, 131, 133
ロバーツ，ルイス（Roberts, Lewes）　82, 142, 143, 234, 246
ロビンソン，ヘンリ（Robinson, Henry）　78, 85–87, 211, 224, 225, 234, 254, 255

ワイルズ，リチャード・C（Wiles, Richard C）　52

事項索引

あ　行

か　行

さ　行

た　行

な　行

は　行

ま　行

や〜わ　行

原　注

序　章

1） L. Magnusson, ‘Is mercantilism a useful concept still?’ In: M. Isenman (ed.), *Merkanilismus. Wiederaufnahme einer Debatte.* Stuttgart, Germany: Franz Steiner Verlag 2014.

2） E. F. Heckscher, ‘Mercantilism as a conception of society’. In: *Mercantilism*, vol. II: 5, London: Routledge 1994, pp. 285f.

3） Trans. G. Schmoller, *The Mercantile System and its Historical Significance.* New York: The Macmillan Company 1897, p. 77.（正木一夫訳『重商主義とその社会的意義』未来社，1971 年）

4） E. A. J. Johnson, *Predecessors of Adam Smith.* New York: Prentice-Hall 1937, p. 3.

5） これらの著者については，本書の第 2 章で論じる。

6） Schmoller, p. 76.

7） これに関しては，L. Magnusson, *The Tradition of Free Trade.* London: Routledge 2004 をみよ。

8） Magnusson, *The Tradition of Free Trade*, ch. 4.

9） Magnusson, *The tradition of Free Trade*, pp. 57f.

10） M. de Mirabeau, *Philosophie Rurale ou Economie Génerale et Politique de L'agriculture.* Amsterdam, The Netherlands: Libraires associés, 1763, p. 329.

11） A. V. Judges, ‘The idea of a mercantile state’. In: D. C. Coleman (ed.), *Revisions in Mercantilism.* London: Methuen 1969, p. 38. ジャッジズはここで，以下の箇所に言及している。A. Smith, *An Inquiry into the Nature and Causes of the Wealth of Nations.* Oxford: Oxford University Press 1976, Book IV, ch. 9, p. 679.（山岡洋一訳『国富論』日本経済新聞社出版局，2007 年）

12） S. Reinert, *Translating Empire: Emulation and the Origins of Political Economy.* Cambridge, MA: Harvard University Press 2011, pp. 146f., 281 をみよ。グルネーとそのサークルの最近の研究としては，C. Loïc, F. Lefebvre and C. Théré (eds.), *Le cercle de Vincent de Gournay. Savoirs économiques et pratiques administratives en France au milieu du XVIIIe siècle.* Paris, France: Ined 2011 をみよ。

13） A. Smith, *An Inquiry into the Nature and Causes of the Wealth of Nation*, ch. I.

14） J. A. Schumpeter, *History of Economic Analysis.* London: Allen & Unwin 1972, p. 36.（東畑精一・福岡正夫訳『経済分析の歴史』岩波書店，全 3 巻，2005-06 年）

15） A・R・J. テュルゴーとスミスの発展段階論については，R. L. Meek, ‘Smith, Turgot and the Four Stages Theory’. In: R. L. Meek, *Smith, Marx and After.* London: Chapman &

Hall 1977, pp. 18f をみよ。

16） Smith, Book Ⅳ , ch. 2, p. 471.

17） Smith, Book I, ch. 8, pp. 661f.

18） Magnusson, *The Tradition of Free Trade*, pp. 36f.

19） J. S. Mill, *Principles of Political Economy* (1909). Fairfield, NL: Augustus M. Kelley 1987, p. 579.（末永茂喜訳『経済学原理』岩波文庫，1958-63 年）

20） Magnusson, pp. 36f.

21） J. R. McCulloch, 'Introductory discourse'. In: A. Smith, *An Inquiry into the Nature and Causes of the Wealth of Nations*, vol. I, Edinburgh: Adam Black and William Tait 1828, p. xii.

22） McCulloch, p. xviii.

23） McCulloch, p. xv.

24） McCulloch, pp. vii f.

25） これ以上のことについては，Magnusson, pp. 81f. をみよ。

26） Jones, 'An introductory lecture on political economy'. Delivered at King's College London, 27 February 1833' In: R. Jones, *Literary Remains Consisting of Lectures and Tracts on Political Economy* (1859). New York: Augustus M. Kelley 1964, p. 543.

27） Jones, p. 545.

28） Jones, p. 312.

29） Jones, p. 293.

30） Jones, p. 333.

31） Jones, p. 33.

32） J. K. Ingram, *A History of Political Economy*. Edinburgh, Scotland: A & C Black 1893, p. 37.（米山勝美訳『経済学史』早稲田大学出版部 , 1925 年）

33） このような批判としては，たとえば Magnusson, ch. 1 をみよ。それへの防戦としては , R. E. Ekelund nd R. Tollison, 'On neoinstitutional theory and preclassical economics: mercantilism revisited'. *European Journal of the History of Economic Thought*, vol. IV: 3 (1997), pp. 375f. をみよ。

34） Schumpeter, chs I, 4.

35） M. Blaug, *Economic Theory in Retrospect.* Homewood, IL: Richard D. Invin Inc 1968, pp. xi, I ff., 681ff.

36） Schumpeter, p. 7.

37） W. J. Ashley, *An Introduction to English Economic History and Theory*, vol. II, New York: G. P. Putnam's Sons 1893, p. 381.

38） T. W. Hutchison, *On Revolutions and Progress in Economic Knowledge.* Cambridge, UK: Cambridge University Press 1978, chs I, 2 をみよ。

39） K. Marx, *Theories of Surplus Value*, vol. I, Moscow: Progress Publishers 1969,pp. 354f.（岡崎次郎訳『剰余価値学説史』国民文庫，全 9 巻，1970 年）

40）　以下をみよ。Q. Skinner, 'Social meanings and the explanation of social action'. In: P. Laslett, W. G. Runciman and Q. Skinner (eds.), *Philosophy, Politics and Society.* Oxford: Oxford University Press 1972; Q. Skinner, *The Foundation of Modern Political Thought*, vol. I, Cambridge, UK: Cambridge University Press 1978; Q. Skinner, 'Interpretation and the understanding of speech acts'. In: Q. Skinner (ed.), *Visions of Politics,* Volume I: *Regarding Method.* Cambridge, UK: Cambridge University Press 2002; J. G. A. Pocock, 'The machiavellian moment revisited: A study in history and ideology'. *Journal of Modern History,* vol. LIII: I (1981); J. G. A.Pocock, *Virtue, Commerce and History*. Cambridge, UK: Cambridge University Press 1985.（田中秀夫訳『徳・商業・歴史』みすず書房，1985 年）

41）　Skinner,*Visions of Politics*, p. 104.

42）　Pocock, *Virtue, Commerce and History*, p. 5.

43）　Pocock, *Virtue, Commerce and History*, pp. 9, 12.

44）　Pocock, *Virtue, Commerce and History*, p. 5.

45）　たとえば，S. Fish, *Is There a Text in This Class? The Authority of lnte1rpreative Com munities*. Cambridge, MA: Cambridge University Press 1980; Pocock, *Virtue, Commerce and History,* ch. I, p. 5 をみよ。

46）　A. Giddens, *The Constitution of Society*. Crunbridge, UK: Polity Press 1984.（門田健一訳『社会の構成』勁草書房，2015 年）; M. G. Sahlins, *Islands of History*. Chicago, IL: University of Chicago Press 1985.（山本真鳥訳『歴史の島々』法政大学出版局，1993 年）

47）　Heckscher, *Mercantilism,* Part 2 (ed. Söderlund). London: Allen & Unwin 1955,p. 347.（ここでのケインズに関する章は，Sölderlund's edition に加えられたものである）

48）　たとえば，A. W. Coats, 'Mercantilism, yet again!' In: P. Roggi (ed.), *Gli economisti e la politica economica. Naples, Italy: Edizione Scientifsche Italaiane* 1985, p. 33 をみよ。

49）　Schumpeter, pp. 335ff.

50）　P. Burke, *Historical Anthropology of Early Modern Italy*. Cambridge, UK: Cambridge University Press 1987, ch. 16; P. Burke, *The Fabrication of Louis XIV*. New Haven, CT, and London: Yale University Press 1992, pp. 128ff.（石井三記訳『ルイ 14 世――作られる太陽王』名古屋大学出版会，2004 年）

51）　Schmoller, p. 77. むろん，シュモラー自身は，重商主義に対するこのような厳しい批判に同意していない。重商主義は，むしろ実質的には，健全な国家と健全な国民経済の創造物にすぎない（(p. 76)。

52）　より長いリストについては，F. W. D. Grampp, 'The liberal elements in English mercantile ism'. *Quarterly Journal of Economics,* vol. IV (1952) をみよ。

53）　240 頁以下をみよ。

第１章　重商主義をめぐる論争

1）　Author unknown, 'Mercantile system'. In: *Palgrave's Dictionary of Political Economy.* London and New York: MacMillan & Sons 1894.

2） C. Wilson, *Economic History and the Historians*. London: Weidenfeldt & Nicholson 1969, p. 50f. また，C. Wilson, ‘Treasure and trade balances: further evidences’. *Economic History Review*, 2nd ser., vol. IV (1951-2) をみよ。

3） D. C. Coleman (ed.), *Revisions in Mercantilism*. London: Methuen 1969, p. 105.

4） J. A. Schumpeter,*History of Economic Analysis*. London: George Allen & Unwin, 1954, p. 337.（東畑精一・福岡正夫訳『経済分析の歴史』岩波書店，全 3 巻，2005-06 年）

5） R. Schaeffer, ‘The entelechies of mercantilism’. *Scandinavian Economic History Review*, vol. XXIX: 2 (1980).

6） A. Lovejoy, *The Great Chain of Being*. Boston, MA: Harvard University Press 1936.（内藤健二訳『存在の大いなる連鎖』ちくま学芸文庫，2013 年）

7） Schumpeter, p. 338.

8） J. Viner, *Studies in the Theory of International Trade*. London: George Allen & Unwin 1937, pp. 1f.（中澤進一訳『国際貿易の理論』勁草書房，2010 年）これをさらに強化したのは，古典的な M. Blaug, *Economic Theory in Retrospect*. Homewood, IL: Richard D Irwin Inc. 1968.

9） R. E. Eagley (ed.), *Events, Ideology and Economic Theory.* Detroit, MI: Wayne State University Press 1968.

10） W. Letwin, *The Origins of Scientific Economics: English Economic Thought 1660-1776*. London: Methuen 1966. コメントとして，R. E. Ekelund Jr. and R. F. Hebert, *A History of Economic Theory and Method.* New York: McGrawe-Hill 1997, ch. 1 をみよ。

11） G. Schmoller, *The Mercantile System and its Historical Significance*. New York & London: Macmillan & Co 1896, p. 2.（正木一夫訳『重商主義とその社会的意義』未来社，1971 年）

12） Schmoller, p. 50.

13） Schmoller, p. 59.

14） Schmoller, p. 61.

15） Schmoller, pp. 50f.

16） W. Roscher, *Geschichte der National-Oekonomik in Deutschland*. Munich, Germany: R. Oldenbourg 1874; E. von Heyking, *Zur Geschichte der Handelsbilanztheorie*. Berlin, Germany: Puttkammer & Mühlbrecht 1880.

17） また，以下をみよ，K. Tribe, ‘Mercantilism and the economics of state formation’. In: L. Magnusson (ed.), *Mercantilist Economics*. Boston, MA: Kluwer 1993; J. Viner, ‘Power versus plenty’. In: D. C. Coleman (ed.), *Revisions in Mercantilism.* London: Methuen 1969, p. 62; Judges, pp. 48ff. この路線に沿ったより最近の研究としては，E. Reinert, *How Rich Countries Got Rich... and Why Poor Countries Stay* Poor. London: Constable 2007 をみよ。

18） G. M. Koot, ‘Historical economics and the revival of mercantilist thought in Britain ca. 1870-1920’. In: L. Magnusson (ed.), *Mercantilist Economics*. Boston, MA: Kluwer 1993. また，G. M. Koot, *English Historical Economics, 1870-1926: The Rise of Economic History*

and Neomercantilism. Cambridge, MA: Cambrige University Press 1987 をみよ。

19） Koot, 1987; また，A. Kadish, *Historians, Economists and Economic History.* London: Routledge 1989, ch. 7; L. Magnusson, *Tradition of Free Trade*. London: Routledge 2004, pp. 64f. をみよ。

20） Koot, 1987; Kadish, 1989 をみよ。

21） T. E. C. Leslie, *Essays in Political and Moral Philosophy.* London: Longman, Green & Co. 1879.

22） Kadish, 1989, ch. 6 をみよ。

23） Koot, 1987 をみよ。

24） A. V. Judges, 'The idea of a mercantile state'. *Transactions of the Royal Historical Society*, 4th ser., vol. XXI (1939). 本論文は，以下にも再掲されている。D. C. Coleman (ed.), *Revisions in Mercantilism.* 引用は，後者の 53 頁から。

25） Refers to A. Toynbee, *Lectures on the Industrial Revolution in England.* London: Rivingtons 1884.（塚谷晃弘・永田正臣訳『英国産業革命史』邦光書房，改訂版，1965年）

26） W. Cunningham, *Politics and Economics: An Essay on the Nature of the Principles of Political Economy, Together with a Survey of Recent Legislation.* London: Kegan, Paul, Trench & Co. 1885, p. 135.

27） W. Cunningham, *The Growth of English Industry and Commerce in Modern Times,* Part II: *The Mercantile System. Cambridge,* UK: Cambridge University Press 1882, pp. 13ff., 380ff.

28） W. Cunningham, 'Adam Smith und die Merkantilisten'. *Zeitschrifi für die Gesamte Staatswissenschaften*, vol. XL (1884).

29） また，以下をみよ。L. Magnusson, 'Eli Heckscher and his mercantilism today'. In: R. Findley et al. (eds), *Eli. Heckscher, International Trade and Economic History.* Cambridge, MA: MIT Press 2006; L. Magnusson, 'Eli. Heckscher and Mercantilism: An introduction'. In: E. Heckscher, *Mercantilism,* vol. I, London: Routledge 1994.

30） ヘクシャー著『重商主義』への批評は，以下で述べられた。T. H. Marshall in *Economic Journal*, vol. XIV (1935), pp. 718f.

31） H. Heaton, 'Heckscher on mercantilism'. *Journal of Political Economy,* vol. XIV: 3 (1937), pp. 386

32） M. Bloch, 'Le mercantihsme, un état d'ésprit'. *Annales*, vol. VI (1934).

33） Heaton, 1937; Bloch, 1934.

34） J. Viner, 'Power versus plenty'. In: D. C. Coleman (ed.), *Revisions in Mercantilism*, London: Methuan 1969, pp. 64ff.

35） Heaton, 1937.

36） E. Heckscher, *Mercantilism,* vol. II, London: Routledge 1994, pp. 184, 266.

37） たとえば，'Den ekonomiska historiens aspekter'. In: E. Heckscher, *Ekonomisk-Historis-*

ka Studier. Stockholm, Sweden: Bonniers 1936 をみよ。

38） E. Heckscher, *Mercantilism,* vol. I, London: Routledge 1994, pp. 28f.

39） 以下をみよ。 L. Magnusson, 'Eli. Heckscher and mercantilism'; R. Henriksson, 'Eli. F. Heckscher: The economic historian as economist'. In: B. Sandelin (ed.), *The History of Swedish Economic Thought*. London: Routledge 1991.

40） J. Viner, 'Early English theories of trade part 1 and 2'. *Journal of Political Economy,* vol. XXXVIII (1930). この二つの論文は，以下の本に再録された。J. Viner, *Studies in the Theory of International Trade.* London: George Allen & Unwin, 1937.

41） Heckscher, I, p. 20.

42） Heckscher, 'Den ekonomiska historiens aspekter'.

43） Heckscher, I, p. 27.

44） Heckscher, I, p. 24.

45） Heckscher, I, p. 20.

46） Heckscher, I, p. 268.

47） Heckscher, II, p. 347.

48） Heckscher, II, p. 118 をみよ。

49） Heckscher, II, p. 138.

50） Heckscher, II, p. 261.

51） Heckscher, II, p. 285.

52） E. Heckscher, 'Revisions in economic history'. *Economic History Review,* vol. VII: I, 1936-7. また，D. C. Coleman (ed.), *Revisions in Mercantilism*, p. 32.

53） Heaton, 'Heckscher on Mercantilism', p. 379.

54） J. Viner, 'Early English theories of trade'. *Journal of Political Economy,* vol.XXXVIII (1930), pp.249-50.

55） Viner, p. 250.

56） Viner, p. 265.

57） Viner, p. 260. 同書の 259 頁では，ジョーンズを，「取引差額」と「貿易差額」の発展段階を区別しているという理由であからさまに批判した。

58） Viner, p. 270.

59） Viner, p. 404.

60） J. Viner, 'Review of Heckscher's mercantilism'. In: *Economic History Review*, 1st ser., 1935, pp. 100ff.; J. Viner, 'Power versus plenty under mercantilism'. *World Politics*, vol. I (1948). このうち，後者の論文は，T D. C. Coleman (ed.), *Revision in Mercantilism*, 1969 に再録された。

61） Viner, 'Power versus plenty under mercantilism', 1948, p.65.

62） Viner, p. 67.

63） Viner, p. 71.

64） P. W. Buck, *The Politics of Mercantilism*. New York: Henry Holt & Company 1942 をみ

よ。同書がこのような観点から書かれたことは間違いない。

65）すでにみたように，ケインズに関する一章が，死後，Söderlund. が編纂した版の第 2 巻で出された。

66）経済史の歴史については L. Magnusson, 'Introduction'. In: L. Magnusson, *Twentieth Century Economic History,* vol. I, London: Routledge 2010 をみよ。

67）A. V. Judges, 'The idea of a mercantilist state'. In: Coleman, pp. 35f.

68）D. C. Coleman, 'Eli Heckscher and the idea of mercantilism'. In: D. C. Coleman (ed.), *Revisions in Mercantilism*, p. 116. この論文は，*Scandinavian Journal of Economic History*, vol. V: I (1957) で最初に掲載された。また，C. W. Cole, 'The heavy hand of Hegel'. In: E. M. Earle (ed.), *Nationalism and Internationalism.* New York: Columbia University Press 1950 をみよ。

69）Coleman, 'Eli Heckscher and the idea of mercantilism', p. 117.

70）Coleman, 'Mercantilism revisited', p. 791.

71）Schumpeter, p. 143.

72）T. W. Hutchison, *Before Adam Smith: The Emergence of Political Economy, 1662-1776.* Oxford: Basil Blackwell 1988, pp. 4f.

73）L. Magnusson, 'Is mercantilism a useful concept still?' In: M. Isenmann (ed.), *Merkantilismus. Wiederaufnahme einer Debatte.* Stuttgart, Germany: Franz Steiner Verlag, 2014 をみよ。

74）A. W. Coats, 'Mercantilism, yet again!'. In: P. Roggi (ed.), *Gli economisti e la politica economica*. Naples, Italy: Edizione Scientifiche Italiane 1985, p. 35.

75）R. C. Wiles, 'The development of mercantilist economic thought'. In: T. Lowry (ed.), *Pre-Classical Economic Thought.* Boston, MA: Kluwer 1987, p. 148.

76）Coleman, 'Eli Heckscher and the idea of mercantilism', p. 111.

77）Wilson, *Economic History and the Historians*, p. 48. また，G. N. Clark, *The Seventeenth Century*. Oxford: Oxford University Press 1947, p. 27 もみよ。

78）Wilson, p. 64.

79）これが C. Wilson, *Profit and Power*. Cambridge, UK: Cambridge University Press 1957 の主要な結論である。

80）C. Wilson, 'Treasure and trade balances: the mercantilist problem'. *Economic History Review*, 2nd ser., vol. II (1949) をみよ。

81）E. Heckscher, 'Multilateralism, Baltic trade and the mercantilists', *Economic History Review*, 2nd ser., vol. III: 2 (1950).

82）C. Wilson, 'Treasure and trade balances: further evidence'. *Economic History Review*, 2nd ser., vol. IV (1951-2), p. 242. このあと，ヘクシャー自身ではなく，プライスがヘクシャーの立場を擁護した。J. M. Price, 'Multilaterialism and/or bilateralism: the settlement of British trade balances with the north, c 1700'. *Economic History Review*, 2nd ser., vol. XIV (1961). プライスはここで，たとえば北海との双務的な貴金属での決済は，17 世紀

の大半を通じてほとんど重要ではなかったというきわめて説得力のある議論を展開した。

83） Wilson, 'Treasure and trade balances: some further evidence', p. 54.

84） J. D. Gould, 'The trade depression of the early 1620s'. *Economic History Review*, 2nd. ser., vol. VII (1954), p. 82.

85） J. D. Gould, 'The trade crisis of the early 1620s and English economic thought'. *Journal of Economic History*, vol. XV (1955), p. 123.

86） R. de. Roover, *Gresham on Foreign Exchang*e. Cambridge, MA: Harvard University Press 1949.

87） B. Supple, 'Currency and commerce in the early seventeenth century'. *Economic History Review*, 2nd ser., vol. X (1957), p. 244.

88） Supple, p. 251. *Commercial Crisis and Change in England 1600-1642*, 1959, pp. 226ff の結論もみよ。

89） Supple, *Commercial Crisis*, p. 228.

90） Supple, *Commercial Crisis*, p. 251.

91） R. W. K. Hinton, *The Eastland Trade and the Common Wealth in the Seventeenth Century*. Cambridge, UK: Cambridge University Press 1959.

92） この点については，L. Magnusson, *State and the Industrial Revolution*. Abingdon, UK: Routledge 2009, pp. 45f をみよ（玉木俊明訳『産業革命と政府――国家の見える手』知泉書館，2012 年）。

93） Coats, 'Mercantilism, yet again!', p. 34.

94） J. M. Keynes, *The General Theory of Employment, Interest and Money.*（1936）London: Macmillan 1973, pp. 333f.（間宮陽介訳『雇用，利子および貨幣の一般理論』上・下，岩波文庫，2008 年）

95） Keynes, p. 335.

96） Keynes, p. 335.

97） Keynes, p. 335.

98） Wilson, *Economic History and the Historians*, p. 48. また，Viner, *Studies in the Theory of International Trade*, p. 55 をみよ。

99） Keynes, p. 341.

100） Keynes, p. 348.

101） C. Wilson, *Economic History and the Historians,*pp. 48f.

102） たとえば，de Roover, *Gresham on Foreign Exchange*, p. 287.

103） Heckcher, *Mercantilism*, vol. II (Söderlund ed.), p. 347.

104） Heckscher, *Mercantilism*, vol. II (Söderlund ed.), pp. 342f.

105） ケインズの発言に対する肯定的な解釈として，D. Walker, 'Keynes as a historian of economic thought'. *Research in the History of Economic Thought and Methodology*, vol. IV (1986) をみよ。しかし，著者は，ケインズの経済思想史に対する主要な貢献を，あま

りに讃えすぎている。たとえばウォーカーは，「ケインズは……，貿易差額に対する彼らの推論を正しく理解し，十分な消費支出と投資支出に関する彼らの関心を理解し，説明した（p. 28)」と示唆した。

106） たとえば，Keynes, pp. 333, 336f.

107） H. D. Vickers, *Studies in the Theory of Money 1760-1776.* Philadelphia, PA: Chilton Company 1959, p. 21.

108） Vickers, p. 25.

109） S. R. Sen, *The Economics of Sir James Steuart*. London: G. Bell and Sons 1957, p. 98 著者は，明らかに次の研究にも言及している。 P. Chamley, 'Sir James Steuart: inspirateur de la Theorie generale de Lord Keynes?'. *Revue d'économie politique*, vol. LXXII (1962), pp. 303f.

110） W. D. Grampp, 'Liberal elements in English mercantilism'. *Quarterly Journal of Economics*, vol. LXVI (1952), p. 471.

111） Grampp, p. 472.

112） R. E. Ekelund and R. D. Tollison, *Mercantilism as a Rent-Seeking Society: Economic Regulation in Historical Perspective.* College Station, TX: Texas A & M University Press 1981, p. 5.

113） Ekelund and Tollison, pp. 6, 21, 28, 147.

114） Ekelund and Tollison, pp. 19, 21.

115） Ekelund and Tollison, p. 28.

116） Ekelund and Tollison, p. 153.

117） Coats, 'Mercantilism, yet again!', p. 31. これ以外の批判的解釈として，S. Rashid, 'Mercantilism as a rent-seeking society'. In: L. Magnusson (ed.), *Mercantilist Economics*. Boston, MA: Kluwer 1993. をみよ。

118） Ekelund and Tollison, p. 154.

119） R. E. Ekelund and R. D. Tollison, *Politicized Economies: Monarchy, Monopoly and Mercantilism*. College Station, TX: Texas A & M University Press, p. x.

120） Ekelund and Tollison, p. 17.

121） マルクスはペティを「旧友」とさえ呼んだ。 *Theories of Surplus* Value, vol. I, p. 354 をみよ。

122） この分析は，ch. 24 of Marx, *Capital: Die Sogenannte ursprüngliche Akkumulation.* K. Marx, *Das Kapital,* vol. I, Berlin, Gennany: Dietz Verlag 1957, pp. 751ff で述べられている。

123） M.Dobb, *Studies in the Development of Capitalism*. London: Routledge & Kegan Paul 1967, pp. 209 ff.

124） たとえば，L. Herlitz, 'The concept of mercantilism'. *Scandinavian Economic History Review,* vol. XII (1964).

125） 以下をみよ。 C. Perrotta, 'ls the mercantilist theory of the favourable balance of trade really erroneous?' *History of Political Economy*, vol. XXIII: 2 (1991); C. Perrotta, 'Early

spanish mercantilism: the first analysis of underdevelopment'. In: L. Magnusson (ed.), *Mercantilist Economics*. Boston, MA: Kluwer 1993. また，浩瀚な研究として，C. Perrotta, *Produzione e lavoro produttivo. Nel Mercantilismo e nell' illiminimto.* Lecce, Italy: Galatina 1988 をみよ。

126） Perrotta, 'Is the mercantilist theory of the favourable balance of ttrade really erroneous?', pp. 318, 322.

127） Perrotta, p. 321.

128） Perrotta, p. 313.

129） E. Reinert, *How Rich Countries Got Rich ... and Why Poor Countries Stay Poor*. London: Constable 2007, p. 7.

130） 議論の拡大については，Magnusson, 'Is mercantilism a useful concept still?' をみよ。

131） S. Reinert, *Translating Empire: Emulation and the Origins of Political Economy.* Cambridge, MA: Harvard University Press 2011.

132） S. Pincus, 'Rethinking Mercantilism: Political Economy, the British Empire, and the Atlantic World in the Seventeenth and Eighteenth Centuries'. *William and Mary Quarterly*, 3rd ser., vol. LXIX: I (2012).

133） R. Brenner, *Merchants and Revolution: Commercial Change, Political Conflict, and London's Overseas Traders, 1550-1653.* Princeton, NJ: Princeton University Press 1993, p. 598.

134） M. J. Braddick, *State Formation in Early Modern England, c. 1550-1750.* Cambridge, UK: Cambridge University Press 2000; P Stern, 'Companies, monopoly, sovereignty and the east indies'. In: P. Stern and C. Wennerlind (eds.), *Mercantilism Reimagined: Political Economy in Early Modern Britain and its Empire.* Oxford: Oxford University Press 2013.

135） L. Magnusson, *Nation, State and the Industrial Revolution,* ch. 2.

136） Stern, p. 4.

137） Stern, p. 7.

第２章　豊かさと国力

1）J. A. Schumpeter, *History of Economic Analysis*. London: Geore Allen & Unwin 1972, pp. 143f.（東畑精一・福岡正夫訳『経済分析の歴史』岩波書店，全 3 巻，2005-06 年）

2） 29 頁をみよ。

3） J. G. A. Pocock, *The Machiavellian Moment: Florentine Political Thought and the Atlantic Republican Tradition.* Princeton: Princeton University Press 1985;（田中秀夫・奥田敬・森岡邦泰訳『マキァヴェリアン・モーメント――フィレンツェの政治思想と大西洋圏の共和主義の伝統』名古屋大学出版会，2008 年）Q. Skinner, *Visions of Politics,* vol II: *Renaissance Virtues*. Cambridge, UK: Cambridge University Press 2002, chs 3, 5, 6.

4）このようなイタリアの発展については，S. A. Reinert, 'Introduction' to A. Serra, *A Short Treatise on the Wealth and Poverty of Nations.* London: Anthem Press 2011 をみよ。

5）D. Hume, 'On the Jealousy of Trade'. In his *Essays: Moral, Political and Literary.* Indianapolis, In: Liberty Fund 1987.（田中敏弘訳『道徳・政治・文学論集』名古屋大学出版会，2011年）

6）この時代にわたる模倣の役割については，以下をみよ。S. Reinert, *Translating Empire: Emulation and the Origins of Political Economy.* Cambridge, MA: Harvard University Press 2011. また，I. Hont, *Jealousy of Trade: International Competition and the Nation-State in Historical Perspective.* Cambridge, MA: The Belknap Press of Harvard University Press 2005. 田中秀夫監訳『貿易の嫉妬――国際競争と国民国家の歴史的展望』昭和堂，2009年）

7）T. Mun, *England's Treasure by Forraign Trade* (1664). New York: Augustus M. Kelley 1986, p. 74.（渡辺源次郎訳『外国貿易によるイングランドの財宝』東京大学出版会，1965年）。あとでみるように，このテキストは1620年代に現実には書かれたが，40年近くあとになってオランダとイングランドがまさにふたたび戦争しようとしていたときになってようやく出版された（第二次英蘭戦争は，1665年に勃発した）。

8）W. Petty, *The Political Atonomy of Ireland* (I691).（松川七郎訳『アイァランドの政治的解剖学』岩波書店，1951）ここでは，*The Economic Writings of Sir William Petty.* vol. I, Cambridge, UK: Cambridge University Press 1899, p. 250から引用。

9）H.Robinson,*Briefe Considerations Concerning the Advancement of Trade and Navigation.* London: Matthew Simmons, Aldgate Street 1649, p. 6. Reprinted in L. Magnusson (ed.), *Mercantilist Theory and Practice: The History of British Mercantilism*, vol. I, London: Pickering & Chatto 2008, pp. 165f.

10）M. Decker, *An Essay on the Causes of the Decline of the Foreign Trade*, (1751 4th ed.). New York: Augustus M. Kelley 1973, p. 109.

11）J. Child, *Brief Observations Concerning Trade and Interest of Money*. London: Elizabeth Calwert 1668, p. 3.

12）N. Barbon, *A Discourse of Trade*. London: Tho. Milbourn 1690, preface.（田添恭二・渡辺源次郎訳『交易論』東京大学出版会，1966年）

13）W. Temple, *Observations Upon the United Provinces of the Netherlands* (1673). Cambridge, UK: Cambridge University Press 1932, pp. 128f.

14）Temple, p. 131.

15）Unkown author, *Britannia languens or a Discourse of Trade.* London: Tho. Dring 1680, pp. 73f.

16）Temple, p. 129.

17）Temple, p. 131.

18）Mun, pp. 73.

19）J. Child, *A Discourse of the Nature, Use and Advantages of Trade*. London: Edmund Bohun 1694, pp. 8f.

20）J. Child, *A New Discourse of Trade*. London: Edmund Bohun 1693, p. 93.（杉山忠平訳

『新交易論』東京大学出版会，1967 年）

21） C. Davenant, *An Essay Upon the Probable Methods of Making a People Gainers in the Ballance of Trad*e. London: James Knapton 1699, p. 6.

22） C. Davenant, *An Essay on the East India Trade*. London 1697. ここでは，*The Political and Commercial Works of that Celebrated Writer Charles D'Avenant*, vol. I, London: R. Horsfield 1771, p. 86 からの引用（田添京二・渡辺源次郎訳『東インド貿易論』東京大学出版会，1966 年）。

23） L. Roberts, *The Treasure of Traffike or a Discourse of Forraigne Trade*. London 1641, p. 55.

24） M. Postlethwayt, *Britain's Commercial Interest Explained and Improved,* vol. I, London: D. Browne et al. 1757, pp. ix, 2.

25） Postlethwayt, II, p. 347.

26） C. Davenant, *Discourse on the Public Revenues and on Trade,* Part II (1698). *The Political and Commercial Works of that Celebrated Writer Charles D'Avenant,* vol. I, London: R. Horsfield 1773, p. 350 から引用。

27） J. Gee, *The Trade and Navigation of Great Britain Considered.* London: A Bettlesworth and C. Hitch 1729, p. xxxiv.

28） Gee, p. xxxiv.

29） *Britannia Languens*, p. 465. (In J. R. McCulloch (ed.), *Classical Writings on Economics*, vol. I, London: William Pickering 1995.

30） Mun, pp. 9f.

31） H. Robinson, *England's Safety in Trade Encrease.* London: Nicholas Bourne 1641, p. 4.

32） E. F. Heckscher, *Mercantilism*, vol. II, London: Routledge 1994, p. 317:「経済問題に対して，外見上は静学的な重商主義と世界全体の経済システムをまとっているが 彼らは，きわめて熱心に，このシステム内部での最大のシェアを確保しようとした。そのシェアは，総体として不変だと考えられていたからである」

33） J. Child, *A New Discourse of Trade*, preface.

34） Robinson, *Briefe Considerations Concerning the Advancement of Trade and Navigation.* London: Matthew Simmons 1649, p. 1. Reprinted in L. Magnusson (ed.), *Mercantilist Theory and Practice: The History of British Mercantilism*, vol. I, London: Pickering & Chatto 2008, pp. 165f.

35） Robinson, p. 2.

36） S. Fortrey, *England's Interest and Improvement*, London: Nathanael Brook 1773 p. 16.

37） この点については，Hont, p. 185f をみよ。

38） Postlethwayt, I, p. 2.

39） Postlethwayt, I, p. 3.

40） Hont, p. 155f.

41） さらに，256 頁をみよ。

42)　自由貿易帝国主義とそれがイギリス経済とどう関係していたのかということについては，以下をみよ。B. Semmel, *The Rise of Free Trade Imperialism Classical Political Economy the Empire of Free Trade and Imperialism 1750-1850.* Cambridge, UK: Cambridge University Press 1970.

43)　S. Reinert, 'Introduction'. In: A. Serra, *A Short Treatise on the Wealth and Poverty of Nations* (1613). London and New York: Anthem Press 2011, p. 65.

44)　H. Martyn, *Considerations Upon the East-India Trade*. London: A. and J. Churchill 1701, p.67.

45)　これ以上のことについては，Hont, pp. 60f.

46)　A. Calabria, *The Cost of Empire: The Finances of the Kingdom of Naples in the Time of Spanish Rule.* Cambridge, UK: Cambridge University Press 1991.

47)　R. Villari, *The Revolt of Naples.* Cambridge, UK: Polity Press 1993.

48)　A・セッラの人生と彼の小冊子の歴史については S. Reinert, 'Introduction' pp. 9f をみよ。また，T. Hutchison, *Before Adam Smith: The Emergence of Political Economy 1662-1776.* Oxford: Blackwells 1988, pp. 19f をみよ。

49)　F. List, *National System of Political Economy*. Philadelphia, PA: J. H. Lippincott 1856, p. 410.（小林昇訳『経済学の国民的体系』岩波書店，1970年）

50)　たとえば，C. Perrotta, *Produzione e lavoro produttivo. Net mercantilismo e nell' illuminis-mo Galatina.* Lecce 1988, pp. 110ff. また，L. Magnusson, *The Tradition of Free Trade.* London: Routledge 2004.

51)　Schumpeter, pp. I62f. より長いリストとして，S. Reinert, 'Introduction', pp. 33ff をみよ。

52)　G. Botero, *The Reason of State* (1589). London: Routledge & Kegan Paul 1956, p. 150.（石黒盛久訳『国家理性論』風行社，2015年）

53)　Botero, p. 145.

54)　Botero, p. 143.

55)　これについては，Hutchison, pp. 19f をみよ。

56)　1620年代初頭のイングランドで生じた危機に関する見方に影響を与えた議論がどの程度なされたのかということを跡づけることは不可能だが，少なくともマンが，イタリアのことに詳しかったことは間違いない。現実に彼は，しばらくイタリアにいたようである。詳しくは，第4章をみよ。

57)　F. Venturi, 'Alle origini dell illuminismo napoletano'. *Revista storica italiana*, vol. LXXI: 3 (1959).

58)　ジェノヴェージについては，たとえば，S. Reinert, *Translating Empire,* 2011，さらに I. Hont, *Jealousy of Trade* をみよ。

59)　S. Reinert, *Translating Empire.*

60)　T. W. Hutchison, pp. 254ff. また，以下もみよ。F. Ceserano, 'Monetary Theory in Ferdinando Galiani's Della Moneta'. *History of Political Economy*, vol. VIII: 3 (1976).

61) この議論については，S. L. Kaplan, *Bread, Politics and Political Economy in the Reign of Louis XV*. (2nd ed.). London: Anthem Press 2012, ch. 4 をみよ。

62) 反重農主義については，S. Reinert, *Translating Empire*, pp. 177f. をみよ。

63) 以　下　を　み　よ。C. Perrotta, 'Early Spanish mercantilism: the first analysis of underdevelop- ment'. In: L. Magnusson (ed.), *Mercantilist Economics*. Boston, MA: Kulwer, 1993.

64) A. E. Monroe, *Monetary Theory before Adam Smith*. Cambridge, MA: Harvard University Press 1923, p. 53; また，Perrotta, p. 8.

65) 価格革命とそれがスペイン経済に与えた影響については，以下を参照せよ。D. Fisher, 'The price revolution: a monetary interpretation'. *Journal of Economic History*, vol. IL: 4 (1989), pp. 883-902. フィッシャーは，価格革命の議論の要約をした。この議論を開始した記念碑的作品は，E. J. Hamilton, *American Treasure and the Price Revolution in Spain, 1501-1650.* Harvard Economic Studies, 43. Cambridge, MA: Harvard University Press, 1934 である。

66) E. Philips, *An Appeal to Common Sense: Or Some Considerations offer'd to Restore Publick Credit*. London: T Warner 1720, p.2.

67) オルティスについては，Perrotta をみよ。

68) Perrotta, p. 23.

69) *Memorial del Contador Louis de Ortiz a Felipe* Ⅱ (1558). Ed. Manuel Fernandez. Alvarez. *Anales de Economia*, vol. VII (1957). また，以下をみよ。Perrotta, p. 23; Schumpeter, p.165.

70) Perrotta. マタについては，M. G. Moreno, 'Francisco Martinez de Mata (Siglo XVII): Agitador socialy economist de la decadencia'. *eXtoikos*, no. 5, 2012 をみよ。

71) ウスタリスについては，R. F. Durán, *Gerónomi de Uztáriz (1670-1732). Una Poitica Econonómica para Felipe V*. Madrid: Minerva Eiciones 1999 をみよ。

72) Durán, pp. 21f.

73) E. F. Heckscher, *Mercantilism*, vol. II, London: George Allen & Unwin 1955, pp. 84, 104ff.

74) 一般的な性格づけについては以下をみよ。H. Hauser, *Les Débuts du Capitalisme.* Paris: Libraire Félix Alcan 1931; P. Deyon, *Le Mercantilisme*. Paris, France: Flammarion 1969; C. W. Cole, *French Mercantilist Doctrines before Colbert*, vols I-II, New York: Richard. R. Smith 1931 and 1939.

75) 記述の一例として，C. W. Cole, vol. I, ch. 1. をみよ。

76) A de Montchrétien, *Traicté de l'oeconomie politique*（1615）. (Ed. Funck Bretatano 1889). Gèneve: Slatkine Reprints 1970, p. 2.

77) この関係については，H. Hauser's introduction to *La Reponse de Jean Bodin a M. de Malestroict*.. Paris: Armand Colin 1932. ボダンに関する一般的記述としては，以下をみよ。N. O. Keohane, *Philosophy and the State in France.* Princeton: Princeton University

Press 1980, chs 4-6.

78）　97頁をみよ。

79）　J. Bodin, *Discours de Jean Bodin sur le rehaussement et diminution des monnoyes tant d'or que d'argent et le moyen d'y remedier, et responce aux paradoxes de M. de Malestroict.* Paris, France 156

80）　H. Hauser, *La Response de Jean Bodin a M. de Malestroict*（1568）. Paris, France: Armand Collin 1932, p. 32.

81）　*Response de Jean Bodin*, p. 34.

82）　*Response de Jean Bodin*, p. 36.

83）　J. Bodin, *Les Six Livres de la Republique*（1589）. Paris, France 1986, pp. 875ff. また，*La Response de Jean Bodin a M. de Malestroict*, pp. 36ff.

84）　ラフマに関しては，以下をみよ。 C. W. Cole, *French Mercantilist Doctrines Before Colbert,* vol. I, ch. 2; Hauser, *Le Débuts du Capitalisme,* ch. 5.

85）　Cole, I, p. 93.5.

86）　同委員会の仕事に対する完全な説明として，Cole, I, pp. 92ff をみよ。

87）　J. -A. Blanqui, *History of Political Economy in Europe*. London: G. Bell & Sons 1880, p. 269.

88）　*Laffemas's six tracts on commerce from 1600* published together with his *L'incredulité ou l'ignorance de ceux qui ne veulant cognoistre le bien & repos de l'estat & veoir renaistre la vie heureuse des Francais.* Paris, France 1600.

89）　B. de Laffemas, *Les tré sors et richesses pour mettre l'estat en splendeur et monstrer au vray la ruine des francois par le trafic et négoce des estrangers...* Paris, France: Estienne Preousteau 1598, pp. 6ff.

90）　Cole, I, p. 68.

91）　デ・モンクレティアンの生涯と作品に関する説明として，T. Funck Brentano to the 1889 edition of *Traicté de l'oeconomie politique.* Geneva, Switzerland: Slatkine Reprints 1970の「はしがき」をみよ。

92）　W. J. Ashley, 'Monthcrétien' in his *Surveys: Historic and Economic.* London: Longmans 1900, pp. 263fをみよ。また Hutchison, pp. 263f.

93）　J.-C. Perroa, *Une histoire intellectuelle de l'economie politique.* Paris, France: EHESS 1992, pp. 64ff.; Keohane, pp.163ffをみよ。

94）　De Montchrétien, *Traicté de l'oeconomie politique*, p.161.

95）　De Montchrétien, p. 165.

96）　De Montchrétien, p. 241.

97）　Cole, I, p. 115.

98）　De Montchrétien, p. 23.

99）　コールの文章をみよ。Cole, I, p. 146 n. 6. ここで彼は，ボダンとほとんど同じ言葉を用いている。

100） De Montchrétien, p. 240.

101） De Montchrétien, p. 240.

102） De Montchrétien, p. 65. Perrot, pp. 64ff をみよ。N・パニーシは，主としてデ・モンクレティアンの詩的な作品に興味を覚えた。N. Panichi, *Antoine de Montchrétien. Il Circolo dello Stato.* Milan, Italy: Guerine 1989. また，Keohane, *Philosophy and the State in France*, pp. 163ff. をみよ。

103） Hutchison, p. 88.

104） M. Isenmann, 'War Colbert ein Merkantilist?' In: M. Isenmann (ed.), *Merkantilismus. Wiederaufnahme einer Debatte.* Stuttgart, Germany: Franz Steiner Verlag 2014.

105） リシュリューについては，以下をみよ。H. Hauser, *La Penseée et l'action economiques du Cardinal Richeliu.* Paris, France: Presses Universitaires de France 1944. また，Cole, I, ch. I などもみよ。

106） これ以上のことは，S. Reinert, *Translating Empire,* ch.3.

107） *Economistes Financiers du dix-huiteme siècle*, Geneva, Switzerland: Slatkine Reprints 1971, pp. 781ff.; J. Bouzinac, 'Les Doctrines Economiques au XVIIIme siècle. Jean-Francois Melon'. Diss, Université de Toulouse 1906, pp. 27ff.

108） M. Dutot, *Reflexions Politiques sur Les Finances et Le commerce* (1738). Reprinted in *Economistes financiers du dix-hutièmeme siecle.* Geneva, Switzerland: Slatkine Reprints 1971, p. 902.

109） J. F. Melon, *Essai politique sur le commerce* (1734). Reprinted in *Economistes financiers du dix-huitiéme siecle*, p. 669.

110） Melon, p. 703.

111） Melon, p. 707.

112） シュンペーターはこの解釈を否定する。Schumpeter, *History of Economic Analysis,* p. 293 をみよ。

113） Hutchinson, pp. 100ff.; G. Faccarello, *Aux orgines l'économie politique libérate: Pierre de Boisguilbert.* Paris, France: éditions anthropos 1986, e.g. pp. 35ff., 113ff. また，T. Horne, *The Social Thought of Bernard Mandeville: Virtue and Commerce in Early Eighteenth-century England.* London: Macmillan 1978 もみよ。

114） K. Marx, *A Contribution to the Critique of Political Economy* (1859).（武田隆夫訳『経済学批判』岩波文庫，1956 年）Chicago, IL: Charles H. Kerr & Company 1913, pp. 54f.

115） *Palgrave Dictionary: Cameralism.* 議論がより長いヴァージョンとして，以下をみよ。Lars Magnusson, 'Is Mercantilism a Useful Concept Still?'. In Moritz Isenmann (ed.), *Merkantilismus. Wiederaufnahme einer Debatte.* Stuttgart: Franz Steiner Verlag 2014.

116） W. Roscher, *Geschichte der National-Oekonomik in Deutschland.* Munich, Germany: R. Oldenbourg 1874, pp. 219f.

117） Schmoller, p. 76.

118）「官房学学派」に関する一般的な扱いとして，以下をみよ。A. Small, *The*

Cameralists. Chicago, IL: University of Chicago Press 1909; E. Dittrich, *Die deutschen und österreichischen Kameralisten.* Darmstadt, Germany: Wissenschaftliche Buchgesellschaft 1974; K. Zielenziger, *Die alten deutschen Kameralisten.* Jena, Germany 1914; G. Marchet, *Studien über die Entwicklung der Verwaltungslehre in Deutschland.* Munich, Germany 1885; W. Roscher, *Geschichte der National-Oekonomik in Deutschland.* Munich, Germany: R. Oldenbourg 1874; K. Tribe, *Governing Economy.* Cambridge, UK: Cambridge University Press 1988.

119） Small, *The Cameralists*, p. If.

120） Small, pp. viii, xiii, 3, 4.

121） Tribe, p. 11.

122） Wakefield, pp. 20f., 25.

123） たとえば，アリストテレスから18世紀の官房学に直接つながったという伝統的な枠組みを頑なにみていこうとしたアクセル・ニールセンのような旧タイプの学者をみよ。Axel Nielsen, in *Die Entstehung der deutschen Kameralwissenschaft im 17. Jahrhunderts* (1911). Frankfurt am Main, Germany: Verlag Sauer & Auber man 1966, pp. 63f.

124） Roscher, p. 237f.

125） 以下をみよ。J. Bruckner, *Staatswissenschaften, Kameralismus und Naturrecht.* Munich, Germany: Verlag C. H. Beck 1977, p. 29: ‘die innenpolitischen Sicherheit des Staates als Conservierung der landfurstlichen Hoheit’.

126） ポリツァイの概念に関する議論として，以下をみよ。Bruckner; P. Preu, *Polizeibegriff und Staatszwecklehre.* Göttingen, Germany: Verlag Otto Schwartz & Co 1983; K. Wolzendorff, *Der Poliziegedanke der modernen Staats* (1918). Aalen, *Germany:* Scientia Verlag 1964.

127） Wolzendorff, p. 14.

128） A. Tautscher, *Geschichte der deutschen Finanzwissenschaft bis zum Ausgang des 18. Jh.*, in *Handbuch des Finanzwissenschafl* (ed. by W Gerloff u F Neumark).
Tilbingen, Germany 1952, p. 411.

129） フルタイトルは，以下の通りである。*Johann Heinrich Gottlobs von Justi Staatswirtschafl, oder ung aller Oekonomischen undsystematische Abhandl oder ung aller Oekonomischen und Cameral-Wissenschaflen die zur Regierung eines Landes eifordert werden.* Leipzig, Germany 1755. 以下をみよ。E Nokkala, *The Political Thought of J.HG. von Justi.* Leiden, The Netherlands: Brill, forthcoming.

130） Cited from Small, p. 330.

131） Dittrich, *Die deutschen und osterriechischen Kameralisten*, p.105 をみよ。

132） J von Sonnenfels, *Grundsätze der Policey-, Handlung- und Finanz* (1765). 5th ed., 1787, vol. I, preface.

133） ガリアーニに関しては，95頁をみよ。

134） Schumpeter, p. 178ff., Hutchison, pp. 298f.

135） この二つに関して，以下をみよ。Hutchison, pp. J 7f., 254ff. 1588 年から，貨幣に関する論文で，ダヴァンツァーティは，「本質的を相互依存的な経済の性質」（p.17）と価格と価値の主観的起源を大きく強調した。モンタナーリ (1633-87) は，おおむねこの伝統に従った。モンタナーリにとって，「貨幣は欲望の測定方法であった……。商品価格は，それが不足していると上昇し，多すぎると低下した。……だが，絶対的なものではなく人びとのニーズ，欲望，評価によって変動した」(pp. 254f.)。

136） O. Langholm, *Price and Value in the Aristotelian Tradition.* Bergen, Norway: Universitetsforlaget 1979, p. 144.

137） Hutchinson, p. 299 からの引用。

138） Roscher, *Geschichte der National-Oekonomik in Deutschland*, pp. 183ff.

139） Roscher, pp. 187ff をみよ。

140） Roscher, pp. 190ff

141） T. Simon,'Merkantilismus und Kameralismus. Zur Tragfähigkeit der Merkantilismus Begriffs und seiner Abgrenzung zum deutschen Kameralismus'. In: M. Isenmann, *Merkantilisms* pp. 69, 77f. ジモンは，イングランドの商業指向の重商主義と生産指向の重商主義を区別する（後者は，ほぼ間違いなく，セッラ，デ・モンクレティアンとスペイン人を含んでいたはずだ)。

142） Roscher, pp. 219ff., 236f.

143） Roscher, pp. 219ff.

144） Roscher, p. 289.

145） ゼッケンドルフに関しては，Roscher, pp. 238ff.; Small, pp. 60ff をみよ。

146） Small, p. 69.

147） Small, p. 69.

148） Roscher,p. 241.

149） ゼッケンドルフは，2 冊目の本の *Der Christen Staat*（1685）で，国民の福祉に言及している。その言及については Roscher, p. 242 をみよ。だが，彼はまた諸侯国家の第 8 章で，福祉について論じている。

150） 本書に関するより長い記述として，Small, pp. 63ff をみよ。

151） Roscher, p. 247.

152） Roscher, p. 248.

153） Roscher, pp. 270f.

154） ベッヒャーについては，とくに以下をみよ。L. Sommer,'Die Österreichischen Kameralisten, II'. (Diss) Vienna, Austria 1925, pp.1-78; H. Hassinger,' J. J. Becher 1635-82. Ein Beitrag zur Geschichte der Merkantilismus'. (Diss.) Vienna, Austria 1951; Roscher, pp. 270ff.; Small, pp. 107ff.; Dittrich, pp. 58ff.

155） J. J. Becher, *Politische Discurs von den eigentlichen Ursachen des Auf- und Abnehmens der Städt, Länder und Republicken...* Frankfurt 1668, p. 50.

156） J. J. Becher,p. 44. 私はスモールの翻訳を使用した。Small, p. 113.

157） Becher, p. 77. Translation by Small, p. 114.

158） Becher, p. 2:'Je volckreicher ein Stadt ist,je mächtiger ist sie auch'.

159） スウェーデンに関しては，L. Magnusson, 'Mercantilism and reform mercantilism: The rise of economic discourse in Sweden during the eighteenth century'. *History of Political Economy,* vol. XIX: 3 (1987) をみよ。デンマークについては，K. G. -E. Oxenboell, *Studier i dansk merkantilisme*. Copenhagen, Denmark: Akademisk Forlag 1983 をみよ。

160） Becher, *Psychosophia oder Seelenweisheit* (1707) から Roscher, p. 278 に引用 .'Freiheit in Zu und Ausfuhr der Waaren, wenig oder keine Imposten darauf, dass sich ein Jeder mal erhrilichen nähren, wie er kann und weiss, und sich in Wohnung,Kleider und Trank möge seinen Willen nach betragen'.

161） Roscher, p. 278.

162） Becher, *Politische Discurs*, p. 25: 'Monopolium verhindert die Populosität, das Polypolium die Nahrung, das Propolium die Gemeinschaft'.

163） Roscher, pp. 277f.

164） Roscher, pp. 275f.

165） Becher,Politische Discurs, p. 2.

166） Roscher, p. 276.

167） たとえば，Dittrich, p. 58 をみよ。

168） Roscher, p. 289.

169） フォン・ヘルニクについては，以下をみよ。Sommer, II, pp. 124ff.; Roscher, pp. 287ff.; K. Zielenziger, 'P. W. von Hörnigk', *Encyclopedia of the Social Sciences*. New York: Macmillan 1951; Dittrich, pp. 66ff. もっとも最近の研究として，E. Reinert, *How Rich Countries Got Rich... and Why Poor Countries Stay Poor.* London & Constable 2007, pp. 95f., 313f.

170） P. W. von Hörnigk, *Oesterreich über alles wann es nur will* (1684). Leipzig, Germany 1707.

171） von Hörnigk, p. 25.

172） von Hörnigk, p. 32.

173） von Hörnigk, pp. 70, 222.

174） von Hörnigk, pp. 33ff.

175） Roscher, p. 292.

176） フォン・シュレーダーについては，以下をみよ。Sommer, II, pp. 79ff.; Small, pp. 135ff.; Marchet; Zielenziger, pp. 33ff.; Dittrich, pp. 62ff.; Roscher, pp. 294ff.

177） Roscher, p. 294.

178） Roscher, p. 294.

179） W. F. von Schröder, *Fürstliche Schatz- und Rent-Cammer.* 1686, ch.1.

180） Roscher, p. 295.

181） von Schröder, ch. xxix, p. 3: ‘Das Land wird so vie! reicher, als entweder aus der Erden, oder anderswoher Geld oder Gold in's Land gebraucht wird, uns so viel ärmer, als Geld hinausstauft’.

182） von Schröder, ch. xvii, p. 11:‘... durch die Verwecheselung des Geldes wird so viel Menschen die Nahrung multipliziert und Handel undWandel im Schwange behalten’.

183） von Schroder, ch. xiii.

184） このために，E. Dittrich の要約での発言は，記録に値しないように思われる（p. 124）。

185） 人口問題については，C. E. Stangeland, *Pre-Multhusian Doctorins of Dopulation* (1994). New York: Augustus M. Kelley 1966, pp. 187ff.

第３章　貿易差額説

1） B. Suviranta, *The Theory of the Balance of Trade in England. A Study in Mercantilism.* Helsingfors: Suomal.Kirjall Kirjap. O.y. 1923, pp. 135, 165 etc.

2） J. Viner, ‘English Theories of Foreign Trade before Adam Smith’. *Journal of Political Economy*, vol. XXXVIII: 3, 4 (1930), pp. 264ff.

3） Viner, p. 264.

4） これと異なる見解として，たとえば以下をみよ。A. Oncken, *Geschichte der National-ökonomie*, vol. I, Leipzig: Verlag von C. L. Hirschfeldt, 1920, pp. 154f.; P. J. Thomas, *Mercantilism and the East India Trade.* London: Frank Cass 1963, p. 3; J. Schumpeter, *History of Economic Analysis*. London: George Allen & Unwin 1972, p. 361.（東畑精一・福岡正夫訳『経済分析の歴史』岩波書店，全３巻，2005-06 年）; M. Bowley, *Studies in the History of Economic Thought*. London: Macmillan 1973, p. 24; M. Beer, *Early British Economics*. London: George Allen & Unwin 1938, pp. 190f.; W. H. Price ‘The origin of the phrase Balance of Trade’. *Quarterly Journal of Economics*, vol. XX (1905); F. Fetter, ‘The Term Favourable Balance of Trade’. *Quarterly Journal of Economics,* vol. XLIX (1935); S. Rashid, ‘The Interpretation of the "Balance of Trade": A Wordy Debate’. BEBR faculty working papers, no. 89-1538 (1989).

5） Suviranta, p. 116.

6） E. F. Heckscher, *Mercantilism*, vol. II. London: George Allen & Unwin 1955, p. 186.

7） Schumpeter, p. 361.

8） Viner, ‘English Theories of Foreign Trade before Adam Smith’ をみよ。

9） Schumpeter, p. 361.

10） C. Davenant, *An Essay Upon the Probable Methods of Making a People Gainers in the Ballance of Trade.* London: R. Horsfield 1699, p. 12.

11） C. Davenant, *Discourse on the Public Revenues and on Trade*, part 2, London: R. Horsfield 169. ここでは，*The Political and Commercial Works of that Celebrated Writer Charles D'Avenant* からの引用。vol. I, London: R. Horsfield 1771, p. 354.

12） W. Temple, *Observations Upon the United Provinces of the Netherlands* (1673). Cambridge, UK: Cambridge University Press 1932, p. 141.

13） C. Fortrey, *England's Interest and Improvement*. London: Nathanael Brook 1673, p.7.

14） N. Barbon, *A Discourse Concerning Coining the New Money Lighter*. London: Robert Chiswell 1696, pp. 48f.

15） 以下を参照せよ。Christine MacLeod, 'Henry Martin and the authorship of Considerations upon the East India Trade'. *Historical Research*, vol. 134 (November 1983).

16） Unkown author, *Considerations on the East-India Trade*. London 1701, p. 11.

17） W. Wood, *A Survey of Trade*. London: W. Hinchliffe 1718, pp. 1f. また，T. Papillon cited by J.A. Schumpeter, pp. 361f. をみよ。

18） T. Mun, *A Discourse of Trade*. London: Nicholas Okes for John Pyper 1621, p. 49.

19） Mun, *England's Treasure by Forraign Trade,* pp. 71f.（渡辺源次郎訳『外国貿易によるイングランドの財宝』東京大学出版会，1965 年）

20） P. Chamberlen, *The Poore Man's Advocate*. London: Giles Calvert 1649, p. I. ここで，' Poore' とは，「労働者 laboures」を指し，「貧しい人びと」のことではない。

21） Schumpeter, p. 362.

22） 同様の観点として，Rashid, 'The Interpretation of the Balance of Trade' p.6 をみよ。

23） *Britannia Languens*, pp. 446, 458.

24） Mun, *A Discourse of Trade,* pp.49f.

25） L. Roberts, *The Treaure of Traffike*, p. 7.

26） たとえば，以下をみよ。S. Foltrey, p. 7; C. Davenant, *An Essay Upon Ways and Means*. London: Jacob Tonson 1695. ここでは，*Works*, I, pp. 1f からの引用。C. Davenant, *An Essay Upon the Probable Methods of Making a People Gainers in the Ballance of Trade,* pp. 12f; Mun, *England's Treasure*, p. 7.

27） Roberts, p. 6.

28） M. Postlethwayt, *Britain's Commercial Interest Explained and Improved,* vol. I, London: A Millar et al. 1757, p. 1.

29） S. Johnson, *A Dictionary of the English Language*, vols. I-II, London: Longman 1827.

30） W. Petty, 'A Report from the Council of Trade'. In: C. H. Hull (ed.), *The Economic Writings of Sir William Petty,* vol. I (1899). Fairfield, NJ: Augustus M. Kelley, p. 213.

31） E. Misselden, *The Circle of Commerce,* London: John Dawson for Nicholas Bourne 1623, p. 117; J. Child, *A New Discourse of Trade*. London: John Everingham 1693, pp. 135f.（杉山忠平訳『新交易論』東京大学出版会，1967 年）; Mun, *England's Treasure*, p. 14; Barbon, *A Discourse Concerning Coining the New Money Light*er, p. 46 (…bullion… which is treasure…); Mun, *A Discourse of Trade*, pp. 2, 17, 22, etc.; *Britannia Languens*, pp. 390, 416, etc.; J. Cary, *An Essay Towards Regulating the Trade and Employing the Poor of this Kingdom*. London: Susanna Collins 1717, introduction.

32） マンと同様である。Mun, *A Discourse of Trade*, pp. 21, 56.

33） *Britannia Languens*, p. 416.

34） *The British Merchant*, London 1721, pp. 21, 28.

35） Mun, *A Discourse of Trade*, pp. 39f.; J. Pollexfen, *A Discourse of Trade and Coyn*. London: Brabazon Aylmer 1697, p. 60; J. Cary, *An Essay Towards Regulating the Trade and Employing the Poor*, p. 2; M. Decker, *An Essay on the Causes of the Decline of the Foreign Trade* (4th ed.), London 1751, pp. 7f.; *Britannia Languens,* pp. 30lf.

36） Davenant, *An Essay Upon the Propable Methods of Making a People Gainers in the Balance of Trade*, pp. 140f.; Temple, *Observations*, p. 141; W. Wood; Barbon, *A Discourse Concerning Coining the New Money Lighter,* p. 35; D. Hume, *Political Discourses*. Edinburgh: R. Fleming 1752, pp. 15ff.（田中秀夫訳『政治論集』京都大学学術出版会, 2010 年）

37） Barbon, *A Discourse Concerning Coining the New Money Lighter,* p. 35.

38） Child, *A New Discourse of Trade,* p. 135.

39） Mun, *A Discourse of Trade*, pp. 22, 40.

40） Postlethwayt, pp. 3f.

41） D. North, *Discourses Upon Trade.* London: Thos Basset 1691, p. 15. これについては, Rashid, ‘The interpretation of the balance of trade’ もみよ。

42） Schumpeter, pp. 340ff., 352ff

43） Viner, ‘English Theories... ’, pp. 448f

44） Davenant, *An Essay Upon the Probable Methods...,* pp. 140f.

45） J. Gee, *The Trade and Navigation of Great Britain* (1729), Cited from the 4th ed., 1738, pp. 182f.

46） J. Gee, *The Trade and Navigation of Great Britain* (1729), Cited from the 4th ed., 1738, pp. 182f.

47） Gee, pp. 182ff'.

48） Suviranta, p. 21 からの引用。

49） W. S (Sir Thomas Smith), *A Discourse of the Common Weal of England* (1581). Cambridge, UK: Cambridge University Press 1893.

50） C E. Suprinyak, 'Trade, Money and the Grievances of the Commonwealth: The Economic Debates in the English Publi Sphere during the Commercial Crisis in the Early 1690's'. Econpapers, repec. org

51） Beer, *A History of Early British Economics,* p. 138. 注 50 もみよ。

52） Price op. cit. また， 以下も参照。A. Finkelstein*, Harmony and the Balance. An Intellectual History of Seventeenth-Century English Economic Thought*. Ann. Arbor: The University of Michigan Press 2000, pp. 89f.

53） *Decay of Trade; A Treatise Against the Abating of Interest*. London: John Sweeting 1641, pp. 1f.

54） Postlethwayt, II, p. 382.

55）　Viner, p. 271.

56）　Mun, *England's Treasure by Forraign Trade*, p. 12.

57）　Mun, p. 69.

58）　Mun, p. 68.

59）　Viner, p. 272.

60）　*Britania Languens*, pp. 187f.

61）　*Britannia languens*, p. 101.

62）　この表現は，すでに W. S（Sir Thomas Smith）, *A Discourse of the Common Weal of England*（1581）,（ed. E. Lamond). Cambridge, UK: Cambridge University Press 1893, pp. 86f. で使われていたが，1549 年に書かれたことはほぼ間違いないこのパンフレットの著者が誰かという議論については，M. Dewar in 1969 の版をみよ。

63）　151 頁をみよ。

64）　*Britannia Languens,* p. 187.

65）　W. Potter, *The Trades-Man's Jewel.* London: Edward Husband and John Field 1650, p. 1

66）　明確にこのような主張をしたのは，たとえば，M. Dobb, *Studies in the Development of Capitalism.* London: Routledge & Kegan Paul 1967.

67）　152 頁をみよ。

68）　Viner, p. 283.

69）　Misselden, *The Circle of Commerce*, p. 51.

70）　Mun, *England's Treasure,* p. 8.

71）　Davenant, 'An Essay Upon the East India Trade', *Works*, p. 99.（田添京二・渡辺源次郎訳）『東インド貿易論』東京大学出版会，1966 年）

72）　たとえば，以下をみよ。J. Vanderlint, *Money Answers All Things.* London: To Cox 1734, p. 16（浜林正夫・四元忠博訳『貨幣万能』東京大学出版会，1977 年）; Author unknown, *A Discourse Consisting of Motives for the Enlargement of Trade.* London: Richard Rowtell 1645, p. 25; Decker, pp. 31, 40, 48 etc. さらに，より多くの事例を示す Viner, p. 282 をみよ。

73）　Locke, *Some Considerations of the Consequences of the Lowering of Interest and the Raising the Value of Money*. London: Printed for Awnsham and John Churchill, at the Black Swan inPater-Noster-Row,1691, p. 47.（田中正司・竹本洋訳『利子・貨幣論』東京大学出版会，1978 年）

74）　Bowley, *Studies*, p. 24 の議論をみよ。これは，ロックがのちに，地金の流入は貿易条件を良好にするので，国にとって有益だという見解を支持するようになったかどうかということである。完全にそうなったということは明らかだ。たとえば，Locke, *Some Considerations*, p. 79 をみよ。ここでロックは，貨幣のストックが減少することを論じた。彼がいうに，その帰結は，「外国商品と国内の商品を交換するときに，貨幣が豊富な国よりも 2 倍の額を支払うのである」。

75）　Misselden, *Free Trade or the Meanes to Make Trade Flourish*. London: I Legatt for

Waterson 1622, p. 107.

76） Fortrey, p. 27.

77） また，以下をみよ。A. E. Munroe, *Monetary Theory before Adam Smith.* Cambridge, MA: Harvard University Press, 彼は，ロック以前の「イングライドの著述家」は，貨幣数量説を採用していたことを否定した。しかしヴァイナーが主張したように，この説が正しくないことが確かなのは，貨幣数量説をあまりに厳格に定義していたからである。Viner, p. 288 をみよ。

78） W.S. *A Discourse of the Common Weal of England*, p. 71 をみよ。

79） Mun, England's Treasure, p. 17.

80） *Britannia Languens*, p. 8.

81） Locke, pp. 77f.

82） Beer, *Early British Economic*s, p. 189.

83） この解釈は，ベール以外に，たとえば Viner, p. 284 and Heckscher, JI, pp. 209ff によって示唆された。

84） たとえば，以下をみよ。Davenant, *An Essay Upon the Probable Methods*, p. 8; and J. Cary, *An Essay on the Coyn and Credit of England as they Stand with Respect* to its Trade. Bristol 1696, p.1.

85） F. Bacon, *Essays, Moral, Economical and Political*. Warwick, UK: R Spemmel 1882.

86） Postlethwayt, II, p. 384.

87） J. Pollexfen, *England and East India Incons1stent m their Manufacture.* London, 1692, pp.47f.

88） Decker, p. 173

89） Locke, p. 30.

90） Locke, p. 40.

91） Mun, *England's Treasure,* pp. 16f.

92） W. Petty, *Verbum Sapienti* (1691). ここでは，*The Economic Writings of Sir William Pet-ty,* part I, p. 113 からの引用。また，以下をみよ。W Petty, *A Treatise of Taxes & Contributions* (1662). ここでは，*The Economic Writings of Sir William Petty,* part I, p.35 からの引用。

93） W. Petty, *The Political Anatomy of Ireland* (1691).（松川七郎訳『アイァランドの政治的解剖学』岩波書店，1951 年）ここでは，*The Economic Writings*, I, pp. 192ff からの引用。

94） *Britannia Languens*, p. 8.

95） J. D. Gould, ‘The Trade crisis of the Early 1620's and English Economic Thought’. *Journal of Economic History*, vol. (1955).

96） Mun, *England's Treasure*, pp. 17f.

97） Gould, p. 131.

98） マカロックによれば，この論考は，「おそらく」1630-35 年のあいだに書かれた。*A*

Select Collection of Scarce and Valuable Tracts on Money (ed. McCulloch) London: Political Economy Club 1861. p.vi をみよ。

99）　R. Vaughan, *A Discourse of Coin and Coinage.* London: Th Dawks for Th Basset 1675. Reprinted in *A Select Collection of Scarce and Valuable Tracts on Money*, p. 37ff. また pp. 68ff をみよ。

100）　Vanderlint, p. 150. また pp. 155, 160ff をみよ。

101）　この結論は，これ以前のヴァンダーリントの文献からは引き出されなかったようである。たとえば，T・ハッチンソンはヴァンダーリントを重商主義者でもあり，自由貿易主義者でもあり，重農主義者（!）でもあると考えたので，ヴァンダーリントについて完全に混乱した見解をもっていた。Hutchison, *Before Adam Smith*, p. 129 をみよ。

102）54-55 頁をみよ。

103）　Potter, *The Trades-Mans Jewel*. Ann Arbor, MI: Edward Husband and John Field 1650. Title page.

104）　Heckscher, II, p. 200.

105）　Postlethwayt, II, p. 382.

106）　54-55 頁をみよ。また，L. Herlitz, 'The Concept of Mercantilism'. *Scandinavian Economic History Review*, vol. XII (1964), p. 116 をみよ。

107）　資料化については，Viner, pp. 293 をみよ。

108）　また，以下をみよ。E.A. Johnson, *Predecessors of Adam Smith.* New York: Prentice Hall 1937, p. 78, 彼は，この文脈で「金融資本」について論じたが，この時代に前貸問屋制の内部で普及していた信用の取り決めについての言及は，より正確に類推していた。

109）　Mun, *England's Treasure,* p. 15.

110）　Mun, *A Discourse of Trade*, p. 25

111）　Mun, *England's Treasu*re, p. 21.

112）　同様の見解として，Johnson, *Predecessors*, p. 79 をみよ。

113）　Mun, *England's Treasure,* p. 5.

114）　Locke, *Some Considerations of the Consequences of the Lowering of Interests,* p. 25.

115）　1757 年になっても，ポスルスウェイトは，このことについて，言及していた。Postlethwayt, I, p. 22 をみよ。

116）　A. Serra, *A Short Treatise on the Wealth and Poverty of Nations* (1613) (ed. and trans. S. Reinert). London: Anthem Books 2011, p. 139.

117）　Johnson, *Predecessors,* ch. XV.

118）　Wood, pp. 84f.

119）　*The British Merchant*, pp. 22f.

120）　この「理論」がもっとも精緻化したのは，J. Steuart, *An Inquiry into the Principles of Political Œconomy,* book Ⅱ , chapter Ⅹ *The Works Political, Metaphysical and Chronological of the Late Sir James Steuart,* vol. I, London: T. Cadell and W. Davies 1805,

pp. 289ffであった（小林昇監訳『経済の原理』第1・2篇，名古屋大学出版会，2003年）。また，E. A. Johnson, pp. 308ffをみよ。

121） 以下をみよ。J. Pollexfen, *A Discourse of Trade and Coyn*. London 1697, pp. 3, 5ff. 同時に，彼はこのようにいっていた。「われわれの製品はわが国民の労働によって改良されると，国民の毎年の収入になる（preface, p. 3)」。同時に，この著者がこの「近代的な」原理に固執し，貿易差額説を擁護するという事実は，この問題全体が複雑であり，このドグマの普及が「いくつかの」簡単な公式で説明できるものではないということを意味する。

122） J. Cary, *An Essay Towards Regulating the Trade and Employing the Poor of This Kingdom*. London: S. Collins for Sam Mabbat 1717, pp. 84f. m 1717年から，この版は，彼がすでに1695年に出版したものとほとんど同じである。J. Cary, *An Essay on the State of England in Telation to its Trade, its Poor, and its Taxes for Carrying on the Present War against France*. Bristol 1695.

123） Cary, *An Essay Towards Regulating the Trade*, dedication.

124） Cary, p. 11.

125） Cary, p. 2.

126） *The British Merchant,* vol. I (1721), p. vii.

127） *The British Merchant* に関する議論として，E. A. Johnson, *Predecessors of Adam Smith*, pp. 142ffをみよ。

128） *The British Merchant*, I, pp. 4f.

129） *The British Merchant*, I, p. 23.

130） Op. cit., p. 24.

131） Op. cit., pp. 35f.

132） *The British Merchant*, I, p. 37.

133） Postlethwayt, p. 368

134） Wood, *A Survey of Trade*. London 1718, p. 84.

135） Gee, *The Trade and Navigation of Great Britain,* p. 193.

136） この見解は，たとえば，A・スキナーによって攻撃をされた。スキナーは，ステュアートの考え方，とくに経済発展に関する彼の考え方がスコットランド啓蒙主義者と似ているということを指摘する。また，A. Skinner, ‘James Steuart’, *Economic History Review*, 2nd ser., vol. XV (I962-3), p. 439をみよ。また，以下をみよ。S. R. Sen, *The Economics of Sir James Steuart.* London: G Bell & Sons 1957. ステュアートに関する異なった解釈として，R. Tortajada (ed.), *The Economics of James Steuart*. London: Routledge 1999をみよ。

137） J. Steuart, *An Inquiry into the Principles of Political Economy.* 1767. ここでは，J. Steuart, *Works*, vol. II, London 1805, p. 2からの引用。

138） Steuart, I, p. 310.

139） Steuart, II, p. 115.

140）　J・S・ミルと幼稚産業の議論については，D.A. Irwin, *Against the Tide. An Intellectual History of Free Trade.* Princeton, NJ: Princeton University Press 1996, particularly pp. 128fをみよ。

141）　Steuart, II, p. 117.

142）　Steuart, II, p. 128.

143）　Steuart, I, p. 299.

144）　*Palgrave's Dictionary of Political Economy*, Ⅰ.

145）　Decker, *An Essay on the Causes of the Decline of the Foreign* Trade, p. 7.

146）　Decker, p. 7.

147）　Decker, p. 8.

148）　Decker, p. 48.

149）　Op. cit., p. 49.

150）　Op. cit., p. 105.

151）　以下をみよ。D. Vickers, *Studies in the Theory of Money 1690-1776.* Philadelphia & New York: Chilton Company 1959.

152）　ヴァンダーリントが多すぎる人口に対して否定的な態度をとったことは，この当時としてはきわめて例外的であり，注目に値する。Vanderlint, *Money Answers All Things,* p. 17をみよ。また，C.E. Stangeland, *Pre-Malthusian Doctrines of Population* (1904). New York: Augustus M. Kelley 1966, chs 7-8をみよ。最近に出された概観として，T. McCormick, 'Population: Modes of Seventeenth-Century Demographic Thought'. In: P. Stem & C. Wennerlind (eds.), *Mercantilism Reimagined. Political Economy in Early Modern Britain and its Empire.* Oxford: Oxford University Press 2013.

153）　たとえば，グランプの立場については，63頁をみよ。

154）　Child, *A New Discourse of Trade*, pp. 156f.

155）　とりわけ，Decker, pp. 8f.

156）　Barbon, *A Discourse Concerning Coining the New Money Lighter*, p. 35.

157）　266頁をみよ。

158）　D・ノースの *Dictionary of National Biographies* と *Palgrave's Dictionary on Political Economy* の記述をみよ。

159）　D. North, *Discourses Upon Trade*, p.25.

160）　North, preface.

161）　J. Harris, 'An Essay Upon Money and Coins, I'. In: J. R. McCulloch (ed.), *Old and Scarce Tracts of Money*, p. 390.

162）　D. Hume, 'On the Balance of Trade' (1752). In his Essays. *Moral. Political and Literary*. Indianapolis, IN: Liberty Fund 1985, part 2, ch. 5,.

163）　Hume, p. 311.

164）　266頁をみよ。

165）　Vanderlint, *Money Answers All Things*, p. 51.

166） I. Gervaise, *The System or Theory of the Trade of the World* (1720). Reprint Baltimore 1954, p. 7. ヴァイナーは，「はじめに」で，われわれは「豊か」ということで，消費者を理解し，「貧しさ」ということで生産者として理解されるべきだと示唆する。

167） L. Magnusson, *A Tradition of Free Trade.* London: Routledge 2004, ch. 2 の議論をみよ。

第4章　1620年代の論争

1） J. D. Gould, 'The Trade Crisis of the Early 1620s and English Economic Thought'. *Journal of Economic History*, vol. XV: 2 (1955), p. 133. 同書が「1626年中頃か1630年後半のあいだに，この時代の前半に肯定的な見方をするという明らかな前提」で書かれたらしいという理由に関する説得力のある議論として，J. D. Gould, 'The Date of England's Treasure by Forraign Trade'. *Journal of Economic History*, vol. XV (1955) , pp. 160f をみよ。1620年代に出版されなかった理由に対する回答としては，M. Beer, *Early British Economics from the XIIIth to the Middle of the XVIIIth Century.* London: George Allen & Unwin 1938, p. 182. ベールは，その答えは，貨幣輸出に関する微妙な問題を惹起したからだと推測する。金輸出禁止が1663年になくなったことは，全くの偶然であったのか。けれども，マンが最初の小冊子（*A Discourse of Trade*）を現実に1621年に上梓しており，東インド会社の地金輸出権について論じていたのか。それが同じくらい微妙な問題ではなかったのはなぜか。

2） T. Mun, *England's Treasure by Forraign Trade* (1623) New York: Augustus M.Kelley 1986, p. 81.（渡辺源次郎訳『外国貿易によるイングランドの財宝』東京大学出版会，1965年）

3） 概観としては , P. J. Thomas, *Mercantilism and the East India Trade*. London: P. S. King & Son 1926 をみよ。

4） Thomas, pp. 8ff., 24, 37ff., 5lff.

5） Mun, pp. 40f.

6） 'Advice of His Majesty's Council of Trade Concerning the Exportation of Gold and Silver in Foreign Coind and Bullion'. In: J. R. McCulloch (ed.), *A Select Collection of Scarce and Valuable Tracts on Money.* London: Political Economy Club 1856, pp. 148f.

7） この違いはきわめて大きいが，C . Wennerlind, *Casualties of Credits: The English Finan-cial Revolution 1620-1720.* Cambridge, MA: Harvard University Press 2011, p. 32 における1620年代初頭のパンフレットでの論戦の解釈においても，M. Poovey, *A History of the Modern Fact.* Chicago, IL: University of Chicago Press 1998, p. 66 においても，過小評価されている。

8） B. Supple, *Crisis and Change in England 1600-1642*. Cambridge, MA: Cambridge University Press 1959, p. 198.

9） E. Lipson, *The Economic History of England*, vol. Ill, London: A & C Black 1934, p. 305.

10） Lipson, p. 306.

11） Acts of Privy Council of England (A.P.C.) 1619-21, 26.5. 1620. British Library (BL).

12） A.P.C. 1621-3, 17.5.1622. BL

13） これらの委員会の仕事とその議論を完全に表したものとして，以下をみよ。C. E. Suprinyak, 'Trade, Money and the grievances of the commonwealth: Economic Debates in the English Public Sphere during the Commercial Crisis of the Early 1620's'. (Texto Para Discussão No. 4, 2011). 彼はまた，危機以前における広幅毛織物の危機的状況の悪化と，海外への毛織物輸出に失敗した，いわゆるコケイン企画についても指摘している。また，A. Friis, *The Alderman Cockayne's Project and the Cloth Trade. The Commercial Policy of England in its Main Aspects, 1603-25.* London: Humphrey Milford 1927. 概観として，R. Brenner, *Merchants and Revolution. Commercial Change, Political Conflict, and London's Overseas Traders 1560-1653.* London: Verso 2003, ch. V をみよ。

14） T. Mun, *A Discourse of Trade.* (1621), New York: Augustus M. Kelley 1971, pp. 50f.

15） Add. MSS 34324 fol.181 (BL).

16） Supple, *Commercial Crisis and Change in England 1600-1642*, p. 59ff. また，Lipson, III, pp. 307f をみよ。

17） 以下をみよ。W. R. Scott, *The Constitution and Finance of English, Scottish and Irish Joint Stock Companies to 1720*, vol. I-III, Cambridge, UK: Cambridge University Press 1912; A. Friis, *Alderman Cockayne's Project and the Cloth Trade. The Commercial Policy of England in its main Aspects, 1603-1625,* London, UK, Oxford University Press, 1927. また，E. Lipson, III, p. 381 をみよ。議論についての概観としては，以下をみよ。Supple, *Commercial Crisis and Change in England,* chs 2, 3, and R. W. K. Hinton, *The Eastland Trade and the Common Weal*, Cambridge, UK: Cambridge University Press 1959, pp. 12ff. 本章の注 12 をみよ。.

18） E. Misselden, *The Circle of Commerce or the Balance of Trade* (1623). New York: Augustus M. Kelley 1971, p. 51

19） 新毛織物の出現については，以下をみよ。Supple, pp. 136f.; F. J. Fisher, 'London's Export Trade in the Early Seventeenth Century', *Economic History Review*, 2nd ser., vol. III: 2 (1950).

20） Supple, p. 74. また，J. D. Gould, 'The Trade Depression of the Early 1620s'. *Economic History Review*, 2nd ser., vol. VII: I (1954); and B. Supple, 'Currency and Commerce in the Early Seventeenth Century'. *Economic History Review*, 2nd ser., vol. X: 2 (1957) をみよ。

21） J. D. Gould, 'The Trade Depression of the 1620s', p.90.

22） Suprinyak.

23） Add Mss 34324 fol. 155, 169, 171. British Library.

24） A.P.C. 1621-3. 10.4. 1622. これについては，Supple, pp. 66ff., 198ff., 268ff をみよ。

25） Supple, pp. 204f をみよ。また，Add Mss 34324 fols 153-4. BL をみよ。

26） A.P.C. 1621-3, p. 27. BL.

27） Suprinyak.

28） このような，マンと彼のグループと，マリーンズと彼のグループが出版しなかった論考については，Add Mss 34324 fols 153-78. BL をみよ。他の重要な未刊行の素材については，サンダーソンが覚書を書いている。 Sanderson, ‘A Treatise on the Exchange’, Lans. Mss, 768. BL. より完全な説明として，Supple, pp. 202ff., 268ff. と Suprinyak をみよ。

29） R. Maddison, *England's Looking in and out*. London: T. Badger for H. Mosley 1640, pp. 5f., 11.

30） Add MSS fol. 165. BL

31） Add MSS fol. 165. BL.

32） Add MSS fol. 154. BL.

33） W. A. Shaw, *The History of Currency 1252-1894*. London: Wilson and Milne,1895, p. 145; Supple, *Commercial Crisis and Change in England.*

34） 10-11 頁をみよ。

35） E. Misselden, *Free Trade or the Meanes to Make Trade Flourish*, p. 104 をみよ。

36） Add MSS fol. 167. マンのグループの見解に対して，スプリンヤクは，ミドルセックス伯であり，1620 年代初頭に財務府総監 L・クランフィールドの影響を強調する。

37） Add MSS fol. 165. BL.

38） Add MSS fol. 169. BL

39） Add MSS fol. 155. BL.

40） この点は，スプリンヤクによって強調された。

41） R. Cotton, ‘A Speech made by Sir Robert Cotton, knight and baronet, Before the Lords of his Majesties most Honourable Privy Council at the Council Table’(first published in 1651). In: W. A. Shaw (ed.), *Select Tracts and Documents. Illustrative of English Monetary History.* London: Clement Wilson 1896.

42） いくつかの情報については，A. Finkelstein, *Harmony and the Balance. An Intellectual History of Seventeenth-Century English Economic Thought.* Ann Arbor: University of Michigan Press 2000, ch. 3 をみよ。

43） E. A. Johnson, *Predecessors of Adam Smith. The Growth of British Economic Thought.* New York: Prentice-Hall Inc. 1937, pp. 58f.

44） J. Wheeler, *A Treatise of Commerce, wherein are Shewed the Comodities Arising by a Well Ordered and Ruled Trade.* Middelburgh, UK: n.p. 1601, pp. 25f.

45） Wheeler, p. 28.

46） これについては，Lipson, III; Johnson, pp. 43f., 58f.; Supple, *Commercial Crisis and Change in England*; Friis をみよ。

47） Johnson, pp. 61f.; *Palgrave's Dictionary of Political Economy.* London & New York: Macmillan 1894 をみよ。

48） Misselden, p8.

49） Misselden, pp. 10f

50） Misselden, p. 104.

51） Misselden, p. 107.

52） Misselden, p. 104.

53） Misselden, p. 12.

54） Misselden, p. 20.

55） Misselden, p. 17.

56） Misselden, p. 89.

57） E. Misselden, *The Circle of Commerce or the Balance of Trade*, pp. 4, 14, 26, 23, 29. 正確には，マリーンズが複写したと考えられる「貨幣と為替」に関する「古い文書」について言及している。ド・ローファーが指摘するように，この文書はおそらくグレシャムが書いた（Raymond de Roover, *Gresham on Foreign Exchange.* Cambridge, MA: Harvard University Drees, pp. 12ff.）。しかし，マイルズは，ミッセルデンのテキストで名前が言及されている。

58） セリグマンの見方は，この観点に近い。E. Seligman, *Curiosities of Early Economic Literature.* San Francisco 1920, pp. viii ff.

59） 異なる意見については，A. Finkelstein, *Harmony and the Balance*, p. 54, をみよ。だが，ミッセルデンは特定の利害関係（マーチャント・アドヴェンチャラーズ）に対して党派的に動いたという彼女の論拠は，彼女自身の主張の裏づけにはなっていない。彼女の主張は正しいかもしれないが，ミッセルデンがいったのは主要な利益であり，さらには，彼女の主張は，地金輸出に対するミッセルデンの見解についてではない。とくに，以下をみよ。 Misselden, *The Circle of Commerce*, pp. 36f., ここで彼は，東インド会社に対するマンの分析とディッジズの防戦を称揚した。.

60） Misselden, *The Circle of Commerce*, p. 21.

61） Misselden, p. 69.

62） Misselden, p. 117.

63） A.Serra, the‘Cambrese’, p. 64, をみよ。

64） Misselden, p. 116.

65） Misselden, p. 130.

66） Misselden, p. 36.

67） Finkelstein, pp. 62f. ミッセルデンが新しい事柄に対応していたということを否定する彼女の論拠は，主として彼の最初のパンフレットである *The Maintenance of Free Trade* からえられたものであり，ミッセルデンが新思想を述べた２冊目の本ではないことに注意せよ。17 世紀の「自由貿易」の概念については，L. Magnusson, ‘Freedom and Trade : From Corporate Freedom and Iealousy of Trade to a Natural Liberty’. *Keio Economic Studies. Vol. XLLX (2013)* をみよ。

68） J. Mun's introduction to T. Mun, *England's Treasure by Forraign Trade.* また，Finkelstein, pp. 75f. をみよ。

69） T. Mun, pp. 17. これについては，R. de Roover, ‘Thomas Mun in Italy’ . vol. XXX

(1957), pp. 81f. をみよ。もし，ド・ローファーが 1596-98 年のイタリアでマンの時代を正しくみていたなら，確実に，セッラによって影響はされなかったであろう。しかし，すでにみたように，同じような見解を形成したイタリア人もいたのである。

70） マンに関するこれ以上の情報は，*Dictionary of National Biographies* にある。

71） T. Mun, *A Discourse of Trade From England Unto the East Indies.* タイトルページをみよ。

72） Wheeler, *A Treatise of Commerce.*

73） Mun, *A Discourse of Trade*, p. I.

74） Mun, p. 2.

75） Mun, p. 27.

76） Mun, p. 22.

77） Mun, p. 49.

78） Finkelstein, pp. 74f.

79） これについては，たとえば，以下をみよ。D. K. Foley, *Adam's Fallacy. A Guide to Economic Theology.* Cambridge, MA: The Belknap Press of Harvard University Press 2006.

80） Mun, *England's Treasure by Forraign Trade,* p. viii.

81） Mun, p. 5.

82） Mun, p. 16.

83） Mun, p. 17.

84） Mun, p. 39.

85） Mun, p. 41.

86） Johnson, pp. 12ff などをみよ。

87） G. J. Goschen, *The Theory of Foreign Exchanges.* London 1866,p.11.

88） Mun, *England's Treasure by Forraign Trade,* p. 55.

89） Mun, p. 73.

90） Mun, p. 75.

91） Misselden, *The Circle of Commerce,* p. 118.

92） Supple, *Commercial Crisis and Change,* p. 215. 同種類の発言をした別の人物として，Johnson, *Predecessors of Adam Smith* および，J. O. Appleby, *Economic Thought and Ideology in Seventeenth Century England.* Princeton: Princeton University Press 1978, をみよ。

93） Misselden, p. 21.

94） Misselden, p. 62.

95） Mun, p. 105.

96） Mun, p. 62

97） Add MSS fol. 155.

98） Misselden, p. 29.

99） Mun, p. 87.

100） Mun, *A Discourse of Trade*, p. 8. また，Misselden, *The Circle of Commerce,* p. 51, をみよ。

101） J. Viner 'English Theories of Foreign Trade before Adam Smith'. *Journal of Political Economy*, vol. XXXVIII (1930), p. 420.

102） J. D. Gould, 'The Trade Crisis of the Early 1620's and English Economic Thought'. *Journal of Economic History*, vol. XV (1955), pp. 127ff. をみよ。

103） Mun, p. 17

104） これを明確な観点として形成したのは，J. O. Appleby, *Economic Thought and Ideology* である。

105） ベーコンと彼の経済学の言説への影響に対するより最近の研究として，Finkelstein, *Harmony and the Balance,* pp. 89f および T. Leng, 'Epistemology. Expertise and Knowledge in the World of Commerce'. In: P. J. Stern and C. Wennerlid (eds), *Mercantilism Reimagined. Political Economy in Early Modern Britain and its Empire.* Oxford: Oxford University Press 2014.

106） C・ヴァンナーリントは，ハートリブ・サークルとペティのような17世紀後半の経済学者のあいだにこのような関係があると主張する。しかし，ハートリブ・サークルはプロイセンからの移民であるサミュエル・ハートリブがロンドンに来るまでは存在したはずがない。だが，それ以前においてさえ，ベーコンの考え方は，明らかに広く読まれたミッセルデンやマンにまで広まっていたかもしれない。C. Wennerlind, 'Hartlibian Political Economy and the new Culture of Credit'. In: Stern and Wennerlid, *Mercantilism Reimagined,* p. 77.

107） Misselden, pp. 8ff., 11,

108） Finkelstein, chs 2-

109） 概観として，R. W. Church, *Bacon*. London 1884 および P. M. Urbach, *Francis Bacon's Philosophy of Science.* Peru, IL: Open Court 1987 をみよ。また，以下を参照せよ。S. Shapin, *A Social History of Truth: Civility and Science in Seventeenth-Century England.* Chicago, IL: University of Chicago Press 1994, さらに M. Poovey, *A Histo1y of the Modern Fact.*

110） Misselden, p. 72.

111） J. M. Robertson (ed.), *The Philosophical Works of Francis Bacon.* London: Routledge 1905, p. 271.

112） Mun, *A Discourse of Trade,* p. 49.

113） Misselden, *Free Trade*, introduction.

114） Mun, p. 49.

115） この点については，以下をみよ。M. Beer, *Early British Economics.* London: Allen & Unwin 1938,pp. 136ff.

116） G. Malynes, *Canker of England's Common Wealth*, p. 2.

117） Beer, p. 138. クランフィールドについては，195頁，および209頁をみよ。

118） Spedding, Ellis, Heath (eds), *Works of Francis Bacon*, vol. XIII, London: Longmans 1872, p. 22.

119） 支払い差額＝国際収支の概念の起源については，たとえば，W.H. Price, 'The origin of the phrase "Balance of trade"'. *Quarterly Journal of Economics,* vol. XX (1905); *Palgrave's Dictionary of Political Economy*, vol I, London 1894.

120） これについては，なかんずく，Finkelstein, ch. 7 and the following.

121） G. N. Clark, *Science in the Age of Newton*, Oxford: Oxford University Press 1947, p. 119. L. Sommer, *Die Österreichischen Kameralisten,* vol. I, Vienna 1920, pp. 89ff. また，E. F. Heckscher, *Mercantilism,* vol. II, London: George Allen & Unwin 1955, pp. 308ff をみよ。

122） とくに，L. Sommer, *Die Österreichischen Kameralisten*, I, 'Vorstellung eines mechanischen Kräftespiel' のような先駆的業績によれば，問題は，同額の原理と関係している。それはガリレオを起源とし，ニュートンに至った (p. 75)。

123） これについては，とくに Sommer をみよ。

124） de Roover, *Gresham on Foreign Exchange*, pp. 275ff. をみよ。

125） 1620 年代の不況の重要性を全く正しく強調するが，ミッセルデンやマンの作品を，単に現実の出来事の反映にすぎないと多くの人が考えているが，それは一般的に間違いである。しかし，これらの出来事が，多くの点でそれが彼らの解釈のフレームワークを形成したことを現実に除外するものではない。われわれがみたように，言語は他との関係ではじめてなりたつものである。どのように知覚されるにせよ，常に「現実」との対話と関係している。ある程度，サプルはそれに気づいていたようである。だが，それでもなお，サプルは結局のところ，マンとミッセルデンの著述は，単にいくつかの明確な「競争的状況」を反映しているだけだという結論に至った。そこから引き出せるのは，一種類の結論にすぎなかった。マリーンズやマイルズについて考えるなら，これは喜ぶべきことではない。 Supple, pp. 72, 1 97ff., 215, 220f をみよ。

126） Misselden, *Free Trade,* p. 112

127） Mun, England's *Treasure by Forraign Trade*, p. 37

128） Mun, p. 54.

129） Mun, p. 59.

130） Misselden, p. 64.

131） Mun, p. 1.

132） これは，ある程度，ヘクシャーも認めていた。彼らには，哲学的・方法論的意味で，マンやミッセルデンなどの重商主義者の「近代性」をもち，彼らが貿易差額説を主張し，さらに，少なくとも何らかの形態の保護主義に執着していることを結びつけるには大変な困難があった。Heckscher, *Mercantilism,* II, pp. 273ff., 316ff.

133） マリーンズについては，以下をみよ。R. de Roover, 'Gerard de Malynes as an Economic Writer'. In: J. Kirshner (ed.), *Business, Banking and Economic Thought in late Medieval and Early Modern Europe.* Chicago, IL: Chicago University Press 1974; L. R. Muchmore, 'Gerrard de Malynes and Mercantile Economics'. *History of Political Economy*, vol. I

(1969) and E. A. Johnson, *Predecessors of Adam Smith*, ch. 3. また *Dictionary of Nation-al Biographies* and Finkelstein, ch. 2, をみよ。

134）　Misselden, *The Maintenance of Free Trade*, p. 65, に言及されている。

135）　de Roover, p. 348.

136）　Malynes, *A Treatise of the Canker of Englands Common Wealth.* London 1601, p. 12.

137）　たとえば，Malynes, p. 10.

138）　Malynes, pp. 9f

139）　Malynes, *The Maintenance of Free Trade,* p. 30.

140）　Malynes, *The Maintenance of Free Trade,* p. 18.

141）　G. Malynes, *Consuetudo vel Lex Mercatoria.* London: Adam Islip 1629, pp. 59, 61.

142）　Malynes, *Consuetudo*, pp. 64ff.

143）　G. Malynes, *Consuetudo vel Lex Mercatoria.* London: Adam Islip 1629, pp. 59,

144）　これについてはR. de Roover, *Gresham on Foreign Exchange*, pp. 14ff. をみよ。けれども，M・デュワーは，この覚書を本当にグレシャムが書いたのかどうか疑問視した。彼女とド・ローファーのあいだで交わされたいくつかの議論をみよ。*Economic History Review,* 2nd ser., vol. XVII (1965), pp. 476ff. および vol. XX (1967), pp. 145ff.

145）　Malynes, *Consuetudo,* pp. 408ff.

146）　Malynes, *The Center of the Circle of Commerce*, pp. 41f.

147）　R. de Roover, 'Gerard de Malynes as an Economic Writer', p. 357.

148）　以下をみよ。de Roover, *Gresham on Foreign Exchange*; R. Ehrenberg, *Zeitalter der Fugger*. Jena, Germany: Verlag Gustav Fischer 1896, 英訳として，*Capital and Finance in the Age of Renaissance*（1928）. New York: Augustus M. Kelley 1985, pp. 21ff.,42ff.; R. H. Tawney, 'Introduction' to T. Wilson, *A Discourse Upon Usury.* London: G. Bell & Sons 1926, esp. pp. 60ff., 73.

149）　Malynes, *The Center of the Circle of Commerce,* p. 79.

150）　Malynes, *The Maintenance of Free* Trade, p. 4

151）　R. H. Tawney, 'Introduction' to T. Wilson, *A Discourse Upon Usury*, pp.60ff.

152）　R. H. Tawney, p. 60.

153）　Tawney, pp. 79f. また，R. Ehrenberg, pp. 239ff をみよ。

154）　Malynes, p. 37.

155）　また，以下をみよ。E. A. Johnson, *Predecessors of Adam Smith*, ch. 3, and de Roover, 'Gerard Malynes as an Economic Writer', pp. 350ff.; Finkelstein, ch. 2, は，マリーンズのアリストテレス的な起源を主張する。

156）　これらの用語については，R. H. Tawney, pp. 60ff をみよ。当時の「乾燥手形」の定義については，T. Wilson, *A Discourse Upon Usury*, p. 395, をみよ。彼がいうに，それは，以下のときに実行される。「時間が長くかかるにせよ，短いにせよ，人が別の地域，行ったこともない地域との交換のために金を借りる。そして，誰かに現実に外国で支払いをしてもらうためではなく，金の交換を担当する人によって，交換した金がその場所

からふたたびロンドンへと戻るようにする」。

157） ド・ローファーが重要な指摘をしたのは，マリーンズは「市場の条件によって利子率を決定すること」に意義を挟まなかったといったときのことであった。むしろ，彼が反対したのは，このような形態での交換が，独占銀行家の高利を隠蔽してしまうからであった。de Roover, 'Gerard de Malynes as an Economic Writer', p. 356 をみよ。

158） Malynes, *Consuetudo*, p. 214.

159） Malynes, *The Maintenance of Free Trade*, p. 69.

160） Malynes, *The maintenance of Free Trade*, p. 69 をみよ。

161） G. de Malynes, *Saint George for England, Allegorically Described.* London: Floure de luce and Crowne 1601.

162） G. de Malynes, pp. 65f.

163） G. de Malynes, p. 19.

164） G. de Malynes, p. 62.

165） G. de Malynes, p. 62.

166） R. H. Tawney, 'Introduction' and de Roover, *Gresham on Foreign Exchange.* をみよ。

167） T. Wilson, p. 306. これについては，de Roover, *Gresham on Foreign Exchange,* pp. 101f. をみよ。

168） T. Wilson をみよ。

169） *A Short and Private Discussion between Mr Bolton and One M.S. Concerning Usury.* London 1637.

170） 246 頁をみよ。

171） O. Langholm, *Economics in the Medieval School*. Leiden: E. J. Brill 1992, をみよ。さらにまた，O. Langholm, *Wealth and Money in the Aristotelian Tradition*. Oslo, Norway: Scandinavian University Press 1983, をみよ。

172） Malynes, *The Maintenance of Free Trade,* p. 41.

173） Malynes, *The Maintenance of Free Trade*, p. 40.

174） Malynes, *Consuetudo,* p. 327.

175） Malynes, *Saint George for England*, p. 15.

176） R. Maddison, *England's Looking in and out. Presented to the High Court of Parliament Now Assembled,* introduction.

177） Maddison, p. 1.

178） Maddison, intrduction.

179） Maddison, intrduction.

180） Maddison, pp. 16, 18.

181） H. Robinson, *Certain Proposals in Order to the Peoples Freedom and Accomodation in Some Particulars, with the Advancement of Trade and Navigation of this Commonwealth in Generall.* London: M. Simmons 1652, p. 18.

182） Robinson, pp. 14f.

183）　Robinson, p. 14.

184）　T. Milles, *An Outport-Customers Accompt*. n.d.; *The Customers Apoligie*. n.d.; *An Abstract Almost Verbatim of the Customers Apologie Written 18 Years Ago*. n.d. これらの冊子のうち最初のものは，J・ウィーラーにマーチャント・アドヴェンチャラーズを擁護するに働きかけた（J. Wheeler, *A Treatise on Commerce*. Middelburgh, UK: n.p. 1601.）。

185）　de Roover, *Gresham on Foreign Exchange*, pp. 104ff.

186）　T. Milles, *The Customers Apolgiee*, n.p.

187）　Milles, *An Outport-Customers Account*, n. p. この冊子と注186で言及した冊子は，Magnusson (ed.), *Mercantilist Theory and Practice. The History of British Mercantilism*, vol. I, London: Pickering & Chatto 2008 に掲載されている。

188）　P. J. Thomas, *Mercantilism and the East India Trade* (1926). London: Frank Cass, 1963, p. 3.

189）　12頁をみよ。

190）　Thomas, pp. 22f., 24.

第5章　新しい貿易の科学

1）　J. O. Appleby, *Economic Thought and Ideology in Seventeenth-Century England*. Princeton, NJ: Princeton University Press 1978, p. 4.　また，R. Brenner, *Merchants and Revolu-tion. Commercial Change, Political Conflict, and London Overseas Traders, 1550-1653*. London: Verso Press 2003.

2）　この文脈におけるイングランド特有の道について，これ以上のことは，P. O'Brien and D. Winch (eds), *The Political Economy of British Historical Experience I688-1914*. Oxford: Oxford University Press 2002, をみよ。

3）　231頁をみよ。

4）　L. Magnusson, *Tradition of Free Trade*. London: Routledge 2004, ch. I をみよ。

5）　P. S. Buck, *The Politics of Mercantilism*. New York: Henry Holt & Company 1942.

6）　1640年代に著述家によって提唱された多様な経済学については，B. Supple, *Commercial Crisis and Change in England 1600-1642*. Cambridge, UK: Cambridge University Press 1959, pp. 221ff. をみよ。

7）　たぶん，このシフトの最良の説明だと思われるものとして，D. Ormrod, *The Rise of Commercial Empires: England and the Netherlands in the Age of Mercantilism, 1650–1770*. Cambridge, UK: Cambridge University Press 2003, をみよ。

8）　L. Magnusson, *Nation, State and the Industrial Revolution*. Abingdon, UK: Routledge 2009, pp. 80f.（玉木俊明訳『産業革命と政府――国家の見える手』知泉書館，2012年）

9）　C. Davenant, ‘Discourse on the Public Revenues and on Trade’. In: *The Political and Commercial Works of the Celebrated Writer Charles D'Avenant*, vol. I, London: R Horsfield 1771, p. 399.

10）　C. Davenant, ‘Discourse on the Public Revenues and on Trade’, I, p. 424.

11） これに関しては，とくに以下をみよ。W. J. Ashley, 'The Tory Origin of Free Trade Policy'. In: W. J. Ashley (ed.), *Surveys. Historic and Economic.* London: Longmans 1900; および W. Letwin, *The Origins of Scientific Economics. English Economic Thought 1660-1776.* London: Methuen 1963.

12） R. W. K. Hinton, *The Eastland Trade and the Common Weal in The Seventeenth Century.* Cambridge, UK: Cambridge University Press 1959, pp. 90ff.; and C. Wilson, *England's Apprenticeship.* London & New York: Longman 1984, pp. 61ff.. 172ff.

13） Brenner, pp. 598f.

14） C. Wilson, *England's Apprenticeship*, p. 41

15） 英仏のワイン貿易に関しては，J. V. C. Nye, W*ine and Taxes. The Political Economy of the Anglo-French Trade, 1689-1900.* Princeton, NJ: Princeton University Press 2007, をみよ。

16） 以下をみよ。ロジャー・コークの強いフランスへの対抗意識については，R. Coke, *A Discourse of Trade, in Two Parts*. London: H. Brome 1670, たとえば , pp. 37ff. また，同じくコークの *A Treatise Wherein is Demonstrated that the Church and the People of England Are in Equal Danger with the Trade of it.* London 1671, p. 81.

17） H. Houghton, *England's Great Happiness or a Dialogue between Content and Complaint.* London: Edward Croft 1677. ここでいう王政復古とは，チャールズ 2 世が国王になった 1660 年からのことである。

18） 現在もなお，これについての最良の概観は，E. A. Johnson, *Predecessors of Adam Smith.* New York: Prentice Hall 1937.

19） C. Wilson, p. 58.

20） 以下の箇所については，L. Magnusson, 'Freedom and Trade: From Corporate Freedom and Jealousy of Trade to a Natural Liberty'. *Keio Economic Studies*, vol. XLIX, 2013 をみよ。

21） K. N. Chaudhuri, *The English East India Company: The Study of an Early Joint Stock Company.* London: Frank Cass 1965, pp. 11f. また，P. Lawson, *The East India Company. A History*. London and New York: Longman 1993, をみよ。

22） Mun, p. 62.

23） *Britannia Languens*. London 1689, p. 72.

24） Heckscher, II,pp. 273f.

25） 152 頁をみよ。

26） S. Fortrey, *England's Interest and Improvement,* Nathanael Brook 1773, p. 16.

27） J. Houghton, *England's Great Happiness or a Dialogue betweeen Content and Complaint.* London: Edward Croft 1677, pp. 10f.

28） この考え方を表す「資源配分」という用語は，以下からとられた。M. Bowley, *Studies in the History of Economic Thought before 1870.* London & New York: Macmillan 1973, p. 33.

29） Fortrey, p. 17.

30） G. Malynes. *The Center of the Circle of Commerce* (1623). New York: Augustus M.

Kelley 1973, p. 127. また，pp. 103ff. もみよ。

31）　マーチャント・アドヴェンチャラーズをめぐる論争を完全に表したものとして，以下をみよ。E. Lipson, *The Economic History of England*, vol. II, London: A & C Black Ltd 1934, pp. 243ff.

32）　Author unkown, *A Discourse Concisting of Motives for the Enlargement and Freedome of Trade*, p. 3.

33）　Author unkown, *A Discourse Concisting of Motives for the Enlargement and Freedome of Trade*, p. 3.

34）　Lipson, II,p. 244.

35）　Lipson, p. 4

36）　Lipson, p. 25.

37）　R. Coke, *A Discourse of Trade, in Two Parts; England's Improvement, in Two Parts*. London 16

38）　'Philangus' というペンネームで書かれたこの本がW・ペティトによるものだと最初に主張したのは，フォクスウェルであった。以下をみよ。Schumpeter, *History of Economic Analysis*. London: George & Unwin 1972, p. 197.（東畑精一・福岡正夫訳『経済分析の歴史』岩波書店，全3巻，2005-06年）また，Heckscher, II,p. 115 をみよ。

39）　*Britannia Languens*, p. 51.

40）　*Britannia Languens*, p. 59.

41）　J. Wheeler, *A Treatise of Commerce*, p. 25.

42）　Wheeler, pp. 78f.

43）　H. Parker, *Of a Free Trade. A Discourse Seriously Recommending to our Nation the Wonderfully Benefits of Trade, Especially of a Rightly Governed and Ordered Trade*. London: F. Neile for Robert Bostock 1648, pp. 7, 9ff.

44）　L. Roberts, *The Treasure of Traffike*. London: E.P. for Nicholas Bourne 1641, p. 30

45）　*A Short and Private Discussion between Mr Bolton and MS. Concerning Usury*. London 1637, p. v.

46）　T. Culpepper, *A Tract against Usurie* (1621). London: Elizabeth Calvert 1668,p. 1.

47）　F. Bacon, 'On Usury'. *Essays,* ch. XLI. Harmondsworth, UK: Penguin 1986.

48）　Bacon, 'On Usury'. *Essays*, ch. XLI.

49）　Culpepper, p. 14.

50）　カルペパー父に対する異なった解釈として，M. Bowley, *Studies in the History of Economic Ideas before 1870*. London: Macmillan 1973, p. 41 をみよ。カルペパー家は，暗黙のうちに，貨幣供給量の変化それ自体が，この関係においては重要な要素であったという伝統的な見解を否定したというバウレイの意見は，カルペパーが論考の14頁でいったことに真っ向から反対するものである。

「国土のなかで貨幣が豊富にあると，金を借りるのが容易になる。それはわが国よりも簡単に金が借りられるが，利子率は高くない事例があることからわかる。」

51） W. Letwin, ‘Sir Josiah Child. Merchant Economist’. *Baker Library.* Boston, MA Harvard Graduate School for Business Administration, Publications, Kress Library, no 14 1959, pp. 2f.

52） J. Child, *Brief Observations Concerning Trade and Interest of Money.* London: Elizabeth Calwert 1668, p. 3.

53） Child, pp. 6f.

54） T. Culpepper the younger, *A Discourse Upon Usury*. London 1668, p.155.

55） Child, p. 11.

56） T. Manley, *Interest of Money Mistaken*. London 1668, p. 14.

57） Manley, p. 13. また，カルペパーに対する彼の返答をみよ。*Usury at Six Per Cent Examined and Found Unjustly Charged by Sir Th Culpeppper and J.C.* London 1669.

58） 以下をみよ。G. S. L. Tucker, *Progress and Profits in British Economic Thought 1650-1850.* Cambridge, UK: Cambridge University Press 1960, pp. 19ff.

59） 貨幣の問題に関するハートリブ・サークルにとくに焦点を当てた概観として，以下をみよ，C. Wennerlind, ‘Hartlibian political economy and the new culture of credit’. In: P. J. Stem and C. Wennerlid (eds), *Mercantilism Reimagined Political Economy in Early Modern Britain and its Empire*. Oxford: Oxford University Press 2013.

60） W. A. Shaw, *The History of Currency 1252-1894*. London: Clement Wilson 1896, p. 144

61） たとえば以下をみよ。G. de Malynes, *Consuetudo vel Lex Mercatoria*. London: Adam Islip 1629, and R. Vaughan, *A Discourse of Coin and Coinage.* London: Th Dawks for Th Basse 1675. たとえば , pp. 23ff.

62） T. Smith, *A Discourse of the Common Weal of this Realm of England*. Cambridge, UK: Cambridge University Press 1893 (ed. Elizabeth Lamond), p. 98.

63） Smith, p. 71.

64） Smith, p. 78.

65） たとえば詳細は，G. Malynes, *Consuetudo vel Lex Mercatoria,* pp. 254ff.

66） R. Cotton, ‘A Speech Made by Sir Rob Cotton, Knight and Baronet, before the Lords of his Majesties Most Honourable Privy Council at the Council Table’. In: W.M. Shaw (ed.), *Selected Tracts and Documents.* London: Clement Wilson 1896, p. 31.

67） Cotton, pp. 31ff.

68） H. Robinson, 'Certain proposals in order to the peoples freedome and accomodation'. In: W. M. Shaw, Selected Tracts and Documents.

69） Robinson, p. 75. ロビンソンは，貿易差額の「不均衡」〔赤字〕を貨幣輸出の背後にある原因だと考えたが，彼が「赤字」は為替によって引き起こされるのであり，その逆ではないというマリーンズの基本的な見解を受け入れた様子はない。

70） 90-91 頁をみよ。

71） このジレンマは，たぶん J. Viner, ‘Early English Theories of Trade’. *Journal of Political Economy*, vol. XXXVIII (1930) によってよりもっとも強く表現された。

72）　J. Locke, *Some Considerations of the Consequences of the Lowering Interest and Raising the Value of Money*. London 1691, p. 46.（田中正司・竹本洋訳『利子・貨幣論』東京大学出版会，1978年）

73）　16世紀後半におけるこのような見解をめぐる議論として，たとえば，de Roover, *Greesham on Foreign Exchange.* Cambridge, MA: Harvard University Press 1949をみよ。

74）　McCulloch, *A Select Collection of Scarce and Valuable Tracts on Money,* London: Political Economy Club 1856, p. viをみよ。

75）　Vaughan, *A Discourse of Coin and Coinage*, pp. 37f.

76）　Vaughan, ch. 12, とくにp. 73をみよ。

77）　'Advice of His Majesty's Council of Trade Concerning the Exportation of Gold and Silver in Foreign Coins and Bullion, Concluded 11 December 1660'. In: J .R.McCulloch, *A Select Collection of Scarce and Valuable Tracts on Money*, pp. 148f.

78）　'Advice of His Majesty's Council of Trade Concerning the Exportation of Gold and Silver in Foreign Coins and Bullion, Concluded 11 December 1660'. In: J. R. McCulloch, *A Select Collection of Scarce and Valuable Tracts on Money,* p. 145.

79）　T. W. Hutchinson, *Before Adam Smith, the Emergence of Political Economy 1662-1776.* Oxford: Basil Blackwell 1988, ch. 5

80）　J. Cary, *An Essay Towards Regulating the Trade and Employing the Poor of this Kingdom*. London: Susanna Collins 1717, p. 2.

81）　W. Cunningam, *The Growth of English Industry and Commerce in Modern Times* Part II: *The Mercant: le Syrten*, New York: Augustus M. Kelley, pp. 262ff.

82）　Cunningham, pp. 265ff.

83）　この改革は，以下で擁護された。'Advice of His Majesty's Council of Trade, Concerning the Exportation of Gold and Silver in Foreign Coins & Bullion. Concluded 11 December 1669'. In: J. R. McCulloch (ed.), *Old and Scarce Tracts on Money*. London 1856.

84）　この点については，L・ゾンマーが先駆者であった（第4章，注122）: 現代の議論として A. Finkelstein, *Harmony and the Balance. An Intellectual History of Seventeenth-Century English Economic Thought.* Ann Arbor: The University of Michigan Press 2000をみよ。

85）　これについては，Cunningham, pp. 380fもみよ。

86）　J. Pollexfen, *A Discourse of Trade and Coyn*. London 1697, p. 108.

87）　J. Cary, *An Essay on the State of England in Relation to its Trade, its Poor, and its Taxes for carrying on the Present War against France.* Bristol 1695, pp. 1f.

88）　E. Philips, *The State of the Nation*. London: J. Woodman and D. Lyon 1725, p. 2.

89）　D.・ノースは，彼の一般的影響力に対してきわめて率直に発言した D. North, *Treatises on Trade*. London 1691, の序文をみよ。

90）　J. G. A. Pocock, *The Machiavellian Moment. Florentine Political Thought and the Atlantic Republican Tradition. Princeton,* NJ: Princeton University Press 1975, chs 13 and

14.（田中秀夫・奥田敬・森岡邦泰訳『マキァヴェリアン・モーメント――フィレンツェの政治思想と大西洋圏の共和主義の伝統』名古屋大学出版会，2008 年）

91） たとえば，T. W. Hutchison, *Before Adam Smith*, pp. 87ff. をみよ。I・ホントは，とくにスコットランド啓蒙主義以前のプーフェンドルフのソーシャビリティ理論の役割を扱った。だが，これ以前には，長期にわたり影響力はなかったのである。以下をみよ。I. Hont, 'The language of sociability and commerce: Samuel Pufendorf and the theoretical foundations of the Four-Stages Theory'. In: A. Pagden (ed.), *The Languages of Political Theory in Early-Modern Europe.* Cambridge, UK: Cambridge University Press 1987.

92） *Dictionary of National Biographies*. チャイルドが提示したものに関しては，残念ながらかなりのバイアスがかかった W. Letwin, 'Sir Josiah Child, Merchant Economist'. *Baker Library*. Boston, MA: Harvard Graduate School for Business Administration, Publications, Kress Library, no 14 1959 をみよ。

93） J. Child, *Brief Observations Concerning Trade and Interest of Money.* London: Elizabeth Calwert 1668, p. 10.

94） J. Child, *A New Discourse of Trade*, London 1693, p. 1.（杉山忠平訳『新交易論』東京大学出版会，1967 年）

95） Child, p. 2.

96） Child, preface.

97） 議論としては，以下をみよ。D. C. Coleman, 'Labour in the English Economy of the Seventeenth Century', *Economic History Review*, 2nd ser., vol. VIII (1956) and A. W. Coats, 'Changing Attitudes to Labour in the Mid-Eighteenth Century'. *Economic History Review,* 2nd ser., vol. XII (1958).

98） Child, p. 91.

99） Child, pp. 127ff.

100） たとえば，J. Child, *A Short Addition to the Observations Concerning Trade and Interest of Money*. London 1668, p. 11, をみよ。したがってチャイルドは少なくとも暗黙のうちに，投資水準は利子率によって大きく変動すると示していたように思われる。そのため，たとえばヴィッカースが，チャイルドと 17 世紀後半の著述家を，現代のマクロ経済学・成長経済学の先駆者とみなしたことは，驚くにあたらない（Vickers, *Studies in the Theory of Money 1690-1776.* Philadelphia, PA: Chilton & Co 1959）。

101） Child, pp. 136ff.

102） Child, pp. I56f.

103） J. Child, *A Treatise Concerning the East India Trade.* London 1681, と *The Great Honour and Advantage of the East India Trade to the Kingdom Asserted.* London 1697, の議論をみよ。

104） Child, *New Discourse of Trade*, p. 153.

105） W. J. Ashley, 'The Tory Origin of Free Trade Policy'. In: W. J. Ashley (ed.), *Surveys. Historic and Economic*. London: Longmand 1900.

106） *Dictionary of National Biographies*. また，S. Bauer, 'Nicholas Barbon. Ein Beitrag zur Vorgeschichte der klassischen Oekonomik'. *Jahrbücher für Nationalökonomie und Statistik,* vol. XXI, vd 6 (1890), をみよ。

107） N. Barbon, *A Discourse Concerning Coining the Money Lighter.* London 1696, introduction, p. 1.

108） Barbon, p. 2.

109） Barbon, p. 4.

110） Barbon, p. 36.

111） Barbon, p. 35.

112） Barbon, p. 39.

113） Barbon, p. 40.

114） Barbon, p. 41.

115） Barbon, p. 265.

116） Barbon, *A Discourse of Trade.* London 1690, p. 13.

117） Barbon, p. 20.

118） Barbon, p.24.

119） Barbon, pp. 35ff.

120） Barbon, p. 63.

121） Barbon, p. 71.

122） Barbon, pp. 76f.

123） Barbon, pp. 3lf.

124） プーフェンドルフとこの伝統に関しては，以下をみよ。A. Oncken, *Geschichte der Nationalökonomie,* vol. I, Leipzig: Verlag von C. L. Hirschfeldt 1922, p. 226; W. Roscher, *Geschichte der National-Oekonomik* in Deutschland. Munich: R. Oldenbourg 1874, pp. 304 ff.

125） 注124および，I. Hont & M. Ignatieff, *Wealth and Virtue*. Cambridge, UK: Cambridge University Press 1983 をみよ。

126） *Dictionary of National Biographies*: C. Davenant; *Palgrave's Dictionary of Political Economy.* London & New York: Macmillan 1893.

127） W. J. Ashley, pp. 270ff. をみよ。

128） C. Davenant, 'An Essay on the East India Trade'. In: *The Political and Commercial Works of that Celebrated Writer Charles D'Avenant,* vol. I, London 1771, p. 98.

129） Davenant, p. 100.

130） Davenant, p. 100.

131） Davenant, p. 104.

132） イェール大学の経済学の助教であったエドガー・ファーニスは，第一次世界大戦の直後，ヨーロッパのナショナリズムに対して激しく攻撃した。そこで彼は，次のような形式化をした。「重商主義者は……大半が貧困に喘がなければならないとしても，

全体としては豊かかもしれないと信じていた」。これはしばしば引用されてきたが，ほとんどの「重商主義者」がいったことに対して，かなり不公平な解釈である。以下をみ よ。 E. Furniss, *The Position of Labour in a System of Nationalism* (1920). New York: Augustus M. Kelley 1965, たとえば p. 8 をみよ。

133） たとえば，C. Davenant, 'Discourse on the Public Revenues'. In: *Works*, vol. I, p. 358, をみよ。

134） Davenant, p. 358.

135） Davenant, p. 382.

136） Pocock, *Machiavellian Moments.*

137） Davenant, pp. 336ff., 348ff.

138） C. Davenant, 'An Essay Upon the Probable Methods of Making People Gainers in the Balance of Trade'. In: *Works*, vol. II, London 1699, p. 171.

139） Davenant, *An Essay Upon the East India Trade*. In: *Works,* vol. I, p. 102.（田添京二・渡辺源次郎訳『東インド貿易論』東京大学出版会，1966 年）

140） Hutchinson, p. 72.

141） *Dictionary of National Biographies*: J. Locke; *Palgrave's Dictionary of Political Economy*: J. Locke & C. M. Andrews, *British Committees, Commissions and Councils of Trade and Plantations, 1622-1675.* Baltimore, MD: John Hopkins, Press 1908.

142） J. Locke*, Some Considerations of the Consequences of the Lowering of Interest and Raising the Value of Money.* London 1691, p. 1.

143） Locke, p. 10.

144） Locke, p. 14.

145） Locke, p. 27.

146） 本章のこれ以降をみよ。

147） J. Locke, *Further Considerations Concerning Raising the Value of Money*, London 1696, p. 9.

148） Locke, p. 55.

149） Locke, p. 11.

150） Locke, p. 11.

151） *Calendar of State Papers*. Dom. ser. I January-31 December 1696. London 1913, p. 461.

152） S. Clement, *A Discourse of the General Notions of Money,* Trade and Exchanges. London: n.p. 1695, p. 3.

153） Clement, p. 5.

154） Clement, pp.5f.

155） Clement, p.7.

156） Clement, p. 7.

157） Clement, p. 16.

158） ペティに関する文献は膨大である。より古い伝記としては，E. Strauss, *Sir William*

Petty. Portrait of a Genius. London: The Bodley Head 1954, をみよ。ペティはまた *Aubrey's Brief Lives*. London: Penguin 1987, で描写されている。また，introduction by C. Hull to *The Economic Writings of Sir William Petty*. I-11. (1899) New York: Augustus M. Kelley 1986, をみよ。新しく重要な研究として，T. McCormick, *William Petty and the Ambitions of Political Arithmetic*. Oxford: Oxford University Press, 2009.

159）McCormick, pp. 41f.

160）McCormick, pp. 306f をみよ。ペティとマルクスに関しては，また，以下をみよ。P. Groenewegen, *Essays on 19th and 20th Century Economic Thought*. London: Routledge 2002; T. Aspromourgos, *On the Origins of Classical Economics from William Petty to Adam Smith*. Abingdon, UK: Routledge 2011.

161）*The Economic Writings of Sir William Petty*, p. 445.

162）*The Economic Writing of Sir William Petty*, p. 249. さらに，McCormick, pp. 42-3, 50, 54 and other places をみよ。

163）*The Economic Writing of Sir William Petty,* p. 313.

164）*The Economic Writing of Sir William Petty,* p. 309.

165）*The Economic Writing of Sir William Petty*, p. 259.

166）*The Economic Writing of Sir William Petty*, p. 113.

167）Bowley, *Studies in the History of Economic Thought before 1870* をみよ。168.

168）R. Coke, *England's Improvement, in Two Parts*. London 1675, p. 47

169）J. Harris, ‘An Essay Upon Money and CoinsI-II’, London 1757-8.

第６章　重商主義とは何か

1）C. Davenant cited from p. 101 above.

2）L. Magnusson, ‘Is Mercantilism a Useful Concept Still?’. In: M. Isenmann (ed.), *Merkantilismus. Wiederaufnahme einer Debatte*. Stuttgart, Germany: Franz Steiner Verlag 2014.

3）G. Schmoller, *The Mercantile System and its Historical Significance. New* York: The Macmillan Company 1897, p.77.（正木一夫訳『重商主義とその社会的意義』未来社，1971 年）

4）G. Schmoller, *The Mercantile System and its Historical Significance*. p.77.

5）B. Supple, *Commercial Crises and Change in England 1600-1642*. Cambridge, UK: Cambridge University Press 1969. 同様の見解として，J. O. Appleby, *Economic Thought and Ideology in Seventeenth Century England*. Princeton, NJ: Princeton University Press 1978, もみよ。

6）これは，彼らが現代的な意味での「自由貿易主義者」になったということではない。L. Magnusson, ‘Freedom and Trade: From Corporate Freedom and Jealousy of Trade to a Natural Liberty’. *Keio Economic Studies,* vol. XLIX (2013), をみよ。

7）これについては，L. Magnusson, 'Introduction'. In: L. Magnusson (ed.), *Free Trade and*

Protectionism in America 1822-1890, vol. I, London: Routledge 2000, をみよ。

8）フリードリヒ・リストについては，K. Tribe, *Strategies of Economic Order: German Economic Discourse, 1750-1950.* Cambridge, UK: Cambridge University Press 2007, をみよ。

9）以下を参照せよ。J. Spencer and B. Spencer, 'Tariffs and the Extraction of Foreign Monopoly Rents under Potential Entry'. *Canadian Journal of Economics*, vol. XIV (1981); R. Kuttner, *The End of Laissez-Faire. National Purpose and the Global Economy after the Cold War.* Philadelphia, PA: University of Pennsylvania Press 1991; M. Porter, *On Competition.* Boston, MA: Harvard Business School 1998; and P. Krugman, *Pop Internationalism.* Cambridge, MA: The MIT Press 1999.（山岡洋一訳『良い経済学 悪い経済学』日経ビジネス文庫，2000 年）

10）プレビシュについては，以下の伝記をみよ。E. J. Dosman, *The Life and Times of Raul Prebisch, 1901-1986,* Montreal Kingston, Canada: McGill-Queen's University Press 2008. 貿易と発展に関するミュルダールの見解については，たとえば，G. Myrdal, *An International Economy: Problems and Prospects,* New York: Harper, 1956, を参照せよ。

11）E. Misselden, *Free Trade or the Meanes to Make Trade Flourish,* p. 112. むろん，このような箇所があったので，グランプは，重商主義のテキストに多数のリベラルな要素があると結論づけたのである。以下をみよ。W. D. Grampp, 'The liberal elements in English mercantilism'. *Quarterly Journal of Economics*, 4, 1952.